辽宁省精品课程教材

沈阳体育学院硕士研究生"十三五"规划教材

排球理论与实践指导

付哲敏　张麟寰　主编

人民体育出版社

图书在版编目（CIP）数据

排球理论与实践指导 / 付哲敏, 张麟寰主编. -- 北京：人民体育出版社, 2025
ISBN 978-7-5009-6255-7

Ⅰ. ①排… Ⅱ. ①付… ②张… Ⅲ. ①排球运动—研究 Ⅳ. ①G842

中国版本图书馆CIP数据核字（2022）第247936号

*

人 民 体 育 出 版 社 出 版 发 行
北京中献拓方科技发展有限公司印刷
新 华 书 店 经 销

*

787×1092　16开本　12.5印张　280千字
2025年1月第1版　2025年1月第1次印刷

*

ISBN 978-7-5009-6255-7
定价：72.00元

社址：北京市东城区体育馆路8号（天坛公园东门）
电话：67151482（发行部）　　邮编：100061
传真：67151483　　　　　　 邮购：67118491
网址：www.psphpress.com

（购买本社图书，如遇有缺损页可与邮购部联系）

编委会

主　编：付哲敏　张麟寰
编　委：林　森　马成顺　孙　旭
　　　　葛　涛　杨　露　姜欢环
　　　　赵　岩　高凯升　李　南

前言

硕士研究生培养是高等教育体系中的重要阶段，在高等教育人才培养中起着举足轻重的作用。近些年，随着研究生招生规模的不断扩大，其教育和培养质量应引起更多的关注和重视。

近几年，沈阳体育学院研究生存在需要提高专项技能及综合实践能力、职业能力的情况，为了解决这些问题，有必要配合学校设立的教学目标、教学大纲，编写对应的研究生教材。

本书的读者主要为沈阳体育学院排球专项研究生，主要在"体育运动项目教学理论与实践——排球"课程中使用，也可供其他体育工作者及排球运动爱好者参考使用。编者以教学过程中积累的素材为基础，借鉴国内外相关学科的科研成果，以多年学习和研究体会为主要内容，形成本书的基本框架和观点。

本书主要包括两部分内容：

上篇为排球理论研究，包括排球比赛和裁判理论的发展、我国排球技术理论的演变与阶段特征，以及六人制规则的研究等。

下篇为实践能力培养，旨在帮助研究生提高科研写作能力、职业能力。针对重点内容，提供了相关案例，以帮助研究生理解、对照和借鉴；书中还呈现了各种教学案例和打造"金课"内容的安排，目的在于培养研究生的教学能力。

本书特色如下：

第一，按照不同水平使用对象的需要，进阶式地安排了阶段学习内容，有利于读者选择和参考。

第二，方便体育院校根据教学和训练的实际需要取舍内容，避免了以往同类教材中过于庞杂、凌乱的缺点。

第三，以实例"说话"，每个环节都增加了教学和训练的示范案例，这些鲜活、实用的示例提供的经验价值远远超过单一的教材理论体系。

第四，书中的技术动作视频全部真人出镜，主要示范者为中国国家队男排前主攻手袁志，具有较强的动作规范性及较高的技术示范水平。

第五，梳理了学科前沿发展动态及职业能力培养内容。

本书的技术动作示范者为中国国家男排主攻手袁志、沈阳体育学院姜欢环、辽宁省体育局排球管理运动中心刘曼、武汉体育学院王景宇，沈阳体育学院毕业生郭新阳、刘正浩、郭迎光、滕先壮、张成；视频中的裁判手势示范者为国际级裁判杜宁。在此向相关人员表示感谢！

本书的编写还得到了新疆科技学院宋慧铭、商丘市虞城县利民镇第一初级中学周静、上海市嘉定区练川实验学校田超、齐齐哈尔大学徐刚、广东省汕头市东厦小学程新伟、沈阳体育学院付星辰的支持，在此感谢各位贡献了个人宝贵的研究成果。另外，编者在编写本书的过程中借鉴了许多专家、学者的成果，在此表示郑重感谢。本书的具体编写分工为：付哲敏、张麟寰、林森各完成约 7 万字，分别为第二章前四节、第一章及第三章的内容；孙旭完成约 2.51 万字，为第四章第二节、第三节的内容；马成顺完成约 0.5 万字，为第四章第一节；葛涛、杨露、姜欢环完成约 3 万字，为第四章第四节、第五节、附录四、附录五及附录六；赵岩、高凯升完成约 1 万字，为附录一至附录三；李南完成约 0.2 万字，为第二章第五节。付哲敏完成配套的 64 个微课共 970 分钟视频的整体制作工作。

编者以排球项目的视角切入体育教学、研究生培养等宏观方面，仅根据多年从业的经验编写本书，一家之言，不当之处恳请指正。

编　者

2024 年 1 月

目录 CONTENTS

上篇　排球理论研究

第一章　排球理论研究的发展 ·································· 002
第一节　排球比赛和裁判理论的发展 ·································· 002
第二节　我国排球技术理论的演变与阶段特征 ························ 017
第三节　六人制规则的研究 ·································· 033

下篇　实践能力培养

第二章　实践能力培养 ·································· 054
第一节　选题 ·································· 054
第二节　文献综述的撰写 ·································· 057
第三节　开题报告的撰写和答辩 ·································· 060
第四节　硕士学位论文的撰写 ·································· 071
第五节　论文中存在的其他问题 ·································· 091

第三章　排球教师岗位职业能力的培养 ·································· 093
第一节　教学基本能力的培养 ·································· 093
第二节　教师岗位职业能力的培养 ·································· 117

第四章　执教执裁能力的培养 ·································· 141
第一节　执教经验 ·································· 141
第二节　训练计划示例 ·································· 145
第三节　攻防配合训练方法 ·································· 149
第四节　裁判理论知识的学习 ·································· 152
第五节　组织一场比赛的工作程序 ·································· 157

参考文献 ·································· 160

附 录 ··· 165

- 附录一 视频资源观看地址 ·· 165
- 附录二 讯飞线上考试系统题库答案 ··· 171
- 附录三 教师招聘笔试:体育知识考题举例答案 ·· 174
- 附录四 体育教师资格证笔试考题答案 ··· 175
- 附录五 裁判理论知识试题答案 ··· 180
- 附录六 本书图例 ··· 192

上 篇
排球理论研究

第一章 排球理论研究的发展

1895年,美国人威廉·摩根发明了排球运动,该项运动以技巧和团队配合而著称,逐渐在世界各地传播,受到大众的喜爱。在学术领域,关于排球比赛、排球裁判、排球技术及排球规则等的理论研究日益丰富,这些成果为排球运动的可持续发展提供了助力,也为后续学者的深入探索提供了借鉴。

第一节 排球比赛和裁判理论的发展

作为世界三大球之一,排球运动是世界开展最为广泛的单项体育运动项目之一。迄今为止,世界上已经有200多个国家和地区开展了该项运动,它的竞技性、娱乐性及健身性等逐渐为世人认知。很多民众将排球运动列为终身锻炼的体育项目之一,在积极参与中体验排球运动带来的愉悦,因此,排球运动具有良好的群众基础[1]。

排球运动始于1895年,1896年美国开始有了排球比赛。第一部排球规则发表在1896年7月美国的《体育》杂志上。最初的排球比赛没有规定人数,赛前由双方临时商定,只要双方人数相等即可[2]。排球比赛的出现为排球运动的发展打下了坚实的基础。排球裁判是执行规则的"法官",一名称职的裁判员一定要有娴熟的专业理论知识,包括熟知规则、裁判解释、裁判指南等,这些文件是裁判员赛场执法的理论依据[3]。研究规则,努力执行好规则是每名裁判员的责任[4],任何竞技比赛对优秀裁判员的要求都是执法的公正一致性,即对所有的参赛者公正一致,被观众认可的公正一致[5]。在一场比赛中,排球裁判员仅仅以规则作为判断的基础来指挥比赛是不够的,因为他不能仅机械地运用规则,还需要具有杰出的判断能力,这种能力一般可通过多年参加排球比赛而获得。裁判员的行为举止应具有模范作用,应同运动员、教练员保持良好的关系,并对运动队作风进行严格管理[6]。

一、排球比赛的起源与发展

排球运动起源于美国,是该国马萨诸塞州霍利约克市基督教青年会的体育指导威廉·摩根于1895年发明的。1896年,排球比赛以示范表演的形式和观众见面。第一次公开比赛是在霍利约克市的两个队间展开的,当时两队各5人,队长分别由该市市长库兰和

第一章 排球理论研究的发展

消防署长林茂担任。参加比赛者的社会地位较高，这对排球运动的迅速开展和世界范围内的普及有很好的推动作用。排球通过教会的传教活动、美国军队的军事活动与战争传播到全世界[7]。

在亚洲，1900年，美国青年会体育干事葛瑞把排球运动传播到印度；1905年，排球运动被传播到中国。1913年，在马尼拉举行的第1届远东运动会上，排球被列为正式比赛项目，当时采用了十六人制的比赛方法。从1951年起，日本、菲律宾、中国等国相继加入了国际排球联合会（以下简称国际排联）。1959年，在泰国曼谷举办了第1届东南亚运动会。1964年，建立了亚洲排球联合会，排球被列为正式比赛项目。1975年，在亚洲排球联合会的主持下，澳大利亚的墨尔本举办了第1届亚洲排球锦标赛[8]。

在欧洲，从1914年起，传教士、基督教青年会的干事和贸易船队等把排球运动传进欧洲各国。沙俄在沙皇统治时代就有了排球运动，在第一次世界大战以后，排球运动在苏联各地普遍地开展起来，并于1923年成立了自己的排球协会。1948年，意大利的罗马举办了第1届欧洲男子排球锦标赛。欧洲各国都以俱乐部或国家的名义参赛。1960年，在国际排联的支持下，欧洲俱乐部排球锦标赛开始举办，该赛事被称为欧洲杯锦标赛。受政治、经济、文化等因素的影响，欧洲的排球运动比较普及，因此，欧洲各国排球队（尤其东欧各国队）在国际排球运动的角逐中，都曾取得好成绩[9]。

在拉丁美洲，1905年，古巴第一次举行了排球比赛。1955年，在墨西哥举办的泛美运动会上，排球被列为正式项目。1966年，中美洲联合会成立，成为国际排联承认的第五个洲际联合会。中美洲联合会于1969年举办了第1届中美洲排球锦标赛，举办地为墨西哥城[10]。

为了满足各国举行世界性排球比赛的要求，1947年，17个国家的排球协会代表在巴黎召开了大会，正式成立了国际排球联合会（Fédération Internationale de Volleyball，FIVB），法国人费利克斯·鲍尔-利伯被选为主席。1964年，排球被列为奥运会项目。在过去的几十年里，排球运动员的数量成倍增长。有关数据显示，排球在世界范围内的受欢迎程度仅次于足球。

在中国，排球比赛已从室内走向室外，从陆地走向沙滩；比赛用球从硬式发展到软式；运动形式从直立拓展到坐式；参与运动的群体不仅包括健壮的成年人，还包括妇幼老弱残；竞赛形式包括竞技排球和娱乐排球；等等。

1905年，排球由传教士首先传入我国广东省。有研究记载，它的最初名字叫"队球"。我国首先开展这项运动是在华南、华东和华北地区。

早在1910年前就有少数教会学校开展了排球运动，但尚未成为比赛项目。直到1914年第2届华北运动会在北京天坛举行，才正式设立了排球比赛项目。

1921年，广东省第8届运动会第一次开设了女排比赛。1930年，第4届全运会之前，经中华全国体育协进会研究，根据球在空中被来回排击和参加者成排站位这两个特点，将"队球"改称为"排球"。从此，排球这一名称在我国传播开来，沿用至今[11]。

1953 年，中国排球协会成立，张之槐任主席，同年 11 月张之槐、马启伟以中国排球协会的名义参加了在罗马尼亚首都布加勒斯特举行的国际排联的行政会议。1954 年 1 月 11 日，国际排联正式承认并接纳中国排球协会为正式会员。1956 年 8 月，由国际排联主办的男子第 3 届和女子第 2 届世界排球锦标赛在法国巴黎举行。1974 年国际排联正式向中国男、女排球队发出了参赛邀请。

1956 年，在巴黎世锦赛中，捷克斯洛伐克男排击败苏联和罗马尼亚队获得冠军，他们强调技术细腻、讲究配合、打吊结合、有轻有重、以巧见长，被誉为"技巧派"。在这个阶段举行的 6 次世界大赛中，苏联获得 5 次冠军，捷克斯洛伐克获得 1 次冠军、5 次亚军。这个阶段出现了"二次球及其转移"战术，防守出现了"边跟进"阵形。民主德国男排以超手扣球而蜚声排坛，被称为"高度派"。

中国男排创新了"盖帽拦网"及"平拉开扣球"技术；日本男排在"平拉开"的基础上衍生了"短平快"扣球技术，随后又创造了"时间差""位置差"等战术。亚洲各队"以快制高"，这种"强攻+快攻"的战术体系被誉为"速度派"。

在这个阶段举行的 5 次世界大赛中，三种流派各有千秋。其中，民主德国获得 2 次冠军，苏联、捷克斯洛伐克、日本各获得 1 次冠军。

20 世纪 60 年代初，日本女排教练员大松博文创造了勾手飘球、前臂垫球和侧面倒地垫球技术。这 3 项技术的创造和应用，打破了苏联女排称霸排坛的局面，推动了女子排球技、战术水平向更高的方向发展。

1973 年，中国男排在"短平快"的基础上创新了"空间差"战术，这一战术轰动了 1977 年东京世界杯赛。随着国际交往的不断增多，欧、亚两大洲互相取长补短，互相融合。波兰男排顺应世界排球运动发展潮流，以攻守全面、战术多变的优势，连获 1974 年世界锦标赛和 1976 年奥运会的冠军。

20 世纪 80 年代，中国女排和美国男排的崛起标志着排球技、战术及其指导思想的革命。中国女排的五连冠和美国男排的四连霸是历史的必然，标志着一个新时代的到来。中国女排与美国男排的共同点是全攻全守的整体排球思想，这一思想指导他们获得辉煌、被世界排坛接受，并在 20 世纪 90 年代蓬勃发展。在世界强队的广泛运用和充实下，全攻全守的整体排球思想已形成完整的战术体系，成为现代排球的主流。

1984 年，墨西哥人阿科斯塔担任国际排联主席，他决定把排球运动发展成为世界上最受欢迎的运动项目之一。在他的领导下，有识之士对国际排联机构本身和排球运动进行了一系列的改革和调整。

沙滩排球于 1996 年被列入亚特兰大奥运会正式比赛项目，在雅典奥运会上更是产生了空前的影响。不仅如此，国际排联还将沙滩排球从海滨的沙滩推向内陆的沙地，吸引更广泛的群众参与。为在青少年中开展排球运动，国际排联成立了学校排球部，大力推广和开展"学校排球"活动，每 2 年都要举行一次世界少年排球锦标赛。近年来，学校排球中兴起的软式排球运动也是不可忽视的一支力量。

第一章 排球理论研究的发展

2003年,中国女排获得第11届世界杯赛冠军,2004年获得奥运会冠军。2008年,我国的魏纪中先生荣任第3届国际排联主席,他立志于让更多的人喜爱和参与排球运动,使排球运动得到更好的发展。

2015年,中国女排获得世界杯冠军。2016年8月,中国女排获得里约奥运会冠军,这是中国女排时隔12年再次获得奥运冠军,也是第三次获得奥运会金牌。2017年9月,中国女排夺得国际排联女排大冠军杯赛冠军;同年,中国男排首次任命外籍主教练——阿根廷人劳尔·洛萨诺,当年即夺得世界男排联赛昆山站冠军。2019年在世界杯比赛中,中国女排以11连胜的骄人成绩夺得了冠军。2022年,在亚洲杯中,中国男排接连击败伊朗、韩国及日本等劲旅,以全胜成绩夺冠[12]。

二、排球的学术研究综述

(一)排球联赛的研究综述

目前,国内排球赛事主要包括超级排球联赛、男女排球锦标赛、全运会排球赛、大学生排球联赛等。国际排球赛事主要有世界杯排球比赛、世界排球锦标赛、奥运会排球比赛及世界男、女排联赛。

我国排球联赛于1996年创建,到现在经历了20多年的发展历程,它在发展过程中受到了哪些因素的制约,与国外其他成功联赛的经验相比有哪些相似和不足等问题受到了众多研究者和学者的关注。

董行在《中、意女子职业排球俱乐部运作的比较研究》中对中国和意大利女子职业排球俱乐部的运作形式、组织结构、人员配备和运动员转会等情况进行比较研究,认为我们有必要吸取意大利职业排球俱乐部的成功经验,并针对中国女子职业排球俱乐部的不足和存在的问题,提出中国女子职业排球俱乐部应继续发扬自身优势、努力借鉴意大利成功经验,以促进我国职业排球的市场化和职业化发展,研究结果为中国排球职业化发展提供了参考[13]。

马忠利主要对俄罗斯职业体育发展中的资金问题进行了研究,以此来探讨俄罗斯职业体育发展的规律和方向。研究发现,俄罗斯职业体育发展的资金,主要来源于赞助和捐助,也有国家对其的专款投入,职业体育的门票收入和电视转播收入较少,并未给俄罗斯职业体育发展带来良好的经济收益,但是赞助商的主要目的不是获取门票收入,而是获得良好的宣传效应,以此来促进企业效益的提高。研究指出,俄罗斯目前的体育经济方式并不能直接为我国排球职业体育所用,我们现阶段更多地要借助国家力量的支持[14]。

周明华分析了美国职业男子排球联赛的特殊规则,从计时、计分、休息和击球等方面进行了大胆而富有成效的改革和探索,其目的是最大限度地吸引观众和媒体的关注与投入。他提出,虽然美国陆军夜视实验室(NVL)的特殊规则在某些方面挖掘了排球发展的潜力,但改革的举措仍缺乏系统性和全面性,并希望美国 NVL 特殊规则及改革思路对中国排球的发展有所启示[15]。

付群等对中国排球联赛的主体——24 支俱乐部队伍的现状进行了调查分析,深入分析了各俱乐部发展的现状和不足,并结合其他项目俱乐部制度的经验,提出了发展对策,从基础建设、队员转会政策、外援引入政策、赛事转播政策等方面进行了具体的阐述,为我国排球俱乐部的发展提供了良好的理论依据,也为俱乐部水平的提高和利益的获得提供了理论支持[16]。

王琛对中国排球联赛的发展进程进行了逻辑分析,提出中国排球联赛在赛制管理、裁判队伍管理、科技手段辅助执裁及运动员技术评定等方面进行了改革与发展,取得了良好的效果,并发现在中国排球联赛发展过程中,形成了竞赛管理体制日趋完善、人才管理体制逐渐完善和品牌宣传逐渐全面等发展优势,同时也具有群众基础差、后备人才少、运动员经济收入低、媒体宣传较少及职业化程度低等劣势[1]。

杜宁、李毅钧在归纳总结中国排球联赛多项改革的基础上,梳理了中国排球联赛发展的趋势。研究结果显示,在中国排球联赛 20 多年的发展中,多个方面的不断完善为中国排球联赛提供了重要的改革支持,包括赛事公司的科学运营、体育科技的发展、国内球员和外籍球员引进的科学化等,这些改革措施促使中国排球联赛不断改革,并向可持续健康发展的道路迈进[17]。

康军、陆阳主要针对中国排球联赛的运行机制进行了研究和分析,研究指出,中国排球联赛的发展受运行机制的影响最大,应该从管理、企业进入、人才培养、品牌宣传等方面进行机制的改进,使中国排球联赛向可持续发展的道路前进[18]。

古松、钟秉枢提到,目前我国对排球后备人才的培养十分不足,出现了断层的情况,使得选材受到很大的影响,因此排球队伍的不完整阻碍了竞技水平的提高,这让俱乐部在发展上受到阻碍。俱乐部的运营得不到保障,我国排球运动就会始终处在一个恶性循环中,只有改变现有的模式,我国排球运动才能得到真正的改革。只有不断创新管理模式和管理概念,才能提高俱乐部的经营管理效率,提升俱乐部的竞技水平,体现球队的价值所在。只有改善目前的后备人才培养模式,加强梯队建设,提升后备人才的综合培养,才能取得更优异的成绩[19]。

徐建冲从中国排球联赛的管理体制、俱乐部的性质、排球联赛的本质三个方面进行了分析。他分析了目前排球俱乐部的性质,指出各俱乐部的主场所在城市市场化程度低、排球联赛电视网络转播场次少、赛程设置没有兼顾市场、排球联赛的赛程安排不合理等问题[20]。

付群等对中国排球联赛的发展历程进行了研究与分析,回顾了中国排球联赛创建的历史,划分了中国排球联赛 20 多年的发展阶段,指出了每个阶段中国排球联赛显现的特点。他们指出资本投入、外援引入、媒体宣传及俱乐部主体的收入等方面问题,为中国职业联赛的发展提供了良好的理论依据[21]。

第一章　排球理论研究的发展

李魁在明确了中国排球职业联赛参与主体及运营模式的情况下，针对中国排球职业联赛市场化现状，从俱乐部、运动员、赞助商、票务和赛事转播四个方面进行了梳理。他提出中国排球协会尚未完成真正意义上的市场化，存在社会资本投入规模小、参赛俱乐部的职业化程度较低、赛事版权制作和营销方面权利划分不够明晰等问题[22]。

由上可见，在我国排球联赛发展的20多年间，有大量的学者对联赛发展现状及趋势进行了相关研究，他们从不同的角度梳理了中国排球联赛发展的历程，并且对中国排球联赛发展具备的优势和其自身的不足之处进行了较为全面的深入分析，其中不乏学者结合其他项目俱乐部的成功经验提出了发展策略，为我国排球联赛的发展提供了良好的理论依据。当然，学者们的结论都是结合当时联赛发展环境而言的，具有一定的时代特点，但仍然具有重要的价值和意义。

在国际排球比赛的研究中，李江等对现代奥运会项目的发展进行了梳理，根据北京2008年第29届夏季奥运会资料中的顺序排列，提供了项目首次出现的翔实地点和届次[23]。

刘利鸿等对男排世锦赛的竞技格局和发展特征进行了研究，认为欧洲对奖牌的垄断格局已经被打破，形成了欧洲、南美洲、中北美洲争霸的局面，但欧洲仍占有绝大部分的奖牌；大多传统强国依然强大，但竞争加剧；德国、塞尔维亚等近年来实力上升，与传统强队的差距明显缩小；荷兰、日本、韩国、中国等的实力相对下降。他们提出世锦赛赛制虽不断完善，但仍有不足；近年来参赛队伍数量增加，竞争日趋激烈；排球技术趋向全面，强调速度和力量是其新的发展方向[24]。

韩奇、叶庭分析了世界女子排球锦标赛的竞技格局和发展特征，并研究了世界女子排球发展方向。他们得出结论：在竞技格局上，以俄罗斯为代表的欧洲，其整体竞技实力强于世界其他大洲，古巴、日本、中国、美国、意大利组成的第二集团和以巴西为代表的新兴集团对欧洲的主导地位不断形成冲击[25]。

吴艳回顾与审视了世界排球大赛金牌分布趋势，统计了世界排球三大赛事前三名情况，比较了世界大赛排球项目金牌归属的洲际情况，对比了世界大赛排球项目金牌归属的国家情况，总结其发展变化规律，展望了世界排球运动发展趋势，为我国竞技排球的发展提供了一定的理论参考[26]。

基于以上研究发现，关于国际排球三大赛事发展的研究主要集中在金牌分布趋势、竞技格局和发展特征等方面，以奖牌归属情况为主线，对奖牌区域的动态分布情况等进行分析，总结出不同时期世界排球运动发展趋势。对于相关赛事的发展历程、市场化运作、影响因素等方面的研究少之又少，尚未有学术成果对其进行总结，为国内排球赛事提供可以借鉴的经验。

（二）排球比赛制度的研究综述

在历史上，我国排球比赛设置可以划分为两个阶段，即运动竞赛设置初步形成时期

（1949—1980年）和运动竞赛设置分类管理时期（1981年至今）。这两个阶段的划分依据是1979年我国正式加入国际奥委会后，为了加快我国运动技术水平的提高，以及在奥运会等国际重大赛事中为国争光，1980年3月，国家体育运动委员会提出"调整好运动项目布局，集中力量把奥运会和有重大国际比赛的运动项目抓上去"的决定[27]。

1996年12月21日，中国排球以赛制改革为突破口首次推出了跨年度比赛的主客场联赛。经过8个春秋的改革和经营，我国排球联赛在赛制方面取得了发展和突破，但是在2003—2004年度的甲A联赛中，由于国手参加世界杯，联赛各方面水平下降，体现出了赛制的不完善，与其他职业化排球联赛开展较好的国家相比，我国还存在很多的不足[28]。

李毅钧等对中日两国排球竞技体制进行了比较，结果表明，两国的训练、竞赛及管理体制有较大不同。我国由国家统一管理训练和竞赛，有较完善的培养优秀运动员的一条龙专业化训练体系，但大、中、小学排球运动普及度不够。日本由排球协会管理训练竞赛，以大、中、小学为基础，以实业团体（企业）为骨干，普及率较高，但缺少专业化训练体系，不利于青少年优秀选手成才[29]。王萍丽等认为美国排球竞赛管理具有提高与普及并重、多个业余体系并举、大学与中学相互衔接、中学与排协相互补充、运动员比赛次数多及参赛人数多等特点。美国竞技排球存在男女发展不平衡和难以职业化两大难题，美国排球界一直致力于解决相关问题[30]。

白海波分析了法国排球联盟组织管理运营模式特征，发现其管理运营理念的核心就是以大众体育向竞技体育发展的实践，法国排球联盟组织的媒介资源是由基层组织至中央组织，再由中央组织至基层组织的，形成了具有层层向上推力的宝塔型结构。法国排球联盟组织管理运营模式的成功经验，可为我国排球运动管理中心和中国排球协会的管理运营模式的进一步深化改革提供启示和实证参考[31]。

朱征宇、孙贵英对我国排球自1996年推行职业化改革以来的甲A联赛竞赛制度进行统计和分析，并把目前欧洲国家排球职业联赛开展较好的意大利、法国的竞赛制度与我国的排球甲A联赛竞赛制度进行比较分析，发现我国在竞赛队伍的组成、方式与方法、竞赛的时间与场次等方面有差距[28]。

唐建军提出在我国竞技体育50多年的发展过程中，竞赛制度作为促进竞技项目运动技术水平提高的一种制度性手段被系统且有效地运用，运动竞赛制度作为竞技体育制度中的一种重要的制度安排，它本质上体现着国家的利益和需要[32]。

王祥等对当前甘肃省排球运动竞赛的开展情况进行调查，采用CDIO模式，即"构思—设计—实现—运作"来构建，初步分析了甘肃省排球运动竞赛体系的构建依据和发展模式[33]。

黄汉升、翁飚通过对美国、日本、中国排球组织机构、竞赛制度和选拔体制的比较，发现了三国各自的特点和长处，研究结果对进一步推动我国排球组织机构、竞赛制度和选拔体制的改革，顺应世界排球运动的发展趋势有很好的借鉴作用[34]。

侯金倩对现行世界排球三大赛事各自运用的竞赛制度进行对比研究，针对三大赛事制特点进行差异性分析,提出了完善的改革构想及措施,使世界排球大赛更具竞争性、激烈性与观赏性[35]。

综上所述,科学、稳定、完善的排球赛事竞赛制度是推动其自身发展的重要因素。根据相关资料,我国学者关于排球联赛竞赛制度的研究还远远不够,部分学者对国外与我国排球组织的竞赛制度进行多方面的比较研究,以求为我国排球赛事的改革发展提供理论依据,但是并未针对怎样构建符合我国国情的排球竞赛体制进行深入的研究。排球竞赛体制的公平、公正是提高各队水平和推动排球运动发展的根本,因此,赛制的合理性关系到大众排球的普及、竞技排球的提高和职业排球的发展,这也需要我国学者投入大量的时间和精力去深挖和探究。

(三) 中国排球比赛外援引入及人才流动的研究综述

杜宁对中国排球联赛引入外援情况进行了研究与分析,提出目前我国排球联赛引入外援较少,他们的影响力度还有待提高。对于男排来说,引入外援的作用较为明显,基本上都发挥了重要作用,提高了中国男排整体的技战术水平;但是对于女排联赛来说,外援引进的作用并不明显,这与我国女排在世界上的水平较高有关。我们要重视外援对排球职业化的重要作用,加大引进力度,全面促进排球联赛的发展[36]。

常廓提出在中国排球联赛(CVA)发展的过程中,外援在联赛中的作用越来越明显,各项相关技术指标数据越来越高,且与国内球员拉开明显差距。同时,外援的引进丰富了各队的技战术打法,提升了球员的职业态度和竞争意识,增强了比赛的观赏性。另外,研究也发现联赛选秀、转会、工资等机制不够健全,导致出现急功近利、依赖外援等现象[37]。

孙宏伟对我国排球联赛发展历程中的人才流动情况进行了分析和研究,找出了影响中国排球联赛人才流动的因素,并综合分析了当前和未来人才流动的趋势,提出了完善措施,为中国排球联赛俱乐部的职业化发展提供了参考[38]。

侯帅对中国排球联赛外援引进情况进行了详细的调查和分析,包括外援引进现状、影响因素、方式方法,以及对中国排球联赛产生的双重影响。该项研究认为,中国排球联赛的外援引进,对中国排球联赛的职业化发展具有促进作用,如引进外籍球员,能使我们更加了解欧美等世界强国的排球技战术发展情况。研究提出,我们要及时评价外援的水平和质量,从而更好地引进高水平外援,以促进俱乐部的发展;要借鉴国外俱乐部外援引进的政策和策略,开放思想,结合我国社会主义建设的特色和实际,找出适合我国国情的外援引入道路,切实提高中国排球联赛的发展和中国排球的技战术水平[39]。

徐兰君等对中国排球联赛转会情况进行了研究,总结发现,目前我国排球联赛转会状况有较好的发展,转会制度得到了确立,条件有所放宽,规模有了扩大,但也存在一些限制,使联赛转会出现了制度不规范、方式不多元、市场经济引导不足等情况[40]。

赵俊根据中国排球联赛转会政策的重要历史节点,将转会政策的历史发展分为试行阶段、发展阶段及改革阶段，对每个阶段中国排球联赛运动员的转会情况及联赛的开展情况进行研究，分析转会政策对中国排球联赛的影响[41]。

路玉明对中国女子排球联赛中外援的引进历程进行调查，分析外援对中国女子排球联赛产生的正负效应，认为随着社会的不断发展和进步，外援引进的模式基本已被各个俱乐部采纳，并且效果俱佳，但在大量外籍球员的引进浪潮下，我们仍缺乏对他们的管理经验。从能力上来看，中国女子排球联赛中外籍球员明显高于俱乐部其他队员，外援的一举一动会带动整个队伍的气氛和情绪，外援的使用是双向的，有利有弊，必要的约束和科学的管理至关重要[42]。

张潇月指出，我国排球协会、排球运动管理中心都在外援引进的工作管理上存在不完善、不规范的问题，如外援薪酬差距较大、过于注重外援名气，均导致了外援引进的质量不高等问题。对于女排来说，女排超级联赛是世界排坛顶级赛事，国内有很多优秀的后备人才可以选择和使用，但是大量外援的加入，导致后备人才起不到十分明显的作用，从而影响了我国排球事业的发展[43]。

由上可见，我国学者肯定了我国排球赛事的外援引进及人才流动对其自身的发展所起到的重要促进作用。他们通过对外援引进及人才流动的现状、影响因素进行分析，总结出了制约我国排球赛事外援引进和人才流动的主要问题，从而改善我国排球赛事外援引入少、影响力度小的现状。随着外援引进和人才流动的不断发展，也产生了许多的问题，如外援在比赛中的作用越来越明显，比赛中经常出现依赖外援的现象，等等。对外援带来的负面影响提出更好的对策和建议，是今后我国学者应重点关注的研究议题。

（四）排球比赛外界影响因素的研究综述

中国排球联赛发展的进程受到很多因素的影响，有的因素起到了制约作用，也有很多因素起到了促进作用。杜宁、李毅钧针对排球运动水平越来越高、速度越来越快等特点而引入的鹰眼系统进行了研究，主要研究了引入该系统的影响和必要性，研究成果肯定了鹰眼被引入中国排球联赛的价值意义，包括使比赛更加公平公正，规则解释更加清晰，满足了大众的观赏需要。但是鹰眼的引入有时也破坏了比赛的流畅进行，而且摄像头容易被排球重击而损坏，造价比较高。因此，研究提出要正确看待鹰眼的价值意义，使其更好地保障俱乐部之间更加公平公正地比赛[44]。

单毛天分析各阶段竞赛规则修改对运动产生的影响，研究发现，影响排球运动全球发展传播的因素包括地理远近、传教士的活动、战争、国际排联的推动和商业化机制的引入等。竞赛规则演变的内容在各个时期呈现出明显的特征。研究还对竞赛规则发展史进行了合理的阶段划分，包括原始诞生期、灵活多样期、统一规范期、改革完善期、成熟稳定期、创新期等[45]。

王玉闯、胡焱艳从宏观和微观两个方面，结合社会利益、联赛开展、梯队建设、排球自身技术等方面指出阻碍排球运动发展的因素，认为应从排球竞赛的多级化、竞赛制度的多样化、"体教结合"的发展形式三个方面来普及和推广排球运动[46]。

蔡雯认为新媒体因其传播手段丰富、信息获取更加便利、观众的参与感强等优势，已经成为市面上主流的媒体传播方式，但联赛队伍水平和手机 App 的质量，会影响排球联赛的传播与发展[47]。

贺英对第 11 届中国排球联赛主场选择的情况进行了详细的调查分析，总结了中国排球联赛主场的特点，如分布广、稳定差、变化频率高等，提出了影响中国排球联赛主场选择的 7 项一级因素和 38 项二级因素，最终提出了建议和对策，为中国排球联赛的发展提供了重要的主场选择策略和依据[48]。

孟春雷、吴宁全面探究了职业排球联赛的特点和内涵，揭示了职业排球联赛的价值规律，阐释了中国排球联赛的商品价值和文化价值[49]。

由上可见，为了促进中国排球联赛的健康持续发展，很多研究者对影响中国排球联赛的多个因素进行了详细的探讨。从中不难发现，中国排球联赛的发展受到多方面因素的制约，随着时间的推移，许多重要的举措都影响了发展的进程和速度，但是尚未有学者对其进行清晰的阐述并提出有效的改革策略。

三、排球裁判的学术研究综述

在体育运动中，裁判具有两层含义：一是指根据体育运动的竞赛规则，对运动员竞赛的成绩和竞赛中发生的问题做出的评判；二是指依据竞赛规则处置竞赛中发生的问题及评断胜负的人员[50]。裁判员是指在体育竞技比赛中，依据相关的体育运动竞赛规则和规程，对运动员的场上、场下行为做出判定，或者对参赛队伍的比赛成绩进行责任认定的人员。在排球运动中，根据工作分工不同，排球裁判员可分为第一裁判员、第二裁判员、司线员和记录台工作人员等[51]。第一裁判员自始至终领导该场比赛，他对所有裁判员和比赛队成员行使权力。在比赛中，他的判定是最终判定[52]。

(一) 排球裁判员执裁能力的研究综述

从广义上讲，能力是人们认识、改造客观世界和主观世界的本领；从狭义上讲，能力是指胜任某种工作的主观条件。一名优秀的排球裁判员应具备以下几种能力和精神：人际交往能力、执行与适应能力、管理能力和吃苦耐劳与奉献的精神[53]。

艾日红通过分析我国部分省市的排球裁判员现状发现，我国的排球裁判员的性别比例与地域分布情况均不够平衡，男性多于女性，发达地区裁判员多于欠发达地区，年轻裁判员的实践机会少、执裁能力得不到充分锻炼，执裁水平和能力基本停留在理论知识阶段，还有很大的进步空间[54]。

刘燕侨提到，北京市一级裁判员人数较多，但人数与业务素养、临场执裁能力未成正比，这主要体现在对关键球的掌握上，尤其部分年轻裁判员出现比赛时执裁流程的把握、判罚不准，错判及漏判等问题，未能令运动员、教练员、观众及技术代表满意，他们需要通过一定的实践积累和学习培训提升业务能力。从某种程度上来说，裁判员参与培训及后续的学习和掌握情况决定了其临场执裁状态。由于科学技术的快速发展，更多的专业器材被投入比赛中，同时由于排球裁判规则在不断更新，所以裁判员只有持续不断地学习才能成长为一名优秀裁判员[55]。

孙敬指出，学习能力、判断能力、独立工作能力、抗干扰能力、组织管理能力、解决疑难问题能力和合作能力是反映联赛裁判员执哨能力的主要指标，同时受主客观因素的影响[56]。李娟在对我国国家级及国际级排球裁判员的执法能力因素的研究中发现，裁判员的业务水平、心理因素，比赛的重要程度，裁判员的生理因素、执裁年限，运动队的技术水平等都对执法能力具有较大的影响[57]。杜宁在对我国青年裁判员执裁效能的研究中提出，影响我国青年排球裁判员的执裁效能的主要因素有比赛因素、社会因素、环境因素和技术因素，其中比赛因素对排球裁判员的执裁效能的影响较大，但对不同等级、性别、年龄的裁判员的影响比较均衡，不存在显著性差异[58]。钟海珊以广东省排球裁判员为调查对象，研究发现，影响该地区排球裁判员的执裁效能的因素是业务能力、临场执法能力、心理品质、执裁技术及职业道德，其中在临场执法能力方面，虽然裁判员的瞬时记忆能力较好，但独立工作能力和应变能力有待提高，执裁经验少的年轻裁判员的观察判断能力稍弱[59]。

由上可见，排球裁判员的执裁能力受多因素的影响，其中主要包括心理因素、比赛因素、环境因素、业务水平及生理因素等。排球裁判员的执裁能力是多因素共同作用的综合结果，裁判员的个体差异、等级差异、执裁经历等也都会对裁判员的执裁能力产生影响。因此，在裁判员选拔和培训时要有针对性、有目的性地增强裁判员自身的业务能力、临场执法能力、心理品质、执裁技术和职业道德等素质和能力，要对其进行比较系统性的培训，促使他们的执裁能力不断提高。

（二）排球裁判员心理素质的研究综述

姜元章认为，裁判员的情绪对他们判断的准确性有一定的影响，长时间的紧张、身体的疲劳、场上条件变化等都是裁判员判断水平下滑的原因[60]。甘其伟和张百振对我国排球裁判员的视觉反应时进行了研究，研究发现，优秀排球裁判员的视觉简单反应时和视觉选择反应时与其他裁判员相比不具备速度上的优势，而与因适应裁判工作的要求而形成的心理定式有关；选择反应准确性高，是优秀裁判员的心理特征，对排球裁判工作具有重要意义。

殷聪聪在对高校体育专业排球裁判员进行的研究中指出，因为该项运动竞争激烈，在执行裁判工作时往往要面对紧张复杂的比赛情景，这就要求排球裁判员具备较高的心理素质，要时刻保持警惕[61]。

赵道卿、王蓉从裁判员的意志品质、注意品质及自信心三个方面分别进行了分析，研究发现，要成为一名称职的排球裁判员要具备良好的心理素质。实践证明，心理素质强的裁判员，无论在多么复杂和困难的比赛情况下，都能保持坚强的意志品质、良好的注意品质和必胜的自信心，因此，做一名优秀的排球裁判员必须具备相应的心理素质[62]。张建、魏承忠在对排球裁判员的心理状态的研究中发现，排球裁判员要有明确的动机、高超的裁判技术水平，这样才能公正准确地执裁。排球裁判员的神经类型的特点是强型气质类型，在多血质和多血质的混合型上及黏液质上有集中趋势。排球裁判员的性格类型有内向型趋势。观众的偏袒，以及由此产生的各种语言刺激会对裁判员的临场判罚产生消极影响[63]。颜秉峰等在排球裁判员的心理素质培养的研究中论述了排球比赛执裁中心理素质培养的四种方法，即注重"球感"的建立、加强表象训练、注重临场信息反馈、提高应变能力[64]。王骏在我国优秀裁判员临场焦虑心理特征的研究中发现，我国排球裁判员总体呈中等焦虑状态，女性裁判员的心理素质高于男性；焦虑水平与年龄增长呈 U 型曲线，年龄在 30～39 岁的排球裁判员的焦虑水平最低，排球裁判的执裁年限与焦虑水平呈反比关系[65]。辛玲指出，我国排球裁判员队伍中年轻裁判员在心理素养的外在表现与比赛中的衔接方面呈现出短板，易出现错漏判现象，甚至连续出错。裁判员的精神、意志、作风和心理层面准备不到位，不能掌握好比赛节奏，难以保障比赛平稳顺利地进行[66]。

Bilir 对排球裁判员社会和自主的个人特征进行了研究，结果表明，排球裁判员表现出较强的自主性人格[67]。Arslanoglu 等在对排球裁判员的决策方式和思维方式的研究中认为，性别、年龄、裁判类别、经验等变量对排球裁判员的决策方式和理性经验思维方式有重要影响[68]。Subarna 等针对排球裁判员的手眼协调能力和自信心的关系进行了研究，采用问卷调查的方式收集自信心指标，采用运动体能测试仪器测量手眼协调能力，结果显示，裁判员的手眼协调能力对裁判员履行领导职责的自信心水平有显著的正向影响[69]。

由上可见，心理素质是衡量一名排球裁判员的重要指标，要想胜任这一岗位，只具备专业的裁判员知识和临场判罚技巧是远远不够的，还必须具备较好的心理素质及自我调控能力。一名心理素质较好的裁判员，无论在多么复杂和多变的比赛中，都能以最佳的心理状态投入临场执裁的过程中。临场时，出色、适时且准确地调控心理状态，也是发挥最佳执裁水平的关键。

(三) 排球裁判员身体素质的研究综述

优良的身体机能是从事裁判工作的前提，也是执裁的基本素质。一名合格的裁判员仅仅具备职业道德和业务能力是不够的，还要对身体素质有一定的自控能力。谢雨森在对排球裁判员的基本条件的研究中认为，排球裁判要有一个良好的身体，在执行任务期间就要注意休息，保持旺盛的精力。只有精神饱满、精力充沛，才能思想高度集中，在紧张激烈、持续时间较长、技战术快速多变的竞争中，保持反应快速、视觉敏锐、判决果断[70]。刘宇光指出，当今排球比赛中运动员力量大、速度快、弹跳高、战术打法多变、攻守转换回合多，对排球裁判员的身体素质也有了更高的要求。开阔的视野和机敏的反应能力及判断能力都是排球裁判员必不可少的身体条件。因此，以拥有健康的身体和充沛的精力为保障，裁判员才能更好地掌控比赛[71]。

由上可见，健康的体魄及充沛的精力是做好排球裁判工作的必要条件。现代排球运动比赛场次多、时间安排紧、比赛水平高，因此裁判员要有强健的身体、顽强的毅力，以保持旺盛的精力，只有这样才能保证比赛公正、顺利进行。

（四）高校体育专业学生排球裁判能力培养的研究综述

针对排球专修学生裁判能力的培养研究，曾继盛指出，必须采取理论学习与实践教学相结合的方法，建议教师在技战术的训练中培养学生的裁判能力，原因在于专选课程的学时较少，学生人数又较多，不可能在教学训练中安排过多的比赛以进行裁判实习，解决此矛盾的最好办法是把裁判实习与教学训练有机联系在一起，这样既能完成教学训练任务，又能锻炼学生的裁判能力[72]。王凯彭认为，首先要提高学生对裁判能力的认识；其次要使学生加强对理论和实践的学习；最后在教学中要讲究教法多样，严格要求，讲求实效[73]。

在对高校体育教育专业学生执裁能力的研究中，李亚飞以甘肃省高校体育教育专业学生为调查对象，发现体育教育专业学生裁判员的临场执裁能力较低，总结了以下三种主要原因：第一，学生裁判员的基本功较差；第二，学生课余时间参与临场执裁的机会不多；第三，缺少有组织的集体练习。多数院校在裁判教学中多采用理论和临场相结合的教学方式，但理论教学和实践教学还不能有效地统一起来[74]。周佳彤在对山东省部分高校体育教育专业的排球专选生裁判能力培养的调查研究中发现，在教学过程中，学校关于裁判的内容安排较少，学生很难在教学过程中全面系统地掌握裁判知识，并且存在重理论轻实践的情况[75]。张馨元在对重庆地区体育教育专业学生裁判员的培养研究中发现，在教学方面存在安排不合理、理论不够完善、学生实践机会不多等情况[76]。

在体育专业学生排球裁判教学、执裁能力培养、执裁效能等方面的研究中，李亚飞、丁巧凤、董建分别以甘肃省高校体育教育专业学生、北京体育大学学生、江苏省高校体育教育专业学生为调查对象进行了广泛的研究，发现学校的排球裁判教学能够从实际出发，教学目标清楚，但存在教学内容设置不够全面的问题，教学计划中关于理论教学与临场配合部分较为欠缺，排球裁判教学形式以排球等级考试及考前辅导为主，不能完全满足学生的学习需求。在影响排球裁判执裁能力的主观因素上，李亚飞认为主要表现在以下五个方面：第一，学生裁判员严肃公正的敬业精神和坚定的心理素质；第二，学生裁判员临场执裁的精神状况和执裁时平稳的心态；第三，学生裁判员的身体状况；第四，学生裁判员之间的合作意识；第五，学生裁判员为集体服务、奉献的思想等[74][77][78]。董金辉对我国7所体育院校体育教育专业排球专修生等级裁判员培养情况进行了研究，发现目前各院校学生裁判员的培养在培养目标、教学内容、教学方法等环节有所不同，培养目标的制定多注重裁判业务能力，忽略了学生裁判员基本综合素质的培养。裁判教学内容设置以排球裁判规则和裁判法为主,而涉及排球裁判综合能力内容的不多[79]。刘宇光在对河南省高校运动训练专业排球专项学生裁判能力培养的研究中认为,学生的学习动机积极明确,但在教学过程中裁判能力相关的课程内容安排较少,学生获得的实践机会较少;在学生裁判员的培养过程中,其水平受教师水平的影响较大[71]。梁盛在对体育院校排球裁判员培养方面的研究中发现,部分体育院校不同等级的裁判员培养目标区分度不强,不同等级的裁判员培养偏向于同一培养标准,不同院校之间缺乏统一的考核方式[80]。

由上可见,关于高校体育专业学生排球裁判能力的培养方法和途径的研究很多,大多针对体育教育专业和运动训练专业排球专修学生的裁判能力培养途径、教学方法等方面的现状进行综合的分析和探索。另外,有关于学生执裁效能的研究,也有针对学生裁判中出现的问题提出的切实解决措施的探讨,有从学生裁判员培养的影响因素方面进行的分析,在教学内容设置、实践能力培养等方面给出了建议。总体来说,体育专业学生作为排球裁判员的重要来源,在裁判员队伍人才输送方面起着重要的作用。因此各类院校,特别是体育院校应重视和加强学生在学习过程中裁判能力的培养,为我国高水平排球裁判员提供人才保障。

(五) 排球裁判员考核及培训的研究综述

周屹嵩在对河南省排球裁判员的现状调查研究中发现,该省高级别裁判员人数较少,英语水平普遍不高,学习动力不足;在裁判管理方面,其制度不够完善、选拔途径单一、缺乏详细的评价指标[81]。在对裁判员分级考核的研究中,刘江、李毅钧针对目前排球裁判员考核办法提出,可根据每年国家级排球裁判员的执哨水平来确定来年的考核方案与重点,排球裁判员分级考核模式应该是动态的[82]。

王梓提出,体育竞技精神的公平性与公正性是裁判员能够在体育竞技运动中发挥作用的基本道德要求,为了确保裁判员能够严肃、认真、公平地对待每场比赛的执裁工作,裁判学员应当不断地提升自己的文化修养与道德修养,进一步提升个人素质[83]。

周大尉在对我国排球裁判员评价标准的研究中指出,目前我国排球裁判员考核标准存在更新不及时、指标单一等问题,为促进排球裁判员群体整体能力的提升,相关负责人员必须站在排球运动时态的最前端,关注排球裁判评价指标新动态,及时更新其评价标准,开发多元化评价方法,站在客观公正的角度对排球裁判员的能力进行评价与考核[84]。

王恒北、李毅钧在对体育院校排球一级裁判员考核的研究中认为,设计制定的排球一级裁判员实践考核方法与评分标准,具有较高的可靠性、有效性和客观性,能够较为真实地反映体育院校学生的排球一级裁判员水平,体现排球一级裁判员任务与职责的构成要素[85]。杨春卉、唐奎在对沈阳体育学院排球二级裁判员试题库的研究分析中认为,排球二级裁判员理论考核试题库的试题,各项指标均符合教育测量学的有关标准,该题库较科学、合理、客观;排球二级裁判员理论考核试题库的开发,可以为标准化、规范化考试,提高考试质量,客观地评定学生成绩,评估和改进教学工作提供依据,但在命题计划、试题抽取方式、试题教育学测量方面还需进一步完善[86]。

由上可见,在对排球裁判员考核和培训的相关研究中,不同地区、不同学校对排球裁判员的考核和培训内容存在一定的差异,其侧重点有所不同;排球裁判员在临场执裁过程中表现出来的综合素质包含多个方面。因此,各裁判员培训和考核单位应建立和实施动态、多单元的考核评价,以便综合评定裁判员的表现和能力。

(六)科技运用对排球裁判员影响的研究综述

国际排联从2012年世俱杯开始引入鹰眼系统、耳机对讲系统、电子记录系统等一系列高科技产物。在科技运用对排球裁判员的影响研究方面,刘江、魏琳洁认为,科技的运用对裁判员的裁判方法有一定的影响。主要表现为可以提高裁判的准确性,增强裁判团队工作的凝聚力,比赛中使裁判员之间的交流更加便捷,同时也使裁判员临场判罚更有压力[87]。杜宁、李毅钧认为,鹰眼系统为裁判员执裁工作带来了颠覆和创新,运用科技手段辅助裁判员工作,能够提高裁判员判罚的准确性。科技在排球比赛中的应用,也对排球裁判员在比赛中的操作流畅性提出了更高的要求[44]。为使排球裁判员对球与拦网队员手的接触情况做出准确的判罚,Kurowski等利用高速摄像机创建了一个模型,并使用模板匹配来精准确定前景图像中球的轮廓被扭曲时的位置,实验结果表明,该算法比其他方法在类似系统中的精度更高[88]。

在科技助力排球裁判员训练方面,郑玉梅等运用相关媒体软件,设计了一套基于Director的虚拟现实仿真方案,利用虚拟现实仿真系统虚拟裁判员的控制及各种交互式操作,可以使学习者产生临场执裁的体验,大大提高学生的临场判决能力[89]。吴英指出,鹰眼技术可以提高裁判员的执裁能力,确保裁判执裁工作精准推进;鹰眼技术能够完善排球比赛规则,从而推动排球运动水平迈向新台阶;鹰眼技术的合理使用,能够提高执裁水平,充分体现排球竞赛的意义和价值[90]。

由上可见,科技在排球比赛中的运用,提高了排球裁判员之间的沟通和裁判员的判罚准确性,同时给裁判员的心理带来了一定的压力,但这种压力更多是正向的,其有助于裁判员公正执裁,减少比赛的争议。随着科技在排球比赛中的应用越来越广泛,也对裁判员的业务水平提出了更高的要求,熟练使用科技手段,保证比赛的流畅性是排球裁判员未来需要研究的新课题。

总之,排球运动项目的发展与排球裁判员队伍的建设是相得益彰的,排球运动的快速发展促进了排球裁判员队伍的成长,而推动排球赛事的开展离不开高水平的排球裁判员。排球裁判员作为排球比赛的参加者和评判者,在思想政治素质、能力素质、心理素质和业务素质等方面都需要达到一定的水平。纵观国内外关于排球裁判员的研究可以发现,与国外相比,我国优秀的排球裁判员在某些方面已经达到较高的水平,但在临场管理等方面还有进一步提升的空间。随着排球运动技战术的发展,对排球裁判员的要求也越来越高,科技元素的加入,愈加考验排球裁判员的综合能力。

第二节 我国排球技术理论的演变与阶段特征

排球技术是在不断发展和完善的。从初现到如今,该项技术在百余年的进程中经历了数次变更。现代排球的每项技术都是从最初的模糊发展到现在的成熟,在这个过程中,有新技术的产生,也有某些技术的逐渐消失,还有只适用于个别运动员的独特技术。某些技术随着时间的流逝而逐渐被忽略和淡忘,关于它们的文献资料和记载较少,但其曾为排球技术的发展增添浓墨淡彩的一笔,有一定参考价值,因此值得记录和整理。

通过对众多书籍中关于排球技术内容的查阅,笔者发现研究可分为两种:一种是依据动作是否有球的配合,可分为无球技术和有球技术,无球技术包括准备姿势与移动技术,有球技术包括发球、垫球、传球、扣球和拦网等技术;另一种是依据比赛的环节,可分为发球技术、一传与防守技术、传球技术、进攻技术和拦网技术。前者多在体育院校通用教材中使用,如《排球运动教程》《新编排球运动教程》;相对来说,后者较为多见,除了专业的体育教材,一般的排球科普书籍也是如此分类的,如《排球(国家级精品课程教材)》《球类运动——排球》等。本书依据排球技术动作的分类,将分别对准备姿势和移动、传球、垫球、扣球、发球、拦网技术进行梳理和分析。

本部分文献多来源于从民国时期至今的排球书籍和资料。在各项技术梳理过程中介绍的技术动作都有一定的参考价值,但不一定十分精准。另外,本部分均按照著作出版的时间来整理,由于书籍滞后于技术出现的时间,尤其是译著的外国书籍资料多存在此类情况,所以会存在一些时间误差。另外,有些技术可能已出现并被少数人运用,但被记录于书籍的时间会稍晚,这也会导致一定的时间误差。

一、我国排球技术的演变与分析

(一)准备姿势和移动技术的演变与分析

准备姿势和移动技术是完成好发球、一传与防守、二传、进攻和拦网等各项技术的前提和基础。准备姿势和移动的关系密切,二者不可分割。准备姿势和移动是在比赛中运用最多、对效果影响最大的技术。准备姿势是为了快速移动,它使身体和心理都处于临战状态,有利于施展各项排球技术。移动的目的是保持好人与球的位置关系,以便准确击球[91]。

1. 准备姿势和移动技术的演变

从目前查阅到的资料和对老一辈排球工作者的访谈中发现,按身体重心位置的高低,准备姿势可分为稍蹲、半蹲、深蹲（低蹲）三种。

早在 1918 年的排球比赛中，参赛者可以随意地站立，还没有现代意义上的准备姿势。1953 年，马启伟编著的《六人排球基本练习法》中，首次提出"准备姿势"，当时称为"站立姿势"，具体为两脚左右、前后分开站立，身体重心放在两脚中间，两膝微屈，这样随时可以迅速地向各方向移动或跳出，同时两臂弯曲，两肘向外，两手放在胸前[92]。两手放在胸前，原因在于当时垫球技术还没有出现，接发球和接扣球时采用传球手法。

1955 年，戈洛玛佐夫编著、叶长良翻译的《排球练习法》把排球技术分为基本技术和比赛技术，基本技术包括基本姿势和移动等。这是首次出现三种准备姿势和移动步法。站立姿势根据队员身体重心位置的高低分为稍蹲（膝微屈）、半蹲（膝半屈）和全蹲（膝深屈）[93]。

在 20 世纪 90 年代，《排球》中首次出现了技术口诀，简洁而突出要领，使人较容易理解和掌握。在《球类运动——排球》中，准备姿势分为稍蹲准备姿势、半蹲准备姿势和低蹲准备姿势[94]。低蹲准备姿势时两手臂置于胸腹前，比之前的腹前位置稍向上些。低蹲即全蹲，同时也被称为深蹲。至此，准备姿势的技术和现代基本接近。

1955 年，戈洛玛佐夫编著、叶长良翻译的《排球练习法》中首次出现移动步法。移动步法有普通步法、并步法、两步法、滑跳步法、跑步法、跨跳步法、移步步法[93]。普通步法是指在发球前，为了做短暂的休息而采用的普通走步和随意站立的姿势，但在现在的移动技术中已不存在。并步法基本类似于现在的滑步并步，而两步法更类似于现在的向前交叉步。该书中还提到了现在基本见不到的滑跳步法，书中的解释很复杂。由于两腿交叉，向两侧移动会不稳定，两步法适用于向前或向后移动。跨跳步法在球距离较远时使用，往往在助跑之后做并步法或两步法向前跳的动作。移步步法仅仅被提及，并没有具体的动作描述，也未在其他的排球书籍和资料中出现过。1956 年出现的"一步移动步法"仅由苏联排球专家戈洛玛佐夫在我国排球指导员训练班授课时提到过，同移步步法一样，并未在其他排球书籍和资料中出现[95]。

1979 年版体育院、系教材《排球》中首次把准备姿势和移动单独列为一节并作为一项基本技术进行分析[96]，目的是提高人们对准备姿势和移动技术的重视度。准备姿势和移动技术在各项技术中都要用到，是各项技术的一个重要组成部分。该书将移动步法归类为并步、跨步、滑步、交叉步、后退步等，虽然其中对移动技术的分类进一步细化了，但对具体的动作方法介绍得较为混乱，尤其是后退步法，在现代的排球书籍中鲜有提及。

在 20 世纪 90 年代，《排球》中首次出现了技术口诀，这对现代排球技术的影响较大。在《球类运动——排球》中，移动技术分为并步、滑步、交叉步、跨步、跑步和综合步。此时，移动技术与现代的无异。

20 世纪末，各教材中逐渐涌现准备姿势和移动技术的关系部分，并强调准备姿势和移动技术的重要性，认为准备姿势和移动是相辅相成的——准备姿势主要是为了移动，而要快速移动，又必须先做好准备姿势[91]。另外，书中还详细地解释了每种准备姿势和移动步法结合有球技术的具体运用。

2. 准备姿势和移动技术的演变分析

在排球运动的早期发展中并未明确定义准备姿势和移动，且未把准备姿势和移动作为一项技术来对待，有学者提出该技术只是伴随其他技术出现的。随着排球技术的发展，对准备姿势和移动技术的要求越来越高，最早出现的移动步法中的普通步法、滑跳步法和一步移动步法过于简单随意，不能较好地与其他技术动作配合，这是它们被淘汰的原因。当准备姿势和移动单独作为一项正式技术被划分出来时，各种移动步法便更加细化。做准备姿势时，双手由放于胸前演变到胸腹前再到腹前，出现这一演变过程的原因在于：早期垫球还没有出现，接发球和接扣球时主要运用传球动作，把手放在胸前有利于传球。垫球技术出现后，主要用于接力量大、速度快的球，准备时将手置于腹前，更有利于垫球。很显然，传球和垫球的分离和发展对准备姿势也有一定的影响。在不同的技术动作之前，做好相应的准备姿势，或稍蹲或半蹲或深蹲，并结合适宜的移动步法，可以为更好地处理球做充分的准备。

（二）传球技术的演变与分析

传球是排球比赛中最基本的技术，也是较为重要的技术之一。传球是指利用手指手腕的弹击动作将球传至一定目标的击球动作[2]。传球技术主要用于二传，以衔接防守和进攻，为进攻创造条件，起着组织进攻的作用，是进攻的桥梁。二传队员被称为整个队伍的"灵魂"，可见一个好的二传手在赛场上的重要性。

1. 传球技术的演变

随着排球运动的发展，传球技术曾经出现"举球""托球""供球""上手传球""传球"等叫法。最早的传球被称为"举球"。1933年，据萧百新的《排球》一书记载，举球在排球竞技之术语上谓之 setup，原系安置于上方之意，但为何而欲举球于上方，乃为预备猛攻之方便计[97]，意思是要将球置于运动员的上空，以便于扣球。这是最早关于传球的描述。在20世纪40年代，传球又被称为"托球"。1946年，当时是九人制排球，吴文忠编著的《球类运动教材》中对其描述为二排或三排传给一排，一排托起距网四五尺，高约十尺[98]。很显然，这是当时对二传过程的解释。

在20世纪50年代初，传球又被称为"举球"或"供球"。1953年，马启伟编著的《六人排球基本练习法》中的传球大多是指第二次击球，它的目的是将球举在最适宜的位置，使本队杀球的队员能充分地发挥杀球的威力[92]。此时，六人制排球开始出现，与九人制排球并存，因为九人制排球头、二、三排分工明确，有专托、专扣、专救之分，而在六人制排球中分工的要求有所不同，需要队员掌握全面的技术。另外，把救球列入传球在观念上也比较明确，因为队员击球的目的不单是把球接起，还要尽可能地把球传到最有利的地方来进攻。因此，接与传是分不开的，由于当时垫球技术尚未出现，所以把常用的传球、举球、救球等技术统称为传球。

1952年，巴塔斯尼克编著、方瑛和韩道伦翻译的《六人排球》中首次提到一（单）膝屈下接低球和接困难球[99]。接困难球时多伴随倒地动作，即后倒传球。1953年，库庆斯基编著、周百雄翻译的《最新六人排球》中提出托球和把球传给同伴是一种联合动作，并首次正式出现上手传球和下手托球[100]。托起高度齐下颚的，或者高些的球，叫作"托高球"（就是上手传球）。该研究将下手托球归类于垫球技术部分。1955年，戈洛玛佐夫编著、万起和白玉禄翻译的《排球》中将倒地传球分为滚动传球和鱼跃传球[95]。滚动传球又分为后滚、侧滚和前滚，虽然这几种击球方法都伴随倒地的动作，类似现在的垫球，但击球时双手置于胸前做传球的手型，这一动作与现代的滚动传球不同。

总之，当时的传球技术大致有三种手型：第一种是上手传球，基本类似现在的传球技术；第二种是下手传球，是用两只手的手指从下向上捧球，多在三排队员防守时采用；第三种是前排队员在传低球或入网球时采用的特殊方法，即一手托球的下方，一手扶住球的一侧，两手同时用力向上托球。当然，情况紧急时也采用单手进行接球。对于后两种传球，本书依据其动作特点将其归于垫球部分。

到20世纪60年代，六人制排球已被广泛采用。与九人制排球相比，六人制排球对队员的技术全面性要求更高一些，每名队员的分工也更加清晰明确。受苏联的影响，根据比赛的环节，开始出现了第一传和第二传的叫法，第一传类似于现在一传垫球，第二传也接近现在的二传，主要负责第二传的队员被称为"二传队员"。传球主要有双手上手传球、下手传球、倒地传球和鱼跃传球。1964年，前田丰编著、金龙哲和周国明翻译的《日本的排球技术和战术》中首次提到当时日本队员较善于运用跳起二传球，也就是晃传球[101]。一般双手传球的击球点在脸前，倒地传球的击球点在胸前。传球的准备姿势取决于来球飞行的高度，即球飞得越高，相应的准备姿势越高；球飞得越低，相应的准备姿势也越低。一般会采用稍蹲、半蹲、全蹲、跨步和倒地等准备姿势。

到20世纪70年代初期，"垫球"一词初现，统称为"传垫球"。此时前臂垫球刚出现，理论界对其认识还处于比较混乱的阶段，因此称谓较为含糊。1973年，沈阳体育学院编印的《排球讲义》中提到，在排球比赛中，传垫球是由防守转为进攻的开始，是组织进攻的基础，没有传垫球便无法组织进攻，因此，传垫球是一项重要的基本技术[102]。这是最早关于传垫球的正式定义，"背传"技术也在该书中首次被提出，即移动后，使球保持在额的前上方；触球时，上体和手腕后仰，两臂向来球后上方用力，将球传出。另外，该书中还首次根据传球在比赛中的具体运用，将传球分为一般二传、快球二传、调整二传和吊空当球。1979年，由体育院、系教材编审委员会编写的《排球》中根据不同的分类方法又新出现了传集中球、传拉开高球、传近体快球、传远网调整球、传短平快球、传平拉开球、背传平快球（背溜）、侧传和二传吊球。其中，侧传只有在能熟练地控制球的基础上才可以传好。侧传的手型与正面一样，只是传球时用力的方向是某一侧，两手的用力大小也不一样。不难看出，在20世纪70年代末，排球传球技术的分类方法向着多样化的趋势发展，即根据不同的分类标准，传球技术由原来单一的以动作划分，朝着比赛中的具体运用发展变化。

虽然相对于垫球正式出现前，传球的运用范围减少了，但它在比赛中仍占据重要地位。传球的击球点逐渐发展为大多在额的前上方，当时还流传一些关于动作要领的口诀。1984年版体育院、系通用教材《排球》中首次出现了传球技术口诀，即"额前击球较适当，触球手型半球状，蹬地伸臂指腕弹，指腕缓冲控方向"。至此，排球的传球技术越发成熟。

2. 传球技术的演变分析

由于没有统一的规范，接球时的动作衍生出了不同的叫法。在垫球技术正式诞生后，传球技术的动作规格和运用愈加清晰明了。1956年，规则对"持球"做出了清晰的解释和规定，托起球的传球方式便不再适用。随后的规则均对传球的动作做出了严格的要求，但总体来看，至今动作规格并未有过大的变化，根据传球的方向出现了侧传、背传、跳传。在运用上，随着时间的变化，出现了传快球、调整传球等。

在比赛中，水平不高的队员不宜采用侧传，因为看不到对方，传球动作难度大，但侧传球的隐蔽性好，可使对手不易识破进攻战术。因此，侧传的诞生与进攻战术的需要息息相关。

背传有背传高球、传背快球、传背平快球（背溜）、背飞球，利用背传的隐蔽性，可组织多种变化形式的进攻战术。因此，背传也是在战术需要的刺激下诞生的。

跳传包括跳起双手二传、跳起单手二传和晃传。跳传也包括正传、背传、侧传。跳传球是在快攻战术的需求刺激下诞生的。跳传的击球点稍高，可缩短传球与扣球之间的时间，以达到加快进攻节奏、快速进攻的目的。

20世纪60年代，扣快球出现，为了满足扣快球的需要，传快球应运而生。传快球包括传低快球、传平快球和传半高球，以及传近体快球、传后排快球、传短平快球、传平拉开球、传交叉半高球、传梯次球、传夹塞球、传时间差球、传位置差球和传空间差球等，这些技术都是结合扣球，根据不同的战术需要而诞生的。

调整传球一般包括调整高球、调整快球。调整传球是因一传不到位而出现的，一传不到位又是因接发球的压力变大而产生的。20世纪70年代，勾手飘球已盛行，而垫球技术刚刚诞生，还不够成熟，因此接一传的困难增大，给到二传的球出现了较多的不到位的情况，这时需要二传队员做出调整，以便给扣球队员供球。由此说明，调整传球是因一传不到位而衍生出来的一种技术。

（三）垫球技术的演变与分析

垫球是指通过手臂或身体其他部位的迎击动作，使来球从垫击面上反弹出去的击球动作。它是排球的基本技术之一，多用于接发球、接扣球、保护等防守动作。

1. 垫球技术的演变

从垫球动作的演变来看，出现过传球、接应、举球、救球和托球，最后将其明确为垫球技术。

在可查到的最早的排球资料中，传球并非现代意义的传球，而是相当于现代意义的一传——垫球。垫球相较于发球、传球等技术出现得较晚，是从传球中逐渐分离发展而来的。1933年，最早对其进行描述的书籍中提到，凡属排球队员，无论其为前卫、中卫、后卫，每于接受敌方击来之球，均宜传递准确，而使本队队员便于反攻，借作猛烈之射击。因为当时是九人制排球，所以不论是在第一排、第二排，还是第三排，只要将球接起就行，对动作没什么要求。当时将球接起的动作统称为"传球"。1946年，吴文忠编著的《球类运动教材》一书中首次将传球分为正面来球传球、低来球传球、向侧方传球。1951年，巴塔斯尼克编著、方瑛和韩道伦翻译的《六人排球》中提到，球员为了不使球落到地上所做的动作，被称为球的接应，接应和正确传球给同伴是不可分离的，此处的接应就是指一传。该书首次提到了两种接低球方法：膝屈的接低球和接困难球（后倒传球）。另外，该书首次提到了接入网球，这也是根据其作用得来的。

1953年，库庆斯基编著、周百雄翻译的《最新六人排球》中提出托球和把球传给同伴是一个联合动作，并首次正式出现上下手托球的概念。两臂下伸，两手低于肩轴而进行的托球，叫作"低托球"（就是下手传球），托起的高度与下颚平齐，或者还要高些的球，叫作"托高球"（上手传球）。在球飞得极低或来不及做好上手传球的预备姿势时应采用下手托球，托球时手指张开，双手呈漏斗状，从传球的相反方向托球，并伴随向前或向后侧扑倒（鱼跃式救球）。这些技术从本质上来说，和上手托低球法的侧滚和后倒是没有区别的。下手托球法也可以用两只手进行，把两只手掌叠起托球，或者把两只手掌并行地伸出托球。此时开始提到类似垫球的叠掌式手型，但触球部位在手上。该书在传球部分还提及另一种传球方法，即用两只手的手指从下向上捧球，多在三排队员防守时采用。

马启伟编著的《六人排球基本练习法》中将托球分为传球、举球和救球。救球主要是直接击起对方所杀或吊杀过来的球，有时也会因为队员传球不够准确，造成救球的动作。救球分为后倒救球、双手低手救球、上步救球、鱼跃救球、摔救、侧倒救球、侧滚救球。1954年，中国青年排球代表队编写的《怎样提高排球技术》一书中提出将传球分为上手传球、下手传球和倒地传球[103]。下手传球时，可以用单手的手掌或两手手掌上下重叠将球传起，击球的重心为掌根，遇来球过急、过硬时，也可用手背或前臂将球传出。此时已经出现了用前臂垫球，这是垫球的雏形。倒地传球分后倒、侧倒和鱼跃传球三种，此时的鱼跃与现在的鱼跃动作已基本相同。

1955年，排球专家戈洛玛佐夫编著、万起和白玉禄翻译的《排球》一书中提及，在单手下手传球时，可根据比赛条件用手心和手背击球或将球垫起，虽然此处的提法是"垫起"，但名称仍是传球。1958年，根据戈洛玛佐夫授课资料整理而成的《排球》中，双手下手传球时采用垫击的方法，即垫击时，双手必须合一，以免连击，主要以掌根或虎口处击球。单手下手传球时可用拳（内侧和虎口都可以）或手掌（掌根）击球，还有手背、半握拳等方法。鱼跃传球时多采用单手垫击。此时出现的垫球名称和击球部位等与现在的不同。

20世纪60年代，日本大松博文教练创新了前臂垫球。1962年，苏联功勋运动（教练）员A. H. 爱因格尔编著、许长流翻译的《500个排球练习》中指出，防守的主要技术是单手或双手垫球，尽管队员通过倒地也能用上手传难球，但是在防守中垫球比上手传球更合适[104]。此时的垫球运用于困难条件下接传难球和远球的防守，已经明确它的运用时机，但仍没有给予它正式的名称。

一直到20世纪70年代，垫球逐渐从传球中分离开来，并有了垫球自身的分类。1973年，沈阳体育学院编著的《排球讲义》中最早提出了传垫球，虽然将传球和垫球归为同一部分，但在具体介绍时是分开的。该书首次正式将垫球分为双手垫球、单手垫球、滚动垫球、前扑垫球和鱼跃垫球。单手垫球部分介绍道：当来球在右侧时，就向右侧跨一大步，用右臂前部或手掌、虎口垫击球的后下方，这描述的是早期的前臂垫球。1979年版体育院、系通用教材中首次将垫球作为一项独立的排球技术进行介绍，并将垫球分为正面双手垫球、体侧垫球、跨步垫球、正面低姿垫球、背垫球，以及前扑、鱼跃等垫球动作。垫球的手型包括叠掌式和包拳式，包拳式基本等同于现在的抱拳式。来球弧度低且速度快，落点在体前时可采用半跪垫动作。背垫一般是为了接应同伴打飞的球，或第三次处理过网的球。该书首次提出半跪垫球、全跪垫球和背垫球。另外，该书中还出现了侧卧垫球、滚翻垫球、挡球和救入网球。

20世纪80年代，垫球技术已被广泛运用，但在书籍中才被正式列为一项技术。1984年版体育院、系通用教材《排球》中首次明确了正面双手垫球的手型有互靠式，击球点在腹前。同时，首次出现关于动作要领的口诀：两臂夹紧插球下，提高送臂腕下压；蹬地跟腰前臂垫，轻球重球有变化；撤臂缓冲接重球，轻球主动抬臂击。口诀的内容简单、明了、易记。该书在前扑垫球部分首次提出"虎跃"垫球技术，即为了在前扑双手垫球后迅速向前移动做下一个接应动作，也可以采用身体不扑倒在地，而双手扶地，收腹屈膝，双脚着地，使身体起立的方法，动作像老虎扑食。但这种动作在实际应用中要求运动员腹肌力量较强，不适于接两侧的来球，且与鱼跃垫球技术相比，控制范围较小，遂逐渐被淘汰。另外，该书根据在比赛中的具体应用归类出挡球、接发球技术、接扣球技术、接拦回球技术和接其他球技术，在接其他球技术中首次提到垫二传，这说明垫球技术的应用领域愈来愈广阔。

20世纪90年代，国际排联对排球比赛规则进行修改后，允许队员用身体任何部位击球，这就大大给予了垫球发展的空间，垫球不再局限于手、臂、头、肩等部位，必要时腿、脚等部位也可以用来击球。1992年，体育学院专修通用教材《排球》在垫球技术方面首次描述"让垫"，即当来球弧度平、速度快、前冲而追胸时，可采用让垫，并将让垫分为侧跨让垫和侧后跨让垫。另外，在垫球手型变化方面，首次提到翘腕式，其可在来球较低、较急时采用，即两手的大拇指外侧互靠并翘腕，用虎口处击球。翘腕式垫球采用虎口垫球，要求使用时拇指内侧互靠。

1999年，体育学院通用教材中首次出现"铲球"和"脚垫球"，遇到来球低而急，来不及采用双手垫球或其他形式的单手垫球时，可采用铲球。铲球是用单手手背垫球，即手掌贴地，犹如一把铲子向前运动，使球击在手背上后反弹而起。但在2002年的体育院校函授教材中，"单臂滑行铲球"已改为"单臂滑行垫球"。脚垫球是当来球用手无法触及时采用的一种处理球的方法。该书同时指出，脚垫球此时处于探索阶段，还尚未形成完整的技术动作。一般是用脚面较为平整的部位，以适当的力量和角度触击球，使球弹起。当今比赛中的脚垫球多在紧急救球的情况下才会使用，原因在于这种接球技术的准确性不高。

如今，垫球的手型有三种：叠掌式、抱拳式和互靠式。叠掌式是应用最普遍的一种手型。抱拳式曾称"包拳式"，动作方法没有变化。伴随各项技术的不断发展，垫球技术在应用性和准确性方面均有所提高。

2. 垫球技术的演变分析

垫球曾属于传球技术，下手托球、救球等都是垫球的雏形。虽然在传球时会用手臂或掌根将球垫起，但直到勾手发飘球技术问世，人们才真正重视垫球的作用；直至前臂垫球出现，垫球技术才从传球技术中独立开来。

抱拳式的前身是"包拳式"，受挡球手法中"抱拳式"手型叫法的影响，垫球手型也被称为抱拳式。

翘腕式垫球和虎口垫球是同一垫球动作的不同叫法，但翘腕式垫球更形象，更易被人们理解和接受，因此虎口垫球的叫法逐渐被遗忘。

虎跃垫球要求运动员腹肌力量较强，而且不适于接两侧的来球，与鱼跃垫球相比，控制范围较小，遂逐渐被淘汰。

1941年的排球比赛规则规定了胸部以上身体任何部位都可以击球。1992年，允许膝关节以上任何部位触球[105]。1994年，国际排联对排球比赛规则进行修改后，允许队员用身体任何部位击球，这就大大提升了垫球的发展空间，垫球不再局限于手、臂、头、肩等部位，必要时腿、脚等部位也可以用来击球。因此，铲球、脚垫球都是排球规则修改后的产物。

挡球的出现是因为发飘球的广泛应用，即为了接起高度在胸部以上力量大、速度快、不便于传或垫起的球。另外，侧垫、背垫、滚翻垫球等技术动作都是在正面垫球的基础上，根据越来越复杂的赛场情况发展而来的。半跪垫球、侧卧垫球因存在动作结束后不能迅速起身继续投入比赛而被应用得越来越少。

综上所述，垫球技术演变的原因有规则的修改、各项技术之间的影响。

（四）扣球技术的演变与分析

扣球是队员跳起在空中，将高于球网上沿的球有力地击入对方场区的一种击球方法。它在排球比赛中占据重要地位，是得分、得发球权的主要手段，是完成进攻的最后、最关键的环节，同时也是转被动为主动的主要途径，它代表着一支球队进攻能力的强弱、战术的质量和成效。扣球也是排球本身最有趣、最有魅力的看点。

1. 扣球技术的演变

从发展历程来看，扣球曾有急压、劈击、杀球、扣杀这些叫法。1933年，扣球被称为smashing，原系猛烈打击之意，实为排球竞技中最关键、最重要的工作，亦属甄别技能优劣与判断胜负的要点。1946年，《球类运动教材》一书中称扣球为"急压"或"劈击"，三排或二排队员将球传于前排近网，高约一公尺处，前排球员寻机高跳，用手掌击球之上侧，球员互相联络，一行速托，一行急压。该动作方法相近于现在的扣前快球[98]，通常为二排或三排传给一排，一排托起，距网四五尺，高约十尺，然后二排队员跳起劈击。当时是九人制排球，因此一般是二排或三排接一传，将球托向前排，前排队员迅速托起后由队友劈击或急压。根据扣球时节奏的快慢或称为急压、劈击，有时也统称为"压击"。1952年，《六人排球》中称扣球为"杀球"。排球中的所谓劈击，就是向对方用压球，使对方很难或者根本不可能接应，因此有时人们把它称为杀球。1953年，由马启伟编著的《六人排球基本练习法》中称扣球为"扣杀"，这是进攻时的杀球动作。

扣球技术由助跑起跳、空中击球、落地三个环节组成。由于落地环节多年来没有变化，所以本书将扣球技术动作的发展从助跑起跳和空中击球两个方面来梳理。

1953年《最新六人排球》中首次将扣球分为三个部分，即起跳、扣球和着地，并提出跳跃时最好助跑，助跑的跳跃比原地跳跃要跳得高，助跑好则扣球有力，对方就会觉得危险。扣球所做的助跑，应当均匀地加快速度，而且要和球网呈30°～45°的夹角[100]。跳跃要跳得高、适时准确，蹬地前的最后一步要跨得大一些，并且一只脚要伸到身体前面，脚跟着地，然后重心转移到脚尖。这种制止继续前进的动作，一方面利用了助跑的速度，增加了跳起的高度，另一方面能防止跳起时碰网和落地时踏到中线。这种高效的动作在扣球技术中是重要的部分，因此至今仍适用。

马启伟将起跳分为单脚起跳和双脚起跳。1954年，《怎样提高排球技术》中首次明确提出，扣球起跳时可以选择原地起跳或增加一段助跑。

由此可见，助跑起跳在20世纪50年代就已经发展到成熟阶段。

1953年，《最新六人排球》中首次出现正面扣球、钩子式扣球、扣击上升的球和假扣球的叫法。正面扣球是最容易的扣球方法。钩子式扣球可以获得充分的力量，但是在击球的时候，要改变扣球的方向较为困难。要扣击上升的球则需要助跑得快些，起跳也要稍微早些（大约在开始传球时），务必使球升到球网上时，扣球者已经处在跳起的最高点。很显然，这种扣击上升的球类似扣快球。假扣球在该书中首次被归为以下两类：一是现在的吊球，扣球的手臂用力向后挥，但是扣球不用力，而是"安静"地把球击到拦网者的手中或其旁边；二是扣球手臂的动作在半途突然放慢了速度，用柔和的手腕动作把球拨到选定的地点。

1953年，马启伟编著的《六人排球基本练习法》中根据扣杀的动作，提出了屈臂和钩臂扣球。远网杀球时，队员在起跳后须利用上体后屈或钩臂的动作，用手掌（五指并拢）将球击出，击出的球成弧线落入对方场区。击球时，主要利用手腕前屈的动作来控制球，使它成抛物线到达目的地，否则击出的球便会在空中成直线落在界外。1955年，戈洛玛佐夫编著、万起和白玉禄翻译的《排球》中首次将侧面勾手扣球分为小抡臂扣球和大抡臂扣球。从动作来看，钩子式扣球、钩臂扣球和大抡臂扣球是同一种，正面扣球和屈臂扣球是同一种，只是叫法不同。

20世纪五六十年代，扣球主要分为正面直体、屈体扣球，侧面勾手小抡臂、大抡臂扣球。在1965年，我国男排创造了平拉开扣球，为扣球技术的发展注入了新鲜的力量。

20世纪70年代，扣球技术的发展进入新阶段。勾手扣球已经绝迹，小抡臂扣球技术较为流行。小抡臂扣球也被称为掏臂扣球。不断创新的平拉开、短平快、背溜、时间差、前飞、背飞等扣球技术使人目不暇接[106]。另外，扣球在应用技巧上也有很大发展，出现了转腕扣球、打手出界扣球、超手扣球、轻打和吊球等。1973年，《排球讲义》中首次出现单脚起跳扣球、转腕扣球、打手出界扣球和超手扣球。1972年，日本男排在平拉开的基础上，创新出了短平快。中国男排运动员汪嘉伟创造了前飞和背飞。1977年，波兰男排首次有意识地运用后排进攻。1979年，中国创造了单脚起跳的前快、背快、短平快等技术[107]。

20世纪80年代，中国女排首先运用单脚起跳扣背飞球，更加丰富了进攻技术和方法，使扣球技术向点多、面宽的方向发展。

20世纪90年代至今，扣球点变高、力量变大，前排掩护、后排进攻扣球的立体进攻成为重要的得分手段。

2. 扣球技术的演变分析

在助跑起跳被作为完整扣球技术的一部分提出之前，扣球前的准备动作较为随意，尤其是在九人制排球时期，多采用原地起跳扣球。在六人制排球盛行后，助跑起跳作为扣球技术的准备部分越来越受到重视。

扣击上升的球类似扣快球，可看作扣快球的雏形，这种球的力量和速度都较差，容易被对方防起，逐渐被淘汰。

假扣球包括吊球和突然换手扣球。吊球的出现使比赛中的防守形势更加严峻、压力更大，因此，吊球技术一直沿用至今。换手扣球是指挥右臂时改用左手扣球，对运动员的协调性要求较高，扣出的球力量较小，因此，换手扣球技术也被逐渐淘汰。

钩子式扣球、钩臂扣球和大抡臂扣球的动作方法无异，只是叫法不同。运用这种扣球技术的代表人物是李策大先生。在扣球时采用这种方法虽然有利于发力，但很难改变扣球的方向，局限性较大，逐渐被淘汰。老一辈排球教练员在访谈中曾提到，抡臂扣球在20世纪60年代左右应用较多，根据个人的特点，有的队员善于运用小抡臂，有的队员善于运用大抡臂。随着扣球技术与战术的结合和发展，抡臂扣球的弊端越发明显——完成该动作的时间较长，因此在盛行快攻、立体进攻的战术体系中被逐渐淘汰。然而抡臂扣球技术仍在福建一带赛场上被使用。

在排球战术需要的"刺激"下，平拉开、短平快、背溜、时间差、前飞、背飞、拉三、拉四等应运而生。中国男排前运动员汪嘉伟，由于其个人跳跃能力出众，跳起后能在空中飞行2米左右，在训练中，教练员和运动员共同研究，创造了背飞扣球这一空间差战术。随着汪嘉伟的退役，这种真正意义上的空间差也随之消失。多年来，扣球技术在应用技巧上也有所创新，如转腕扣球、打手出界扣球、超手扣球、轻打和吊球等应运而生。

综上所述，扣球技术演变的原因有运动员的个人特点和排球战术发展需求的刺激。

（五）发球技术的演变与分析

发球是1号位队员在发球区内自己抛球后，用一只手将球直接击入对方场区的一种击球方法[2]。它是排球运动的基本技术之一，也是唯一一项完全由个人单独完成的进攻技术。

1. 发球技术的演变

萧百新对发球的解释是排球竞技之初步工作，当以发球为竞技上之基本，术语称为service或serve，原属工作之意义。林国章评价过发球，认为在六人制排球运动中，没有发球权就没有得分的条件；此外，如果所发出的强劲的球能直接取分，即使其他5位队友的技术平平，也能取得球赛的胜利（因为只要有一人在发球中获得15分就可以）[108]。虽然这或许是不可能的事，但可从中领悟发球在排球技术中的重要性。从另一角度来看，即使所发出的球不能直接取分，但只要具有威胁性，就能破坏对方的速攻意图或组合性的攻击，可以减轻己队防守上的压力。

发球是排球发明之初就有的。1952年，巴塔斯尼克编著、方瑛和韩道伦翻译的《六人排球》中称发球为"开球"，是游戏的开始。根据技术动作，发球分为低发球（在下面发的球）和高发球（在上面发的球）。低发球技术比较简单，又可分为正中发球和侧面发球；高发球的技术动作基本类似于现在的正面上手大力发球，侧面高发球又被称为鱼钩式发球或钩子式发球，较类似于勾手大力发球。1953年，《最新六人排球》中首次提出在发球时有两种站立方法：直站法（发球员面对球网站立）和横站法（发球员身体侧对球网站立）。另外，不论是上手发球还是下手发球，击球时的手型都是五指并拢，这一点和现在的五指自然张开有区别。因此在20世纪50年代，排球比赛中较多采用正面上手发球和勾手大力发球，这两种方法发出的球力量大、速度快、弧度低并带有旋转。当时，我国广东男排的勾手大力发球是一道亮丽的风景。

20世纪60年代出现了飘球技术。顾名思义，飘球就是发出的球在空中飞行时会产生飘晃，使对方不易判断球的飞行轨迹，从而通过破坏对方的首次防守来得分。这也因此促进了前臂垫球技术的出现。1961年，《球类运动（中等体育学校讲义）》中首次提到了飘球技术。1962年，日本女排发明了勾手飘球。日本女排和中国女排的上手飘球，使发球的攻击力大大加强，并被广泛运用。据说当时苏联队因日本队的飘球技术而深受打击。针对飘球技术为什么会发生落点变化和接球为什么不易接好这两个主要问题，排球界的科学人员进行了实验和研究。另外，还有一种发高吊球，《球类运动（中册）》中记录：高吊球主要是从球的后下部往上抽击，使球向前旋转，飞向高空再落入对方场区。高吊球多半在室外环境中对方正对太阳光，或者有风的情况下使用，利用风力将球吹入对方场内，造成对方的错误判断。

20世纪70年代，发球技术在动作方法上没有大的变化，但在比赛的战术应用中有所提高。例如，根据对方的具体情况找人、找区等更有针对性地进行发球。1976年，《排球技术、战术训练法》中提到：如果能用同一种方式发出不同性能的球（如大力勾手发球和勾手飘球相结合，或上手平快飘晃和突然下沉的球相结合，重飘和轻飘相结合等），则能更好地发挥发球的效果，更好地实现找位、找空、找人、找弱点、破坏对方组织进攻的战术意图。另外，正面上手发球是在飘球前出现的，飘球出现时，正面上手发球的叫法已经约定俗成，故后来把飘球称为"正面上手发飘球"和"勾手发飘球"。中国女排前队员梁艳是勾手飘球技术的代表人物。

1978年，林国章提到了几种特别的发球技术：拍球式发球（网球式发球）、上手发强劲球（扣杀发球）、上手发变化球（在空中将球推出）和逆转发球。拍球式发球的方式像打网球一样，在身体的正面，将球托至右肩前（惯用右手者），利用手腕较硬的部位将球打出。这种发球法适宜肩部和腹部肌肉力量强劲的选手，身材较大者则更为理想，欧洲球员善于运用这种形式发球。上手发强劲球是各种发球中最厉害的一种，但其缺点是容易被对方判断出球的下落轨迹，且在扣球时易犯错误。发球时要把球托高，手腕向后挥动的角度要大，同时腰部要配合右手向后扭。上手发变化球的打球点较高，使用手腕较硬的部位从侧面推向球的重心，这样可令球不旋转。如果像推球一样把球打出，球就能打得较远。如果缩短球与手之间的距离（即右手不挥动得那么大），就能打出近网的球，同时球的下降速度亦会较快。逆转发球是使用像扎球一样的动作在后面打球，这种发球法不常用。20世纪80年代，发球技术在创新中出现了远距离发飘球、平砍式发球、高点平冲飘球，最重要的是跳发球技术的问世给接发球带来了更大的压力。尤其是20世纪90年代以来，跳发球技术经过不断发展和创新，由原来简单的跳发大力球，逐渐衍生出跳发飘球、跳发各种变化的旋转球，并可以结合比赛中对方的具体情况，有针对性地选择发球区。虽然跳发球的破攻率和得分率会高些，但也存在不足之处，它的准确性低于一般的发球技术。稳定的抛球是保障跳发球成功的关键环节，端线外9米的发球区给助跑提供了更大的发挥空间。跳发球在带来强大威力的同时也使接发球队员必须在更短的时间里快速地做出接发球准备。

水平较高的队员运用发飘球、跳发球技术多些，一般水平的队员采用正面上手发大力球多些。

2. 发球技术的演变分析

排球比赛是从发球开始的，发球最初也被称为"开球"。

20世纪60年代，日本女排发飘球技术的创新打破了原有的攻守平衡状态，勾手飘球、上手飘球和跳发飘球使得发球技术更具威慑力，攻击性得到进一步发展和提高。中国女排在勾手飘球的基础上创新了上手飘球，到20世纪80年代，又创新出远距离发飘球、平砍式发球、高点平冲和下沉飘球。

由于发高吊球的弧度很高，在室外场地打球时，一传队员在接球时容易"晃眼睛"，因此，接这种球给一传队员造成了较大困难。但随着经济的逐渐发展、排球场地条件的不断改善、室内场地的不断增多，高吊球的优势明显被减弱，在比赛中的运用越来越少。另外，在学校的普修排球课中，排球教师也不一定会提及或者教授该发球方法，因此掌握此发球技术的人日益减少。

1994年，国际排联对比赛规则进行修改，将发球区改为9米，即在端线后的任何位置都可以发球[109]，发球队员可以根据自身的特点和需要，利用不同取位找点、找人发球，控制发球落点。

跳发球技术很快由单一的跳发大力球发展为跳发飘球和跳发各种变化的旋转球，队员还能根据对方接发球布局，选择发球区的不同位置，进而进行有针对性的跳发球，提高发球的得分率和破功率[110]。

下沉飘球在击球动作上与正面上手发飘球无异，只是在击球手法上，在突停的同时伴有下拉动作，发出的球在飘晃的同时还有下沉的效果。这种技术的难度较大，在跳发球普遍运用的背景下逐渐被人们淡忘。

逆转发球又称平砍式发球，是使用像扎球一样的手势在后面击球，这种发球方法不常用，但在露天球场有阳光照耀或有风时使用，会达到极佳的效果。如今的排球比赛一般在室内进行，运用此方法可以达到扰乱对方心理的效果。这种发球常会使对方判断错误，以为球会出界，可结果球仍留在场内；以为球会打到球场端线，却刚过网就坠下来。这种球虽然具有威胁性，但是由于不容易控制，运用得不好会弄巧成拙，所以不常为人所使用。

（六）拦网技术的演变与分析

拦网是队员靠近球网，将手伸向高于球网处阻挡对方来球的行动。拦网是比赛中的第一道防线，同时也是第一道进攻线，是得分和得球权的重要手段。扣球和拦网的矛盾是比赛中最大的矛盾，也是最精彩激烈、最扣人心弦的对抗。在比赛中，如果前排队员没有拦网或拦网能力太弱，就会给后排的防守加大压力。拦网不仅可以将扣球拦回、拦起，还可以直接拦死得分。此外，有力的拦网可以破坏对方的战术组织，挫减对方的信心和锐气。拦网水平的高低也代表着一个队实力的强弱。

1. 拦网技术的演变

1933年，排球被称为stop volley，意为防止对队猛烈扣球之方法。在发展历程中，拦网技术曾被称为截球、封网。《球类运动教材》中将拦网叫做"截球"，当对方球员发球或压击时，前排球员应随即跳起拦阻截球。《六人排球》中则将拦网叫做"封网"。封网是指在网上面用2只手或4只手像一座墙一样挡住来球。封网是比赛中有效的防御。单式封网由1名球员执行，复式封网由2名或者3名球员同时执行。

"拦网"一词最早出现在1946年《球类运动教材》中，但当时只是在表述防守时出现，尚未正式形成拦网技术。20世纪50年代以后，"拦网"这一术语正式出现并沿用至今。1953年，库庆斯基编著、周百雄翻译的《最新六人排球》中首次使用"拦网"这一排球技术概念，即在球网附近反抗对方扣球的一种重要方法。同年，马启伟编著的《六人排球基本练习法》中也使用了"拦网"一词，并提出两种目的不同的拦网方法：一是以直接挡回对方扣杀球为目标的阻挡拦网法；二是以降低球的力量和速度为目标的应急拦网法。1954年，《怎样提高排球技术》中提出拦网是重要的防守动作，这里已从逻辑上将拦网界定为防守的一种动作。拦网技术在攻防对抗中一直扮演着重要角色，也一直在不断地发展和创新。尽管发展的不同阶段各有不同的特点和优势，但这些拦网技术不是完全按阶段分开的，而是同时存在的。

1955年，戈洛玛佐夫编著、叶长良翻译的《排球练习法》中首次根据拦网的人数将其分为单人拦网和集体拦网。1958年，根据戈洛玛佐夫讲课整理的《排球》中进一步将集体拦网分为双人拦网和三人拦网。这种对拦网技术的分类方法沿用至今。

20世纪50年代，拦网技术以后仰拦网为主流。当时的比赛规则规定不允许拦网手过网，因此只好将手腕后仰，并以把球拦起、保证调整反击作为拦网的指导思想。1955年，戈洛玛佐夫编著、万起和白玉禄翻译的书中提到，跳起后，拦网者马上将双手举于网的上方，手掌向着对方的场地，同时尽量使手同球网平行。手指要后上仰起，以便手指根和手掌着球。如果球触到手指尖，那么手指即可随球后仰。拦网被称为第一道防线，主要起防御作用，此时期的拦死、拦回比率不高，拦网得分率甚至低于发球得分率。

20世纪60年代，拦网技术以盖帽拦网为主流。1965年规则修改后，允许拦网时手过网，其初衷是针对快速战术蓬勃发展的亚洲队，但我国运动员大胆创新运用了盖帽拦网——拦网时伸手过网先罩住球，待对方扣击后，主动屈腕用力盖帽捂球，使拦回的球反弹角度小、速度快。这种盖帽拦网促进了拦网由单纯的被动防守技术转变为攻防兼备的技术。

20世纪70年代，拦网技术以屋檐式拦网为主流。运动员身高和弹跳力的发展促使拦网高度和实力的明显增加。运动员能够将双臂向网口斜上方伸出，肘臂都过网，两手尽可能贴近球、罩住球，给扣球者极大的威胁。任何掩蔽性不够或高度不足的近网强攻，都易被瞬间捂死，直接失分。1973年，《排球讲义》中提到在对方扣球的瞬间，迅速向前压腕，把球拦到对方场区，拦网后，手臂上抬收回。屋檐式拦网常迫使进攻一方改变进攻战术或从远网发动进攻。1977年，排球竞赛规则规定拦网触球不算一次击球，大大促进了拦网技术的发展，拦网逐渐演变为一项攻击性很强的技术。在阵容配备方面，通常把身材高大的队员放在2、3号位共同拦网[111]，以拦死、拦回为主。

20世纪80年代，拦网技术以"直臂拦网"为主流。1977年排球新规则采用后，明显有利于发球和拦网的一方，这大大刺激了扣拦矛盾的对抗。世界各强队都推进"大型化"的发展，大批身体素质好、弹跳力强的高大队员进入排球的对抗中，网上斗争更趋激烈，盖帽拦网与屋檐式拦网都已成为拦网的招牌技术而被广泛应用。在拦网时，为了应对各种远网强攻、高压吊球、高点平冲扣球和各个位置的后排立体进攻，直臂拦网被提到重要位置。两臂高高向上伸直的直臂拦网，无疑大大增加了拦网高度、加宽了拦网的宽度，从而形成更严密的"手墙"，这样拦网一方不仅仅能够获得拦死、拦回的机会，更主要的是"蹭手"以后的反击次数大大增多。因此，直臂拦网作为一种新技术被应用起来。直臂拦网并不替代或排斥屋檐式拦网与盖帽拦网，相反，它作为当时的一种拦网技术，大大丰富并发展了原有的拦网技术。

如今，这几种拦网技术依然在比赛中被广泛运用，是最重要的防守方式之一。拦网现已由防守技术逐渐演变为一种积极的、攻击性较强的进攻技术。单纯凭手臂、手腕的动作，已不能阻拦速度快、力量大的扣球，还必须以腰、背、肩协同用力阻击扣球。拦网时应尽力把手臂伸过网接近球，以凶狠的捂、盖动作，力求拦死。第一跳不全力起跳，如果被骗，还可做第二次补跳。

2. 拦网技术的演变分析

1965年，规则允许拦网队员的双手伸过球网触球，让当时运动员的拦网高度有了较大的提高。中国男排利用规则的修改，创造盖帽拦网新技术，这种拦网因队员可以将手伸过球网触球，大大提高了拦网的成功率。基于这样的背景，盖帽式拦网技术逐渐取代了后仰拦网技术，但后仰拦网技术依然适用于身高不高的队员。由此可见，规则的修改是盖帽拦网技术出现的原因。

由于运动员身高的增加和弹跳力的发展，屋檐式拦网能够将双臂向网口斜上方伸出，肘臂都过网，两手尽可能贴近球、罩住球，给扣球人极大的威胁。

综上所述，拦网技术演变的原因有排球规则的修改、运动员身体素质的变化。

二、排球技术演变的阶段特征分析

由于年代久远，统计条件有限，研究的阶段是根据1933年至今这个范围来划分的。梳理此期间内排球各项技术演变的具体标志性事件和特征，可划分为4个阶段：技术发展初期；技术分化完成期；扣球技术大发展，技术涌现高峰期；发展缓和期。

（一）技术发展初期

技术发展初期是指 20 世纪 50 年代及之前。这一阶段，传球和垫球技术都被称为传球。当时，我国排球运动的发展受苏联的影响很大，学习了很多苏联的排球技术，如一些优秀选手学习了苏联的后倒和侧倒传球方法，能用鱼跃传球动作救起险球。当时的接发球和防守都使用传球技术，包括使用上手传球方法接上手大力发球、勾手大力发球等。在发球技术中，正面和侧面的大力发球十分有效，发挥了积极作用，一度在国内外排球比赛中被广泛运用。扣球技术主要有直臂扣球、屈臂扣球、勾手扣球、近体扣球等。由于当时的排球规则不允许手过网拦网，排球运动员普遍采用手后仰拦网技术[112]。

由此可见，这一阶段大力发球的出现加强了发球。一传沿用传球动作，导致其相对薄弱。扣球技术有所创新，但拦网发展滞后，导致后排防守技术有所创新和提高。这一阶段的技术水平相对较低。

（二）技术分化完成期

技术分化完成期在 20 世纪 60 年代。这一阶段，发飘球技术的出现使前臂垫球技术诞生并广泛运用。至此，排球技术的分化已完成。传球技术主要由二传队员用于组织进攻。与此同时，随着专位分工的出现，攻手的传球能力不被重视，调整二传的水平下降明显[112]。垫球技术的出现，使接发球和接扣球水平上了一个新的台阶，垫球技术也变得更加合理和多样化，在垫球动作和击球手法上都有很大的发展和提高。发球技术有所创新，出现了飘球技术，如勾手飘球大大增加了发球的攻击力，提高了发球的效果。1965 年，在排球比赛规则中允许拦网时手过网击球后，中国男排发明了盖帽拦网，伸手过网包球，主动屈腕用力盖帽捂球，使拦回的球反弹角度小、速度快，这种盖帽式拦网技术的出现，完成了拦网从被动防御技术向攻防兼备技术的重要转变[113]。

由此可见，飘球的出现，使发球的作用加强。前臂垫球的广泛运用，加强了一传和防守。平拉开等扣球技术的出现，提高了进攻的水平，同时，促进了拦网规则的修改。盖帽拦网的出现，加强了拦网，减轻了防守的压力。这一阶段，排球的技术有了进一步的提高，攻守相对趋向平衡。

（三）扣球技术大发展，技术涌现高峰期

扣球技术大发展，技术涌现高峰期是指 20 世纪 80 年代，扣球技术的发展进入了新阶段。不断创新的平拉开、短平快、背溜、时间差、前飞、背飞、拉三、拉四等扣球技术使人目不暇接。另外，在应用技巧上也有很大发展，出现了转腕扣球、打手出界扣球、超手扣球、轻打和吊球等。

1972 年，日本男排在平拉开的基础上，创新出了短平快。中国男排运动员汪嘉伟创造了前飞和背飞。1977 年，波兰男排首次有意识地运用后排进攻。20 世纪 80 年代，中国

女排首次运用单脚起跳扣背飞球，更加丰富了进攻技术和方法，使扣球技术向点多、面宽的方向发展[114]。拦网能力的提高势必促进进攻能力的加强。同时，盖帽式拦网和屋檐式拦网也在不断发展中加强了对进攻的对抗。

由此可见，这一阶段扣球技术迅速发展，达到了高峰期。其他各项技术的水平也在不断的互相刺激中进一步提高。上一阶段攻守相对平衡的状态被打破，呈现出攻强于守的特征。

（四）发展缓和期

发展缓和期是指20世纪90年代至今。自1999年1月排球竞赛规则实行每球得分制以来，拼发球成为各个排球队的首选作战方案。发球是进攻的开始，其是得分的重要手段也已达成共识。世界排球强队的得分手段更加多样，出现了如扣球点高、力量大，前排掩护、立体进攻、后排进攻扣球等技术动作。后排快球等进攻打法的使用，使排球进攻向纵深方向发展，被一些欧美球队广泛运用。这些扣球技术和战术的出现使得进攻节奏加快，排球进攻战术内容更加丰富，从而推动了排球运动技术的不断发展。

由此可见，这一阶段的排球技术发展相对较平稳，技术的创新和出现较少。

除了前述研究和归类分析，还有许多学者做出了重要理论贡献。例如，在关于排球技术演变特征的研究中，周建华认为排球发展演变的主要规律与特点体现在：改进、移植与创新是新技术出现的主要途径，发球技术趋于力大、速度快、弧度平、落点刁；垫球技术趋于多样、合理、实用；传球技术趋于娴熟、动作隐蔽、分球合理、传速快；扣球技术体现全、高、快、狠、变的特点；拦网技术体现高度化、滞空化、手型合理化的特点等。赵子健、徐瑞勋也赞同周建华的观点，他们进一步指出创新技术是指偶然出现—普遍运用—规范动作—自由运用的过程；进攻与防守技术的发展是相互促进的，竞赛规则与技术发展存在辩证关系，他们着重分析了创新、规则与技术之间的发展联系[113]。

综上所述，前人关于排球技术演变的研究多从规则这一影响因素的视角出发，这样难免忽视其他因素。对于排球技术演变特征分析方面的研究较丰富，但多是概括性的总结，没有具体详细的技术转化作为支撑。近几年，对排球技术的研究主要集中在对技术发展现状的研究、主要发展趋势的研究和不同影响因素对排球发展的分析方面。针对排球技术具体发展演变的研究资料稍显匮乏。研究中对各项排球技术具体演变的分析和总结，不仅有利于排球教学中的因材施教，还为我国排球技术和理论演变提供参考。

第三节 六人制规则的研究

竞赛规则是排球运动项目发展的规范，是根据排球运动项目的发展规律制定的原则性的规定。它对参赛者的条件与行为起着很重要的制约作用，同时也对排球运动项目的发展起着促进作用。同样，为了解排球运动、为排球运动的发展指出新方向，学者需要对竞赛规则做进一步的研究。

排球运动1895年诞生于美国，起初作为一种娱乐游戏被人们所接受，最初的比赛没有成文的规则，具体规则由赛前的双方临时商定。在此期间通过传教士的传教活动和战争相继传到世界各地。直至1947年国际排联正式成立，参照美国的排球规则才正式形成了通用的国际排球竞赛规则，自此排球竞赛开始走向正规道路。一直以来，排球竞赛规则为了适应排球运动的发展而不断地改革和完善，使排球运动向科学化、正规化的方向发展。

自正式的排球竞赛规则颁布以来，排球的属性从娱乐游戏逐步过渡到了竞技运动，并出现了众多大型排球竞赛，在这些大型排球竞赛和国际往来的促进下，排球技战术得到快速发展。随着竞技比赛的开展，排球技战术水平不断提高，同时促使排球竞赛规则的不断完善。排球运动的发展离不开规则的修订与技战术的进化，其令排球运动更具有观赏性，也越来越得到观众的喜爱。当排球运动离人们的生活越来越近时，人们才能更加了解排球、热爱排球，从而促进排球运动的发展。

排球运动的发展离不开观众和社会这一大环境，因此排球竞赛的观赏性就起到了重大的作用。纵观历史，排球竞赛规则的发展是排球运动发展的不竭动力，竞赛规则保证了排球竞赛中裁判对于犯规形成统一的标准，同时避免排球发展过程中的不利因素；发挥了规则的教育职能，对参赛人员行为及犯规的判罚进行约束，从而保证排球竞赛的公平性。

排球运动与规则的发展是相互影响的，一方面，排球运动的发展与规则之间的关系是相互制约的；另一方面，排球运动的发展与规则又是相互依存、相互促进的。因此，要想了解排球运动未来的发展方向与趋势，就必须研究排球竞赛规则的演变。排球运动并不是一成不变的，当下的竞赛规则也只是一个时期内相对统一、相对稳定的规范。从长远的角度看，了解排球竞赛规则演变对了解排球运动的发展也是非常必要的。

国际排联成立之后，竞赛规则开始由分散向统一的方向发展，但是不够完善和严谨，之后逐渐向科学统一、完善的趋势行进。1985年，张敏先摘译自日本《排球月刊》，国际排联副主席松平康隆提到，今后规则的修改一定要遵循的三个准则：一是要使排球比赛更加壮观、生动、吸引观众；二是尽量减少靠裁判主观判定的情况；三是缩短比赛时间。国际排联规则委员会主席马启伟先生对规则的修改做了更加深入的研究，阐述了三个方面的修改意见，包括规则的修改、文字的修订、条款的调整；还提到了使人感到厌烦的连续发球而不得分的现象，同时指出规则研究的主要方向是促进突破更快发生，使技战术出现新的发展，使比赛更精彩、更吸引观众，成为群众最喜爱的运动项目[115]。马启伟先生还指出，排球规则的制定与修改是有着严密的组织程序与科学运作规定的，每一次规则的修改，从提出到实行都要有一个时间过程，且规则的提出应是严肃、慎重的[116]。

因此，排球竞赛规则修改需要考虑在竞赛过程中出现的各种情况，根据这些情况提出改革方案，先在世界性比赛中进行试验，验证这些规则的修改与演变是否符合六人制排球运动的健康发展。排球竞赛规则的修改是经过科学、严谨的试验的，因此排球竞赛规则的修改是科学、慎重、严肃的。

一、六人制排球比赛中竞赛规则存在必要性的研究

依法治国是我国倡导的治国方针政策。体育竞赛规则就相当于赛场上的法律，是赛场秩序的核心部分。竞赛规则的特殊性表现在其使用的范围和制定的机构上，规则使用的范围由国际化、统一化、制度化的机构制定。针对1947年国际排联参照美国排球规则正式出版的通用国际排球竞赛规则，学者们提出以下几种观点。

（一）排球竞赛规则是开展竞赛的客观条件

在当代社会环境下，事物的发展离不开法律和规则的约束。俗话说"没有规矩，不成方圆"，排球运动要发展就要有相应的竞赛规则。竞赛规则是体育公平的本质体现，若没有规则，竞赛就失去了统一的评判标准，裁判就不能根据统一的标准对比赛进行裁决，从而无法体现竞赛的公平、公正。竞赛规则的存在是竞赛公平性的需求，是裁判员的执法需求，也是竞赛标准的统一性需求。因此，竞赛规则是竞赛发展的客观条件。

（二）排球竞赛规则对排球运动的制约作用

体育竞赛规则的首要功能就表现在其对体育竞赛的约束力上。排球竞赛规则相当于排球竞赛发展的"法律条文"，它提出的一切行为规范，需要所有的参与者必须共同遵守。竞赛规则的约束力表现在规范运动员的行为及对犯规的判罚上。同时，排球竞赛规则还规范了排球技战术的使用。例如，设立标志杆并内移20厘米，是为了限制平拉开战术的使用，限制了进攻的攻击性，鼓励防守，缓解防守的压力，促进排球竞赛向攻守平衡方向发展。所以说，竞赛规则的存在约束了排球运动参赛人员的行为，影响了排球技战术的发展方向，促进了排球运动向科学、合理化方向发展。

（三）排球竞赛规则对竞赛的协调作用

在竞赛活动中，竞赛规程及竞赛规则共同协调和制约运动竞赛的全过程。竞赛规程着重于竞赛的组织管理，规则主要是对技术规范、确定成绩及有关场地器材条件的规定。排球规则的法制作用体现在排球竞赛中，参赛队员必须以规则为参赛标准，在规定范围内进行相对自由的活动，这样才能保证参赛队之间的平等性，保证比赛的公平性。只有维护赛场秩序的稳定性，协调竞赛科学、合理地进行，才能促进排球运动的发展。

（四）排球竞赛规则对参赛人员的教育作用

在竞赛活动中，竞赛规则是参赛队员的行为准则，所有的参赛行为必须在规则允许的范围内进行。竞赛规则要求所有运动员的行为必须符合体育道德文明准则，包括比赛

中对技战术采用的要求和运动员个人行为的要求。在排球竞赛中，对不良行为的判罚不仅规范了队员行为，还发挥了禁赛规则的教育职能；对竞赛中技术行为犯规的判罚，不仅可以及时制止错误行为的产生，还可以促进技术的进一步提高；提高排球竞赛的观赏性，促进排球运动的发展。

二、六人制排球比赛中规则演变的研究

规则演变的阶段划分是将思想的演变根据客观事实的变化而进行的一种划分。学者认为，1947年国际排联成立且正式出版了通用的国际排球竞赛规则，标志着排球从娱乐游戏阶段进入竞技阶段。因此，规则演变的阶段是根据1947年至今的各个年代排球竞赛规则的演变划分的。以六人制排球竞赛规则演变过程中的重大标志事件为节点，可将1947年至今的排球竞赛规则演变分为四个阶段：原始发展阶段、规范发展阶段、深化改革阶段及推广普及阶段。

（一）原始发展阶段

从国际排联成立并出版第一本通用的国际排球竞赛规则到排球运动成为奥运会正式比赛项目为原始发展阶段（1947—1964年）。

1947年，国际排联在巴黎正式成立，并且参照美国的排球运动规则出版了第一本通用的国际排球竞赛规则，这标志着排球从游戏时代正式进入竞技时代，从此以后，排球运动的发展有了统一的标准，开始走上正规化道路。1964年，男子、女子排球被列入奥运会比赛项目，这两项排球运动史上的标志性事件对此后排球运动的发展有着重要的影响，为排球成为大众喜爱的运动项目奠定了基础。

排球竞赛规则原始发展阶段演变特征（1947—1964年）如表1-1所示。

表1-1 排球竞赛规则原始发展阶段演变特征（1947—1964年）

年代	规则演变内容	意义	性质
1954年	① 女子网高2.24米	规范	规范性
	② 每局比赛完毕，给予1分钟作为两队交换场区、替换队员及登记队员号码的时间	控制比赛时间	
	③ 正式队员被替补下场后必须经过比赛过程才能再次回到场上，且必须回到原来的位置		
1955年	① 球的圆周为65～68.5厘米	规范	公平性 严肃性
	② 在比赛进行中受场外本队人员指导将被裁判员警告1次，后再犯者，判对方得分	裁判执法需要，维护比赛秩序和裁判员的权威	
	③ 裁判员有权根据规则取消队员或全队的比赛资格		
	④ 后排队员在限制线前将高出网顶的球击入对方场区时，判对方得分	限制进攻	

第一章 排球理论研究的发展

续表

年代	规则演变内容	意义	性质
1956年	① 场地上空，从地面起的7.5米高度范围内，不得有障碍物	增加比赛场地的空间感	观赏性 规范性 公平性
	② 每次换人时间为1分钟，如果超过1分钟，则以该队暂停1次计算（但不能进行场外指导）；如果该队在该局中已无权请求暂停（已请求过2次暂停），则应判为犯规，罚1球，对方得分或换发球	比赛的时间控制，增加比赛的流畅性	
	③ 队长是球队在场上唯一可以和裁判员讲话的人，有权请求暂停或替换队员	对比赛中意外的处理，体现规则的健全性	
	④ 正裁判员吹哨成死球时，须立即以统一的手势或术语解释队员的犯规或成死球的原因	体现裁判员对规则的了解	
	⑤ 正裁判员座位的高度以裁判员的视线水平高出网上50厘米为原则	有助于裁判对比赛的判断	
	⑥ 无人替补时受伤队员给予3分钟的休息时间	人性化	
	⑦ 在一局比赛结束和另一局开始之前，给予2分钟的时间，可在不影响交换场区和登记队员号码的原则下，进行场外指导		
	⑧ 增加比赛中断		
	⑨ 发球时可以跳起或加助跑	鼓励进攻	
	⑩ 裁判员吹哨后应立即发球，可有1次"发球试图"	人性化	
1958年	① 队员不得佩戴任何金属饰物（如别针、纪念章等）入场比赛	人本化，保护运动员	人文性
	② 每次暂停、换人时间为30秒	时间控制，比赛的流畅进行	观赏性 规范性
	③ 在每局比赛中，每队最多可以换人4次		
	④ 在一局比赛中，正式队员不能被2次替换下场		
	⑤ 在2人或3人集体拦网的过程中，参加拦网队员之一在本区球网上空触球，而另外参加拦网的队员手过网，即使未触球，也判为过网犯规	控制防守	
1960年	① 可以连续叫2次暂停	时间控制，比赛的流畅进行	
	② 不得发球掩护		
	③ 触及中线而未越过者，不算犯规		
1961年	① 换人时间为20秒		
	② 接发球时禁止队员击掌和喊叫		

从表1-1来看，规则的演变主要集中在以下几个方面。

一是场地的空间高度增至7.5米、女子网高设置为2.24米、比赛用球的圆周增大，对场地器材的要求向规范化方向发展。

二是比赛过程中局时间、暂停、换人及进行特殊换人时间得到控制，增加了对比赛中断的处理方式。

三是每局比赛中每队可换人4次，正式队员不可以第二次被替换下场，并且必须经过比赛过程进行"一对一换人"，这规范了比赛过程中队员的替换程序。

四是正裁判员有权根据规则取消队员或全队的比赛资格，成死球时，裁判员须给出统一的手势或术语解释，提高裁判员视线水平的位置，规范裁判员的执法行为，加强执法力度。

五是队员发球时可跳起或增加助跑，并在吹哨后允许有一次"发球试图"。

六是明确和完善集体拦网的动作概念，使比赛中出现的拦网技术动作变得正规。

七是对比赛中队员的行为、技术动作予以规范，规定队长具有在比赛中唯一可与裁判员讲话的权利。

具体来看，调整网高的原因在于：若球网过高，则会对球员的身体素质及技术要求过高，并且使比赛难度加大；若球网过低，则会使队员对比赛有所懈怠；将女子网高设置为2.24米这样合适的高度，使运动员"跳一跳，正合适"，能够有效发挥技术，使网上争夺有了悬念，同时也增加了比赛的观赏性。比赛用球的圆周增加了0.5厘米，可使球速相应减慢且攻击力减小，从而减小了防守难度。比赛场地的空间高度增加，使比赛场地的立体感增强，使队员视野更加开阔，有利于技术水平尽情发挥。

本阶段局间时间的变化为"1分钟→2分钟且可以进行场外指导"，使得队长或教练员有充分的时间对队员的位置进行合理的安排，同时给了队员一定的休息时间，也可使队员的身体机能得到一定的恢复，便于比赛中技战术水平的发挥；暂停时间为"1分钟→30秒"，换人时间为"没有明确规定→30秒→20秒"，且换人时间超1分钟则计为暂停，若暂停过2次且换人超时，则进行判罚，在比赛中减少中断时间保证了比赛进行的流畅性，同时也保证了运动员身体机能的合理消耗，促使队员正常发挥技战术水平；规定的特殊换人的3分钟休息时间则是为了保证比赛的正常进行；规则中增加了"比赛间断"的规定，是为了出现意外情况后能够保障赛场有及时而有效的处理和防护，以保证比赛的合理进行和出现意外时比赛的公平性、安全性。

比赛进行中换人程序的规范化及换人次数"换人次数不限→4次/局"的控制，减少了比赛的中断次数，保障了比赛的连续性；合理有效的换人可使主力队员有机会得到休息，比赛更强调技术与耐力素质的结合，有利于队员的临场发挥，增加了比赛的精彩性。

本阶段明确规定了正裁判员有权根据规则取消队员或全队的比赛资格，体现了裁判员执法力度的加强，这也是裁判员场上权力增强的体现；裁判员判罚时给出统一的手势或术语解释，规范了裁判员的行为，对裁判员的专业知识水平要求有所提高，体现了裁判员的水平和专业性；裁判员的视线水平高出球网50厘米，保证了裁判员视野的开阔，便于其对比赛情况进行实时观察，开阔的视野提高了判罚的准确性，保障了比赛的公平性，这也是比赛的客观需求。以上规定加强了裁判在比赛中的作用，有利于对比赛的有效控制，也是开展大型比赛的客观需求。

对于发球时可跳起或加助跑的规定则是加强了发球的攻击性，同时给接发球增加了难度；允许一次"发球试图"，一方面可干扰对方的防守，一定程度上可以打乱对方的防守阵型；但另一方面再次发球也会对比赛的时间产生一定的拖延，增加比赛时间间断次数，从而打断比赛的连贯性，不利于控制比赛时间。

排球的竞争主要体现在拦网与扣球上，水平越高，竞争越激烈。此阶段对于比赛中的拦网方面，尤其是集体拦网进行了完善，拦网技术逐步规范和有效。当时的拦网以防御为主，一方面可大大削弱对方的进攻威力，另一方面可减小队员接扣球时的心理压力，提高接扣球技术的稳定性，增加组织防守的概率。

对技术动作的质量要求有所增强，开始与战术运用相结合。比赛中对队员行为的规定是比赛秩序稳定性的保障。对队长话语权的规定，维护了参赛队的合法权益，方便裁判员与参赛队的交流，同时也是裁判员的执裁需要，还是对裁判员话语权的充分肯定。

结合当时的局势来看，比赛的增多促使一些球队展露头角，一些队伍的打法具有特色。20世纪50年代，苏联男女排多次在排球世界大赛中取得好的成绩，使世界多个国家效仿他们的技战术打法。当时的进攻及得分主要靠扣球技术，战术方面则主要采用较为简单的"四二"配备、"中一二"进攻阵形及"心跟进"防守阵形，发球的攻击力并不强，因此对发球进行了相应的改进。苏联为首的以队员身高体壮、扣球力量大而著名的打法被称为"力量派"；以控制扣球线路及落点、动作细腻、打吊结合为特点的捷克斯洛伐克队，在1956年巴黎世锦赛上击败苏联，被称为"技巧派"；20世纪60年代初，日本女排创造的"前臂垫球""滚翻防守垫球""勾手飘球"技术，打破了苏联独霸的局面。

根据表1-1及以上分析内容，以时间为线索可得出原始发展阶段竞赛规则主要的演变内容及时间轨迹（图1-1）。

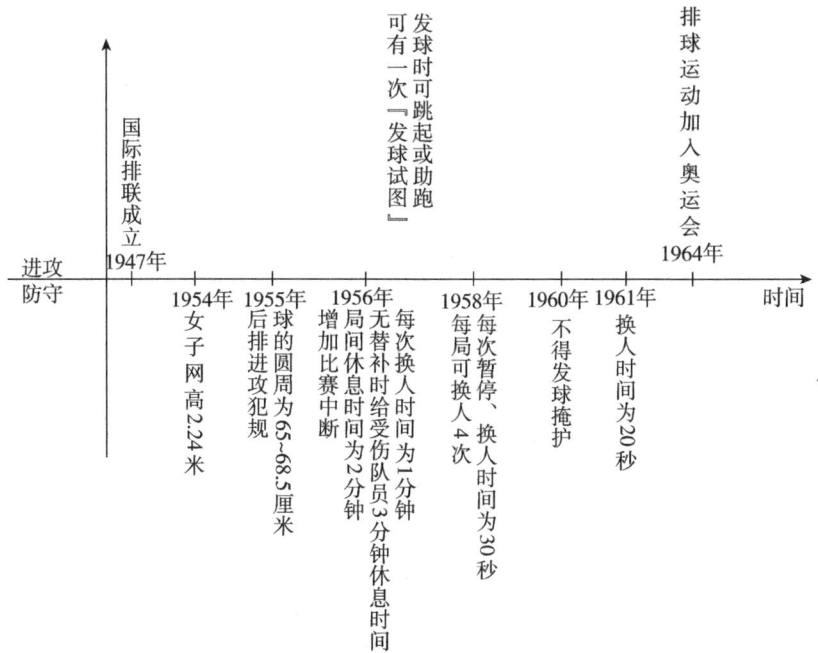

图1-1　原始发展阶段竞赛规则主要的演变内容及时间轨迹

综上所述,随着国际排联的成立,各国排球队之间的交流越来越频繁,因此排球运动得到了一定的普及和推广。大型比赛的进行,暴露出以往规则不适应排球竞赛发展的弊端,因此,在1964年排球运动成为奥运会正式比赛项目之后,国际排联对规则的统一性、规范性提出了更高的要求。本阶段排球竞赛规则的改变主要是围绕着使世界范围内排球运动有一个统一的裁判尺度,使竞赛趋于规范、完善。

(二)规范发展阶段

从排球运动加入奥运会到国际排联第一任领导人离任这一阶段为排球竞赛规则规范发展阶段(1965—1984年)。这一阶段排球运动的竞技性增强,排球各项技术快速发展。

排球竞赛规则规范发展阶段演变特征(1965—1984年)如表1-2所示。

表1-2 排球竞赛规则规范发展阶段演变特征(1965—1984年)

年代	规则演变内容	意义	性质
1965年	① 球场的四周与一切障碍物至少相距2~3米 ② 拦网队员触球后,可第二次击球,但不得扣球或吊球 ③ 可过网拦网 ④ 每队可换人6次/局	防守	竞技性
1968年	① 增加标志杆,球必须从两标志杆内过网 ② 队员拦网后可做第二次击球,但算作本队的第二次击球	鼓励防守 限制进攻	
1972年	球的圆周为(66±1)厘米,重量为(270±10)克	减弱攻击	
1973年	① 一脚或双脚全部越过中线为犯规 ② 拦网队员允许在标志杆外拦网 ③ 发球队员应连续发球,直到发球队失掉发球权为止	规范行为	规范性
1977年	① 两标志杆内侧相距9米,紧贴标志带外侧 ② 可以用腰部或腰部以上身体任何部位击球 ③ 拦网触球后还可以击球3次 ④ 取消从标志杆外拦网	限制进攻 触球范围扩大 鼓励防守 规范行为	规范性 技术全面性
1979年	① 对于一般犯规,第一次可提出警告;如果重犯,则判罚并记入计分表 ② 对严重犯规,直接给予判罚并记入计分表	规范行为,裁判权威性	规范性 教育性
1980年	① 边线外至少5米,端线外至少8米,场地上空12.5米不得有障碍物 ② 必须禁止使用拉链固定网柱,一切有危险性的设施都必须排除 ③ 在一次比赛中所用的球,其特性,包括圆周、重量、气压、号牌等都必须是统一的;国际比赛所用的球必须是国际排联批准的用球	保护运动员的合法权益	人本性 统一性 公平性 规范性 准确性

续表

年代	规则演变内容	意义	性质
1980年	④ 国际比赛必须有4名司线员	保证判罚的准确性	人本性 统一性 公平性 规范性 准确性
	⑤ 设立换人区，采用换人举号码牌		
	⑥ 队员的队服号码应由1~15号（最好是1~12号）组成		
	⑦ 发球击球时的犯规与位置错误犯规同时发生时，按发球犯规处理		
	⑧ 球的整体从网下9米内进入对方场区，应判为失误，即球出界		

规范发展阶段规则的演变主要集中在以下几个方面。

一是增加比赛场地四周的空间，统一球及队员的服装号码，增加美感，使比赛更加具有观赏性。

二是增设标志杆，标志杆内移20厘米，限制网上争夺的范围，增加网上竞争的激烈程度。

三是防守队员可过网拦网，拦网后击球次数增加为3次，对拦网的规定更加完善。

四是增加换人次数至6次，设立换人区，对换人的要求更加规范严格。

五是明确队员位置错误的规定，使用红黄牌对运动员不良行为进行判罚，严格控制判罚，加大裁判对比赛的控制力度，确保比赛合理有序地进行。

具体来看，本阶段比赛场地的无障碍区范围再次扩大，使比赛场地面积加大，队员不再碍于障碍物的存在而影响球队成员真实水平的发挥，提升了比赛的精彩程度；场地的扩大为跳发球提供了保障。在比赛过程中统一球的标准，统一服装、可增加美感；扩大队员服装号码范围，可避开队员忌讳的数字，减轻其心理负担，促进队员运动技术水平的发挥，增加比赛的观赏性。

20世纪60年代，在球网上设立标志杆，两标志杆之间的距离缩小，由9.2米调整为9米，并且规定必须将球从标志杆内的网上空间击入对方场区才是有效球。在1968年以前是没有标志杆存在的，新规定与以中国为首的亚洲创立的平拉开技术有关。平拉开进攻技术的使用使竞赛中对球网的利用更加充分，但同时也增加了防守的难度，使进攻大于防守，降低了比赛的观赏性。标志杆的设立，一方面在一定程度上抑制了进攻技术的发挥，增加了进攻的难度；另一方面则促进了进攻技术的提高和创新，是竞赛规则演变发展过程中对排球技术的创新发展影响较大的一次历史性事件。标志杆的出现不仅提高了排球竞赛的整体水平，还使排球运动达到攻防并济。

在比赛中，拦网是防守的开始，好的拦网不仅可以削弱对方的进攻，减小本方防守的压力，有时还可以直接得分。对于拦网技术，本阶段在规则方面的修改主要有"拦网队员触球后可第二次击球→拦网后第二次击球算作本队第二次击球→拦网后可击球3次"和"可过网拦网"。从拦网后队员的击球次数来看，逐步放宽了对防守的限制，为防守方在拦网后组织进攻创造了条件。值得一提的是，此时期针对1965年修改的"拦网队员可在对方完成进攻性击球后进行双手过网拦网"这一规则，我国男排巧妙地利用新规则，同时为了限制对方进攻、加大防守力度，创造了盖帽式拦网。拦网不再是单纯的防守技术，开始强调以拦死为目的，拦网后3次击球为更好地组织进攻提供了条件。因此本阶段拦网相关规则的改变以鼓励防守、促进攻防平衡为目的。

换人是排球竞赛中的一个重要环节，换人可分为一般换人、多人次换人和多次换人。1965年规则由允许4次/局增加至6次/局，换人次数增加的规则施行后，一方面，每位场上队员都有机会得到休息，可以恢复身体机能和调整身体及心理状态；另一方面，场下队员能够得到上场锻炼的机会，同时也便于比赛中战术的调整，从而提高比赛的精彩程度，增强比赛的观赏性。随着换人次数的增多，1980年规则还设立了换人区、采用举号码牌进行换人的形式，这些举措规范了换人流程，减少了不必要的时间拖延，使比赛愈加流畅地进行。

在比赛中队员行为规范的规定方面，开始对队员的判罚使用红黄牌。红黄牌的使用对犯规队员的判罚是一种直接的制止行为，在心理上也是对场上其他队员的一种警告，其可从源头上减少犯规的发生。对运动员不良行为的判罚，一方面规范了运动员的行为，另一方面反映了裁判员对比赛的控制力度，使比赛更加规范化、公正化。

根据表1-2及以上分析内容，以时间为线索可得出规范发展阶段竞赛规则主要的演变内容及时间轨迹（图1-2）。

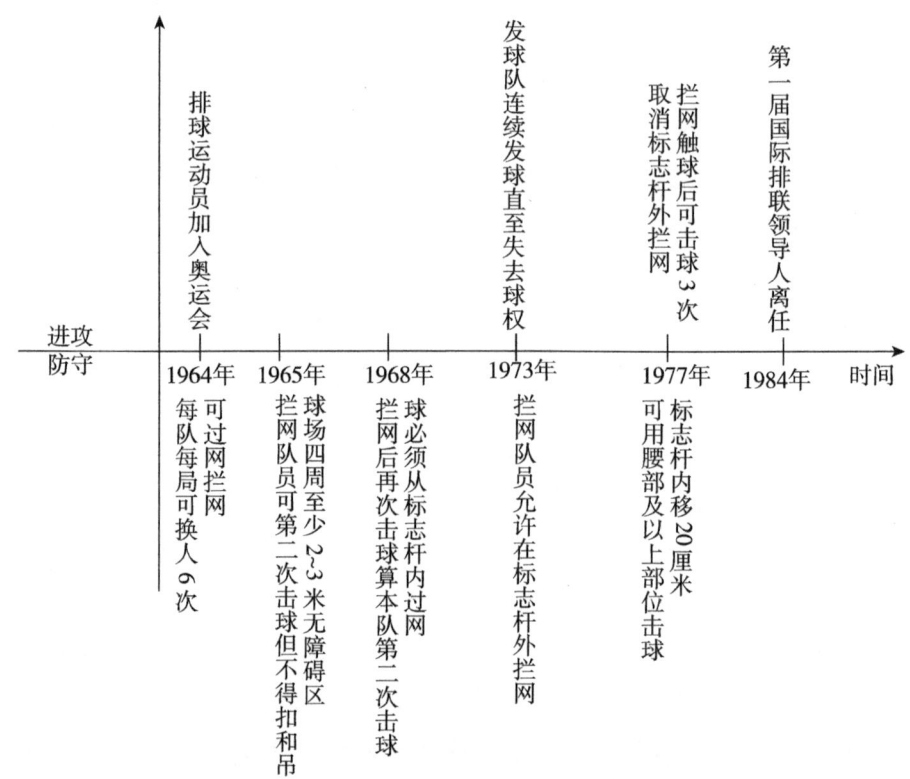

图1-2 规范发展阶段竞赛规则主要的演变内容及时间轨迹

综上所述，自从排球运动正式成为奥运会比赛项目后，排球的竞技性增强，使得排球规则发生了巨大的改变，包括换人的规范化及比赛中判罚红黄牌的使用；1965年，我国男排针对拦网时双手可过网拦网而创造了盖帽式拦网；1968年，针对以中国男排为代表的亚洲男排平拉开技术而设置了标志杆。标志杆的出现限制了进攻，同时也促进了进攻技术的提高；可过网拦网使得拦网的防守能力增强，同时也使得双方网上的争夺更加激烈。这些规则的改变使排球比赛攻中有防、防中有攻，在鼓励防守的基础上，促进比赛的攻防平衡。国际排联为了顺应规则修改的大潮流设立了国际排联规则委员会，从此进一步规范规则，使规则演变朝着科学化、严谨化及正规化的方向发展。

(三) 深化改革阶段

1984年，国际排联及国际排联规则委员会的新任领导人上任到2000年，这一阶段为排球竞赛规则深化改革阶段。

20世纪80年代，排球运动的各项技术基本都发展到了成熟阶段。国际排联1984年，举行了换届选举，新的领导人在全新的发展理念的指导下，为了使排球运动得到进一步的发展，对排球竞赛规则进行深化改革，使之更适应经济社会的发展。

排球竞赛规则深化改革阶段演变特征（1985—2000年）如表1-3所示。

表1-3 排球竞赛规则深化改革阶段演变特征（1985—2000年）

年代	规则演变内容	意义	性质
1986年	① 队长上衣的条状标志长为8厘米、宽为2厘米	规范管理	规范性 教育性
	② 队员上衣身前号码至少10厘米，身后号码至少15厘米，号码笔画宽2厘米		
	③ 拦发球犯规		
	④ 在局前或局间发生不良行为，应按规则进行判罚，并记在下一局中		
	⑤ 第一次击球时，在同一动作中允许身体不同部位连续触球	鼓励防守	
1991年	① 决胜局采用每球得分制	限定参赛人员的行为，发挥规则的教育职能	公平性 规范性 严肃性
	② 胜一局时，双方比分最高得分限制为17分		
	③ 后排队员可以在后场区对任何高度的球做进攻性击球	限制进攻	
	④ 在前场区对对方整体高于球网的发球完成进攻性击球时犯规		
	⑤ 球可以触及拦网队员腰部以上的身体		
	⑥ 暂停时，比赛队员必须离开比赛场区，到球队附近的无障碍区	限定参赛人员的行为，发挥规则的教育职能	
	⑦ 各局之间的休息时间为3分钟		
	⑧ 对粗鲁行为再犯者给予判罚出场，并离开比赛场区，不得参加该局比赛；对于冒犯行为和侵犯行为给予取消比赛资格，并离开比赛场地和球队席，不得参加该场比赛		

续表

年代	规则演变内容	意义	性质
1993年	① 增设准备活动区。国际排联世界性比赛的无障碍区外的替补席远端，划有 3 米×3 米的准备活动区	规范参赛行为	观赏性
	② 国际排联世界性成年比赛，全队队员鞋子的颜色必须一致，商标可不同		
	③ 队员上衣号码必须由 1~18 号组成		
	④ 前 4 局 17 分制，决胜局获得 14 分后要领先 2 分才可获胜，无最高分限制	控制时间	
	⑤ 膝关节和膝关节以上任何部位都允许触球	比赛连续性，鼓励防守，增加比赛回合	
	⑥ 只有击球活动在进攻区时，队员触网才为犯规		
	⑦ 允许队员越出无障碍区进行救球并将球击回		
	⑧ 发球试图后，第一裁判员应及时鸣哨允许再次发球，发球队员须在再次鸣哨后 3 秒内将球击出		
1998年	① 发球区为端线后两边线之间宽 9 米的区域	加大发球区，鼓励进攻	观赏性
	② 球气压缩小为 0.30~0.325 千克（294.3~318.82 毫巴）	规范用具	
	③ 比赛自始至终教练员应在场外进行指挥，并在暂停时进行指导	加强指导，有利于队员的临场发挥	
	④ 球可以接触身体的任何部分	鼓励防守	
	⑤ 前 4 局，每局有 2 次技术暂停（各 1 分钟），1 次普通暂停，决胜局有 2 次普通暂停	比赛时间的控制	

从表 1-3 来看，规则的演变主要集中在以下几个方面。

一是队员服装要求更加严格、规范，商业化痕迹增强。

二是拦发球犯规、不可在前场区对高于球网的发球完成进攻性击球、扩大发球区及对发球试图后发球的规定，进一步加快了发球技术的提高，使发球技术的进攻性有所增强。

三是取消击球过程中第一次击球的连击犯规，规定身体各个部位在动作中都可以触球，鼓励队员参与防守，加大防守力度，促进攻守平衡。

四是严格规定运动员不良行为的判罚，加强比赛的规范性、流畅性，发挥规则的教育职能。

五是决胜局采用每球得分制，并对每局比分进行控制，可严格控制整场比赛的时间，利于媒体转播。

六是局间休息时间增加至 3 分钟、增设技术暂停，有利于排球运动的商业化。

具体来看，本阶段在队员服装方面的要求体现在队服号码的标志上，规定队长服装

第一章 排球理论研究的发展

要有明显的标记,强化队长的权利,在比赛中出现问题后,裁判员可在短时间内与队长进行沟通,减少对比赛时间的拖延;队员衣服号码的增大,有利于观众更加清晰地区分队员,进一步了解队员战术跑动的使用路线,增强观众对排球赛事的了解和解读,且有利于排球运动的推广与传播。规则对队员的鞋子也提出要求,即颜色应相同但可以商标不同,商业赞助开始出现,排球运动商业化痕迹显露出来。

拦发球是指比赛中前排队员直接在网前将对方发球拦死的行为。虽然拦发球可以使防守方直接获胜,但是拦发球影响了比赛的节奏,减少了比赛中的回合,降低了比赛的悬念及观赏性,容易使观众产生厌倦心理,同时也会使防守方的积极性降低,不利于防守技术的发展与提高,阻碍排球运动的发展,因此,规则修改后规定"禁止拦发球",即不可在前场区对高于球网的发球完成进攻性击球,使发球的进攻性加强,增加接发球的压力,对一传的要求更高。规则扩大了发球区,发球队员则可以根据自身特点,找人、找点、找区发球,如针对对方二传跑动位置的发球能够有效地破坏对方的一传,对接发球及随即组织的一攻战术串联应用能力和水平提出挑战。

随着竞技水平、排球运动员的身体素质及进攻手段的提高和丰富,防守队员的压力越来越大,对一传的起球效果要求更高。在发球的攻击力日渐增强的情况下,取消第一次击球连击犯规并允许身体各个部位都可触球,一方面鼓励防守,另一方面减小队员在接发球时怕犯规的心理压力,从而增加一传的起球率,减小攻大于守的压力,促进攻守平衡。

在排球运动各项技战术深化改革发展的阶段,队员的思想道德文明发展也是一项重要的内容。规则对于队员不良行为的判罚更加严格,这从源头上杜绝了不良行为的产生。在加大惩罚力度的同时,也会对队员有一个心理上的暗示,从而发挥规则的教育职能,规范队员的行为,保障比赛公正、合理、有序地进行。

决胜局采用每球得分制,可降低观众因发球权得分制造成的攻守双方"拉锯战"时间过长而产生心理上的厌烦情绪;同时每球得分制的实施,使发球可直接得分,发球的进攻性加强,对队员接发球的防守能力提出了更高要求。合理的一传可以提高反攻的组织能力,化被动为主动,缓解前排的防守压力,为赢得比赛做铺垫,这既加快了比赛节奏,又增强了比赛的观赏性。另外,采用每球得分制,可使比赛时间控制在一个相对稳定的范围内,便于媒体的转播,同时增加比赛的悬念,增强比赛的竞技性和观赏性,从而促进排球运动的大众化发展。

比赛中局间时间的变化是"1分钟→2分钟→3分钟",并增加技术暂停。这一做法可使参赛队员得到一定的休息,以便恢复身体机能,同时教练员也可以对队员进行指导,从而使参赛队员的技战术水平得到更好的发挥,增强比赛的观赏性。随着经济的快速发展,比赛中的商业赞助增多,以及在媒体转播过程中可根据商业赞助情况播放广告,这些商业化、市场化的发展对排球运动的影响较为深远。排球运动要发展,需要有与之相匹配的观众,占有市场、赢得观众是非常重要的,这一阶段的规则正是沿着这样的方向持续改革的。

根据表 1-3 及以上分析内容，以时间为线索可得出深化改革阶段竞赛规则主要的演变内容及时间轨迹（图 1-3）。

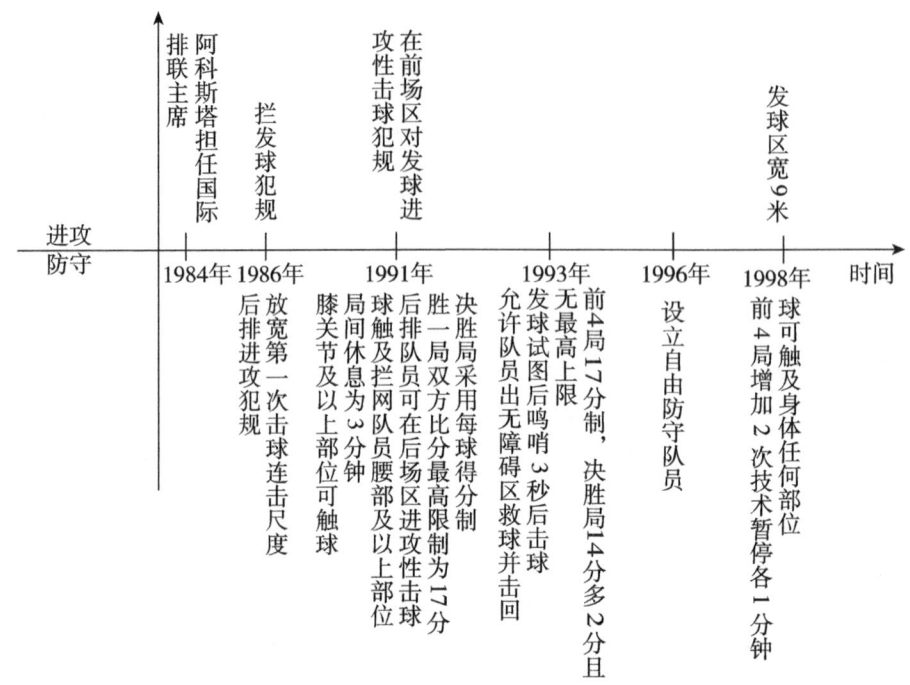

图 1-3 深化改革阶段竞赛规则主要的演变内容及时间轨迹

综上所述，随着媒体商家的赞助、社会经济的发展、人民生活水平的提高、人们的消遣娱乐要求的提高，竞技体育的观赏性显得尤为重要。此阶段的竞赛规则有着明显的市场化特征，竞赛规则起到了推波助澜的作用。拦发球犯规及扩大发球区是为了提高发球的攻击性，增设后排自由防守队员、取消第一次击球连击及允许队员身体各部位触球是为了鼓励防守，在追求攻守平衡的前提下，保证比赛适当回合流畅，使比赛更具观赏性。每球得分制可以加快比赛的节奏，促使比赛更加紧凑、流畅地进行，稳定比赛的时间便于媒体转播；局时间和技术暂停时间的规定则可使队员身体得以恢复、教练员对参赛队员的技战术的指导得以开展，同时也便于媒体转播时插入商业广告，能够推进排球运动市场化。因此，本阶段规则修改的基本特征是：顺应潮流改革赛制、修改规则，将排球运动推向市场化、占领市场，走职业化道路，这也是排球运动发展的必然方向。

（四）推广普及阶段

2001 年后，排球运动经过深化改革后再次崛起，排球运动开始推广普及，形成排球运动社会化、商业化和职业化发展的现代排球时期。这一阶段被称为竞赛规则的推广普及阶段。

排球竞赛规则推广普及阶段演变特征（2001—2020 年）如表 1-4 所示。

第一章 排球理论研究的发展

表 1-4 排球竞赛规则推广普及阶段演变特征（2001—2020 年）

年代	规则演变内容	意义	性质
2003 年	① 每球得分制，前 4 局 25 分且领先对方 2 分者获胜，没有最高分限制；第 5 局 15 分并领先对方 2 分者获胜	时间控制	
	② 允许发球蹭网	比赛流畅性	
	③ 后排自由防守队员换人次数不受限制		
	④ 取消发球试图，但允许拍球或球在手中移动		
	⑤ 判罚区为位于比赛场地端线延长线处控制区内 1 米×1 米且线宽 5 厘米的红色区域，并放 2 把椅子	规范管理	
	⑥ 同一成员第三次出现粗鲁行为时取消比赛资格；第一次出现冒犯行为时判罚出场并取消该局比赛资格，第二次取消该场比赛资格		
2006 年	① 国际排联世界性比赛不允许穿黑色鞋子	规范管理	规范性 流畅性
	② 增设助理记录员		
	③ 试行快速换人，试引用换人牌	时间控制	
2012 年	① 每队可有 2 名自由防守队员	鼓励防守	规范性 观赏性
	② 一个参赛队最多 14 名队员		
	③ 队员服装号码为 1～20 号	规范管理	
	④ 设立教练员限制线		
2015 年	① 已经出现在名单上的自由防守队员之间的替换不需要经过裁判员的允许	减少中断，增强比赛连续性	流畅性
	② 判罚失 1 分为红牌，不再有单独黄牌出现		
2017—2020 年	① 端线外的无障碍区宽至少 6.5 米	加大空间	观赏性
	② 国际排联、世界和正式比赛，可根据赛事市场开发协议中的广告需求调整网眼大小，在竞赛规程中具体说明	排球运动的市场化	推广性
	③ 国际排联、世界和正式比赛，可以根据赞助、市场和转播协议，减少一次暂停或技术暂停	排球的转播	推广性
	④ 网柱外部必须进行柔软包裹	保护运动员	人本性
	⑤ 国际排联、世界和正式比赛，比赛队应共同网上活动 10 分钟		
	⑥ 中线在网下连接两条边线的中点，中线的宽度须平均分配，中线的中心线将比赛场地分为长 9 米、宽 9 米的两个相等场区	规范管理	统一性 规范性
	⑦ 经主教练指定，最多 5 名官员可以坐在球队席上		
	⑧ 国际排联、世界和正式比赛中，护具应与比赛服装颜色一致		
	⑨ 五球制		
	⑩ 任何时间，球的任何部分触及比赛场区地面包括界线为界内球		
	⑪ 击球行为触及标志杆以内球网部分为犯规，击球行为包括（但不限于）起跳、击球（或试图击球）、落地不稳和准备下一个动作		

从根据 2001—2020 年规则变化整理出的表 1-4 来看，规则的演变主要集中在以下几个方面。

一是设立教练员限制线、官员可出现在球队席、网柱包裹、不得在场上打骂运动员及设立判罚区椅子，体现规则背后的人性化观念加强。

二是端线外无障碍区的缩小、队员发球规定的进一步完善，体现规则更加强调攻守平衡，保证排球适当回合流畅，增强比赛的观赏性，促进排球运动整体价值的发挥。

三是每球得分制的进一步完善、五球制及快速换人，把握对比赛的整体时间控制，减少时间间断及比赛中的时间拖延，便于媒体转播，增加比赛的流畅性、观赏性，推动排球运动的市场化，促进排球运动的发展。

四是正式比赛中对于队员服装的要求更加严格统一，队员服装设计的美感及品牌赞助的市场化，使队员成为赛场上靓丽的风景线，使得比赛更具有观赏性。

五是对于器材中附加高科技设备的使用，包括鹰眼裁判辅助系统、电子记录等，使排球比赛中裁判的判罚更加准确客观且操作便捷，提高了比赛的公平性，促进排球竞赛规则更加完善。

本阶段对比赛中教练员的活动区域有了明确的规定，确定活动范围，使裁判员能够更加方便地指导队员，可在比赛中及时发现队员的问题并进行语言提示加强指导。增设助理记录员，不但分担了记录员的工作压力，而且使裁判人员的分工更加明确，保证裁判人员的工作的合理性与严谨性。经主教练指定最多可有 5 名官员坐在球队席上，加强官员对竞赛活动的参与度，使官员对竞赛机制更加了解，促进排球运动的推广。对网柱进行包裹，可减小队员因救球而受伤的概率，是人本观念的体现。不得在场上打骂运动员，是思想道德文明规范的体现。因此本阶段的人性化观念加强。

本阶段对后排自由防守队员的规定更加完善，使接发球压力减小，弥补了一传和防守的不足，让防守得到改善；还使场上队员分工明确，突出技术的专位特点；便于根据队员自身特点制订战术，充分发挥队员的优势，以达到最佳效果。端线外无障碍区缩小对发球技术的要求进一步提高，发球允许蹭网加大了接发球的难度，同时对队员的灵活性、判断力的要求提高；使比赛的流畅性增强。在增强进攻的同时提高防守力度，体现规则的修改着力于实现攻守平衡，追求适当的回合流畅，增强比赛的观赏性，促进排球运动的发展。

在整场比赛中实行每球得分制和前 4 局 25 分制，可改善以往因发球权得分制而形成的"拉锯战"局面，减少运动员的体力消耗，便于战术组织，增强比赛的精彩性，给比赛增添悬念。比赛中实行五球制，减少了因来回传递球而产生的时间拖延，加快了比赛节奏。换人的时间变化为"1 分钟→30 秒→20 秒"，准备替换的队员在换人区拿好换人牌准备完毕，得到裁判员的允许后快速进行换人，使得换人时间基本维持在 10 秒左右，减少了每次换人时的时间拖延，有利于对整个比赛时间的控制。将整场比赛控制在一个相对稳定的时间内，能减少因时间过长而给媒体转播带来的不便，同时观众的观战情绪也会得到调动,加大排球运动的推广力度,提高排球运动的大众化、市场化程度。

国际排联、世界和正式比赛中,对于服装、护具及鞋子的要求更加严格统一,给人一种视觉上的美感;队员号码范围的扩大则可以让队员选择自己比较喜欢的或者是"幸运"号码,使得运动员可在愉悦的心情下进入比赛。队员服装统一可吸引品牌赞助,对其进行包装,利用明星效应,队员则是移动的"活广告",有利于开发市场,增强经济效益和社会效益。利用比赛宣传产品是厂家最有效、最直接的方法,能够做到商业、比赛两不误。

随着排球运动的发展和大众化,排球运动员竞技水平的提高使得比赛越来越激烈。比赛中的球速可达到 120 千米/时,球在比赛中落地后需要裁判员马上做出判决,比较模糊的球则给裁判员的裁判带来了难度。为了使排球比赛更加公平、公正、公开,且减小裁判员的压力,国际排联开始推广鹰眼裁判辅助系统,辅助裁判员做出判断。鹰眼裁判辅助系统的使用,可促使裁判员进一步提高对比赛的执裁能力;降低运动员因判决不力而产生的负面情绪,提高比赛的精彩性;帮助观众理解裁判员的判罚,提高观众对排球竞赛的满意度;保证比赛能够公平、公正、公开地进行;同时鹰眼裁判辅助系统的使用需要一定的财力,有助于给市场发展提供空间,促进排球运动的推广普及。

根据表 1-4 及以上分析内容,以时间为线索可得出推广普及阶段竞赛规则的主要演变内容及时间轨迹(图 1-4)。

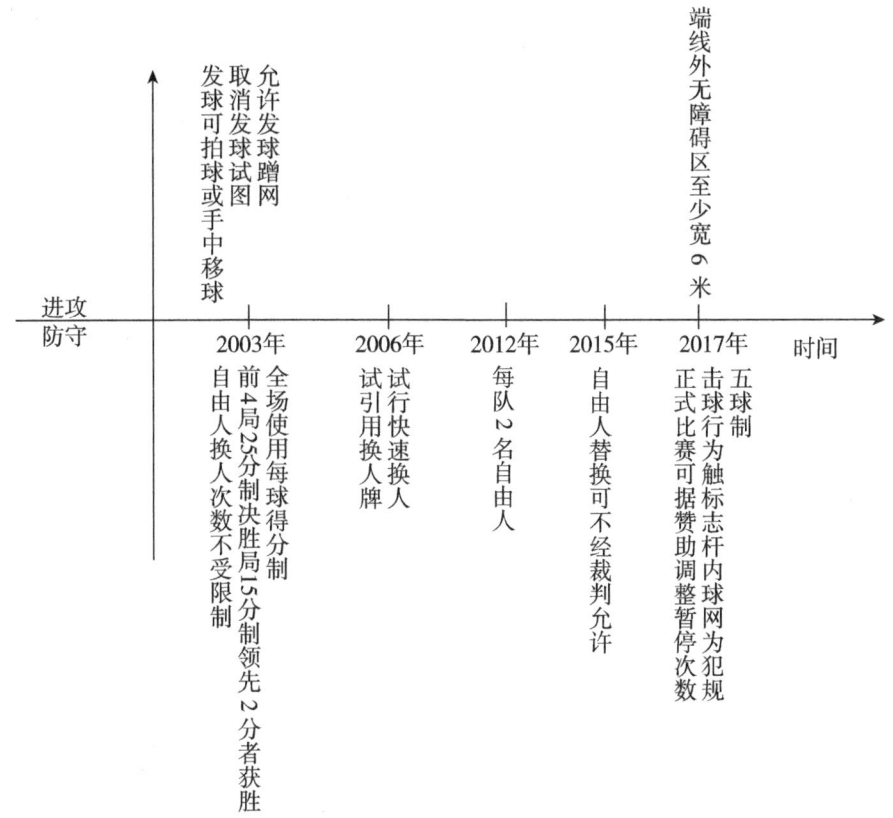

图 1-4 推广普及阶段竞赛规则主要的演变内容及时间轨迹

2020年以后,国际排联出版了《排球竞赛规则(2021—2024)》,对一些条款做了如表1-5所示的规定,在这些规定中,有的予以更加详细的说明,有的则做了更改。从总体上来说,这提高了观赏价值、比赛的人性化,且提高了自由人在比赛中的地位。从某种程度上来说,这体现了观赏性、人本性、可调控性及规范性的特征,对于技战术方面的规定没有更改。

表1-5 排球竞赛规则推广普及阶段演变特征(2021年至今)

年代	规则演变内容	意义	性质
2021年至今	① 国际排联、世界和正式比赛的热身区大小约为3米×3米,位于板凳边的两个角落,在自由区之外,不会妨碍观众的视线,或者在球队板凳后面,护栏距离球场2.5米以上	提高观赏价值	观赏性规范性
	② 国际排联、世界和正式比赛场地的最高温度应由国际排联比赛技术代表决定	提高比赛的人性化	人本性规范性
	③ 国际排联、世界和正式比赛的比赛区的照明应不低于2000勒克斯,在距离比赛区表面1米处测量		
	④ 自由防守队员可以担任队长和场上队长	提高自由人在比赛中的地位	人本性

2022年,规则改革日趋重视管控时间和提高观赏价值。例如,女排世俱杯和男排世俱杯中有3项新规则:一是对发球时长的规定,即设置15秒发球倒计时。从裁判给出得分手势到下一分发球完成的时间为15秒,其中包括7秒发球准备和8秒发球完成,只要超时就会判对手得分。以前的规则是8秒发球,即发球准备时间不能超过8秒。新旧规则最大的不同是计算发球开始时间的方法不同,新规则是裁判给出得分手势后开始计算时间,而旧规则是运动员拿到球后开始计算时间。二是调整替补席和教练席的位置。按照新规则,替补席和教练席都将设置在第一裁判员背后,旧规则中他们是背对摄像机镜头的,因此以往观众无法知晓替补球员和教练员的反应。如此设置新区域,主要是为了照顾电视观众的感受,通过屏幕,观众从替补球员和教练员的反应中进行揣摩和比较,让他们可以更为直观地体验赛场的变化,同时这也对替补球员和教练员的表情管理提出了高要求。三是减少各队暂停次数,恢复技术暂停。之前的技术暂停是每局8分和16分自动执行,新规则改成了1~4局中达到12分时有1次技术暂停,时间为60秒,且减少了每局各队主动暂停的次数,即从2次变为1次,时间还是保持在30秒(此段新规则尚属试行)。

综上所述,本阶段前期规则修改的一个重大突破是在比赛中采用每球得分制和25分制,增加了比赛的悬念;实行快速换人,减少了比赛中不必要的时间浪费;对后排自由防守队员规则的完善使防守力量增强,便于组织反攻;取消发球试图和允许发球擦网,增加了发球的攻击性;对发球技术的要求有所提高,追求攻守平衡及适当的回合流畅,增强了比赛的观赏性；鹰眼裁判辅助系统和电子记录等的使用，一方面增加了裁判执裁的客观性、比赛的公平性，另一方面推动了排球运动的大众化。本阶段后期更多考虑观赏性，提高管控力，最大一点变化是增加自由人的权利和作用，尚未打破惯有的攻守平衡，因此本阶段规则修改是围绕排球运动的推广普及进行的。

三、有关六人制排球比赛中"鹰眼"技术的研究现状

（一）在排球比赛中的引用及挑战主要内容

在球类比赛中，"鹰眼"最早在网球比赛中被广泛应用。在排球领域，"鹰眼"最早在波兰国内男排联赛中使用。在世界比赛中，"鹰眼"最早在2012年世界俱乐部排球锦标赛中应用，当时奥萨斯库队的教练路易斯莫尔提出"鹰眼"挑战，他成为国际排球比赛史上第一个使用鹰眼系统对裁判判罚进行挑战的人。随后国际排联在2013年世界女排大奖赛日本札幌总决赛中国女排对阵塞尔维亚女排比赛中应用了鹰眼系统。首次在奥运会排球比赛中应用鹰眼系统的是2016年的里约奥运会。在国内，2016—2017赛季的排球超级联赛中正式应用了鹰眼系统。2016年初，中国排协正式招标自主研发鹰眼系统，从而打破了该技术被国外垄断的局面。

在排球比赛中，常见的鹰眼挑战主要包括发球踏线、界内外、触网、后排进攻踏线、打手出界、过网击球、触标志杆等。刘媛婷在研究中提到，近几年的规则为每局比赛每支队伍设有2次鹰眼挑战的机会，若挑战成功，则继续保留这次挑战机会；若挑战失败，则会失去这次挑战机会；若挑战2次失败，则在本局比赛中失去继续鹰眼挑战的机会。

（二）鹰眼挑战系统使用意义的研究

覃平等在《排球竞赛中使用"鹰眼"技术的可行性分析》中提出，随着排球运动的迅速发展，运动员对自身技术的要求越来越精确，赛场上经常出现运动员与裁判员因判罚而发生争执的情况，影响比赛判定，在追求更高、更快、更强的比赛结果与追求公正、公平、公开的比赛条件的前提下，准确判定对比赛成绩至关重要，因此"鹰眼"技术被引入排球竞赛是一种必然。

杜宁在《高水平排球赛事引入鹰眼系统研究》中提到，鹰眼系统适应排球运动的发展，它可杜绝黑假现象，使排球比赛简单易懂，从而吸引更多观众，更好地体现排球运动的特点，使规则人性化，服务于运动员。拥有我国自主知识产权的排球鹰眼裁判辅助系统为中国排球联赛职业化改革提供了一项与国际先进技术接轨的硬件保障，其操作简单便捷、硬件成本低。对比赛中有争议的球可通过向执法裁判请求回放比赛画面的方式协助裁判做出正确判罚，确保判罚的公正、快速、准确，从而净化我国排球联赛竞赛环境，增强比赛的观赏性与关注度，对提高我国排球职业联赛水平起到积极作用，可以促进排球运动的健康发展[44]。另外，还有许多学者也持有上述观点，普遍认为该系统保证

了比赛的公平和公正，在一定程度上对裁判执哨水平提出了更高的要求。

（三）鹰眼挑战系统使用效果的研究

从鹰眼挑战系统的实际应用效果来看，研究者普遍认为减少了竞技排球比赛中错误判罚的出现，无论挑战成败，挑战方挑战后的第一个球的得分率明显高于失分率；鹰眼挑战不影响比赛的连贯性，反而增加了比赛的趣味性和观赏性，同时他们也提出中肯的建议：为了提高性能，制造回放更快、更准确、更清晰、更廉价的"鹰眼——即时回放系统"非常必要。另外，如果研发一套自动感应系统，放置在球场的端线与边线，当球体落地触碰端线或边线时，发出声音提示，就能够更好地帮助裁判员做出判罚；要对裁判员进行培训，熟练操作该系统并提高判罚效率；提高教练员自身的执教水平，在规则允许的情况下，合理运用"鹰眼——即时回放系统"。

岳富军从竞技排球比赛的市场需求、"鹰眼"技术的成熟性、"鹰眼"技术的战术性等方面分析得出，"鹰眼——即时回放系统"应用到竞技排球比赛中是毋庸置疑的，但在运用的过程中肯定也会存在一些问题，如租用费用高、对排球比赛的场地设施要求高、干扰比赛的顺利进行、影响运动员的技战术水平的发挥等。

钱来和邹玉玲从鹰眼挑战的用时等方面进行分析，指出竞赛规则不断变化、科技水平逐渐提高，鹰眼系统的回放速度和回放的显示清晰度稳步提升，在10秒（现在已提高到1/2秒以内）以内就可以显示出真实的结果，因此该系统的应用不仅没有延误比赛，反而在一定程度上加快了比赛的进行。

综上所述，自排球规则形成以后，很多排球界的专家、学者都提出了排球规则修改方面的问题，主要集中在规则的修改对排球运动产生的作用，指出规则修改的原因是排球技战术的发展和变化。规则的修改主要围绕两个方面：比赛中的攻守平衡问题和比赛时间的控制。比赛中攻守平衡的问题主要集中在技战术的修改方面；比赛时间的控制包括对技术的限制、对赛制的改革、对教练员与运动员行为规范的约束，以及比赛暂停次数与媒体转播之间的矛盾等。同时，排球竞赛中高科技元素的应用既保障了竞赛的公平与公正，又推动了体育科技的发展，让排球运动朝着健康、全面的方向发展。

下 篇
实践能力培养

第二章
实践能力培养

毕业论文是硕士研究生培养过程中的一个重要的实践环节,是培养他们综合运用所学知识和技能进行科学研究的渠道和手段,也是培养他们分析问题、解决问题等综合能力的重要途径。目前,教育部相关部门非常重视研究生毕业论文的撰写质量,采取抽查等方式提高高校研究生毕业论文的水平。

本部分内容供研究生读者参考、借鉴,以更好地提升他们的理论层次,提高他们的实践水平。

第一节 选题

选题是研究生撰写毕业论文的初始阶段,是重要的环节。一般来讲,选题不等于确定题目,而是确定研究的大方向和立题。选题的关键是要具有创新性,创新性表现在可以运用现有知识解决未曾解决的问题,可以发现新的研究内容、观点、趋向等,也可以发现新规律、新实事。

在选题阶段所确定的题目只是初步的,一般在论文完成后,需要重新根据具体内容确定题目。

以下是对研究生论文选题类别的梳理。

从大方向来看,选题类型可以分为定量和定性两类。从以往研究生论文类型和结构来看,一般分为4类,包括调查研究论文、文献研究论文、实验研究论文和经验总结论文。还可以分为调查研究、评价研究、开发研究、验证性研究4类。

近几年选题涉及的交叉学科或知识包括运动训练学、运动心理学、运动生理学、体育教育、体育史学、社会学、生物力学等。2020—2022年沈阳体育学院排球专项研究生毕业论文选题情况如表2-1所示。

表2-1 2020—2022年沈阳体育学院排球专项研究生毕业论文选题情况($n=60$)

选项	内容范畴(n)	占比(%)
体育史学	0	0

续表

选项	内容范畴（n）	占比（%）
社会学	0	0
运动生理学	1	1.67
运动生物力学	4	6.67
运动心理学	15	25.00
运动训练学	17	28.33
体育教学	16	26.67
其他	7	11.67

由表 2-1 统计可见，2020—2022 年沈阳体育学院排球专项研究生的毕业论文选题多集中在运动训练学、体育教学及运动心理学 3 个区域。

为了更加快速地确定毕业论文研究的方向，一般从以下 3 个层面综合考虑和进行。

一是从导师所擅长的指导领域入手来选择和确定研究方向。通常，如果导师有非常稳定的研究领域，多数研究生会结合导师的意见，从该领域入手进行研究。如果研究生导师为跨专业型，则要慎重考虑是否从导师的研究领域或指导领域撰写毕业论文，需要综合考虑再着手。

二是从排球专项前人学术成果中寻找"答案"。综合以往情况来看，排球专项研究生的写作领域主要包括训练计划的制订和检验、体育教学实验结果的比较、结合排球技术动作的生物力学分析或足底压力实验、排球运动员的心理表现研究等，还包括评价指标构建与检验、排球有关理论的探讨、排球运动某方面历史或发展的梳理等。

三是从个人感兴趣或擅长的领域入手来选择和确定研究方向。例如，如果研究生本人具有很好的运动专项技能水平，则可以运用生物力学知识来分析技术特点；再如，研究生在检索前人研究时，对某一领域内容有心得和想法，也可以此为突破口进行深入研究。另外，研究生也可以根据自己的能力，通过自主探究和独立设计的途径做好选题，应在立题、选题过程中从前人研究资料和成果中着手确定选题。

一、立题

立题是选题的一个重要环节，在确定大致研究方向后，研究生要尽可能多和全面地把前人的相关研究内容进行整理、分类和梳理。

梳理中要注意以下几点：一是立意要新颖，能够引起评审专家和读者的兴趣、注意；二是立意要有一定的专业深度，研究生论文不同于科普论文或学术文献刊物论文，必须具有一定的专业深度，且必须具有一定的逻辑性、科学性和严谨性；三是立意要符合学校的有关规定，如本人所学的专业是体育教学，则所撰写的毕业论文就要尽可能地贴近体育教学有关理论和实践内容；四是立题要有一定的可行性、可实现性，有些论文的选题很好，但是很难设计研究方案或计划，存在无法调研或研究范围过大等问题。

二、选题过程中对前人资料的查阅和分类整理

研究生在开展研究的各个环节中，学习、总结和借鉴前人的研究观点无疑是至关重要的。在选题过程中，必须把所查阅的有用资料下载、分类存储和标注，以便在后续撰写中随时借鉴。在选题过程中就要重视并学会如何利用好前人资料。

（一）前人资料的查阅

无论是从何种渠道收集和下载的研究资料，一般都分为期刊、硕士论文、博士论文、会议论文、新闻、消息等，这些资料的信息量、完整度有所不同。

在选题过程中查阅资料的做法如下：一是建议着重查看和整理近几年发表的学术期刊论文，尤其是要认真查阅核心期刊的学术论文，因为这些核心期刊论文有着明确的代表性、权威性、方向性、逻辑性及创新性，对论文的创意、构思及写作都有着非常重要的借鉴价值；二是注意查阅硕博论文的研究框架。研究题目与研究内容框架是相互呼应的，查阅硕博论文的目的在于，从其组织框架中找出或匹配出最贴近自己研究想法的结构，以便后续依此分类整理和查阅。硕博论文是导师和研究生经过多年时间钻研的成果，是集体智慧的结晶，具有较好的逻辑性和全面性，也具有很好的逻辑性和科学性及专业深度，因此最值得学习和借鉴，是撰写论文的捷径。

（二）前人资料的分类整理

在做好以上工作后，就可以按照自己的需要进行分类和存储。例如，如果要搜集运动心理学与排球运动相结合类的论文，则可以先建立两个基本的文件夹，即与排球有关的论文和期刊、与排球无关的论文和期刊，在这两个文件夹中再分别按照心理学量表的细化内容建立各自文件夹，如"与自尊有关""与幸福感有关"等。如果已经确定要研究哪几个心理学现象，则重点分类存储该内容即可。再如，也可以根据研究方法、统计方法、调研对象群体等情况进行分类。

在实际操作过程中，有时会面临自己原本要研究的内容研究不下去的情况，因此，需要重复以上各环节的操作。

撰写开题报告中的文献综述、论文中的文献综述时，以及后续论文写作分析、讨论中都要反复使用到整理得到的前人资料，因此，从开始就要做好分类和存放，以及做好不同阅读标记，这样做不仅有利于准确找到自己要借鉴的语句和例子，还有助于准确地在借鉴的语句观点后边做脚注，以降低查重率。

在开始收集资料时，要关注期刊（尤其是核心期刊）、本专业的硕博论文（尤其是前言和综述部分内容）和非本专业的期刊和硕博论文。

在开始撰写开题报告的时候，还要重点关注近几年的核心期刊论文，这些核心期刊

中的论文会呈现最新的研究动态和较为科学的研究思路与逻辑层次,因此,对论文写作的帮助最大。

(三) 选题中的误区

毕业论文的选题很重要,选题犹如列车行驶的方向和开往的目的地,因此必须具有明确的意向和创新。综合来看,选题的误区主要包括以下几个方面:一是选题过大而缺乏深度、阐述不清、没有具体的内容;二是选题过小而失去学术意义;三是选题缺乏可研究性,如设计方案或主要内容无法操作,或前后没有逻辑主线和逻辑性、层次性,或者以一名研究生的个人能力无法完成等;四是选题与研究生本人所学的专业领域和方向不符;五是选题与研究对象情况不符;六是选题的意义不大,没有明显的研究价值;七是没有新意,重复程度较高,即没有区别于同类研究的创新之处;八是缺乏关键性,在学科发展中没有重要的意义,没有体现出硕士研究生的知识储备量。

第二节 文献综述的撰写

学位论文文献综述是为了促使研究生开阔科学研究的视野,掌握本研究方向的学术前沿与现状,对某一领域、某一专业或某一方面的课题、问题或研究专题搜集大量相关资料,通过分析、阅读、整理、提炼当前课题、问题或研究专题的最新进展、学术见解或建议,做出综合性介绍和阐述的文字综述。

文献综述要较全面地反映与本课题直接相关的国内外主要研究成果、最新进展、研究动态、前沿问题等,特别是近年来的最新成果和发展趋势,也要指出该课题需要进一步解决的问题。通过文献综述对中外研究成果进行比较和评价,不仅可以进一步阐明本课题选题的意义,还可以为本课题组织材料、形成观点奠定基础。

"综"是要求对某一时期同一课题的所有主要研究成果进行综合概括。因此,要尽可能地把所有重要的研究成果搜集到手,并进行认真的加工、整理和分析,使各种流派的观点清楚明晰,更有逻辑层次,不要遗漏重要的流派和观点;"述"就是要求对综合整理后的文献进行比较专业、全面、深入、系统的评述。在对各种流派的观点做介绍时,要对被介绍的观点进行客观性的描述,要站在客观的立场上陈述各流派的重要观点。同时,文献综述不能仅局限于介绍研究成果、传递学术信息,还要对各种成果进行恰当而中肯的评价,并表明作者自己的观点和主张。文献综述的重点在于"述",要点在于"评"。

一、内容要求

学位论文文献综述一般应依次包括以下几部分:封面、题目、目录、正文(前言、主体、总结)、参考文献。

二、格式要求

(一) 封面

具体格式见校发"格式范例"。

(二) 题目

题目应简明扼要地概括和反映出文献综述的核心内容,不超过 30 字,一般不加副标题。

(三) 目录

目录每行由序号、标题名称和页码组成,具体格式见校发"格式范例"。

(四) 正文

正文是文献综述最主要的部分,一般包括以下几项内容。

1. 前言

前言是对全文要叙述问题的一个初步概括,主要说明写作的目的,介绍有关概念、定义及综述的范围,扼要地说明有关主题的研究现状或争论焦点。

常用句式如:……是……的重要研究内容,过去主要集中在……,(深度上)……,(广度上)……,(有争论的问题)……,鉴于……的工作将对今后……研究意义及……的现实应用意义,作者就……的关键问题进行了系统的分析和综述。

2. 主体

主体部分的写法多样,没有固定的格式。可按年代顺序综述,也可按不同的问题进行综述,还可按不同的观点进行比较综述。不管用哪种形式的综述,都要将所搜集到的文献资料归纳、整理及分析比较,阐明有关主题的历史背景、现状和发展方向,以及对这些问题的评述。主体部分应特别注意对代表性强、具有科学性和创造性的文献的引用和评述,发现已有成果的不足,说明作者研究的起点和可能得到的结论。撰写主体部分时要注意以下几点。

其一,文献综述不是对已有文献的重复、罗列和一般性介绍,而是对以往研究观点的综合提炼和分析评论,因此要注重对现有的成果进行分类介绍。例如,按时空分类(如本课题的研究历史与研究现状、国外研究现状与国内研究现状);按本课题所涉及的不同子课题分类(研究视角);按已有成果中的不同观点进行分类,等等。

其二,文献综述要文字简洁,要善于提炼作者的观点,从原始文献中得出一般性的结论,尽量避免大量引用和罗列原文。

其三，要主次分明，重点突出。结合论文选题，对已有研究成果既要进行概括，又要有重点的介绍。

常用句式如：了解……的成因及其影响因素对认识……有重要的意义，……的特征可用……来描述，其中常用的有……，由于……受……等多种因素的影响，所以研究者通过……来描述各因素对……的影响，影响……的因素很多，下面就……进行论述，……不仅取决于……，还受到……的制约，……与……有关，……是……的重要影响因素之一，……对……的影响主要表现在……，研究表明……，产生……的原因有……，等等。

3. 总结

将综述全文进行简明、扼要的总结，且对综述的主题提出自己的见解。

在总结部分要对正文部分的内容进行扼要的概括，最好能提出作者自己的见解，表明自己赞成什么、反对什么。要特别交代清楚的是，已解决了什么，还存在什么问题有待进一步去探讨、去解决，解决它有什么学术价值，从而突出和点明选题的依据和意义。

（五）参考文献

参考文献不仅表示对被引用文献作者的尊重及引用文献的依据，还为评审者审查提供查找线索。参考文献的编排应条目清楚、查找方便，内容准确无误。关于参考文献的著录格式见校发"格式范例"。

三、注意事项

在撰写文献综述时，应系统地查阅与自己的研究方向直接相关的国内外文献。搜集文献应尽量全面，尽量选择来自学术期刊或学术会议的资料。掌握全面、大量的文献资料是写好综述的前提。

文献综述的题目不宜过大、范围不宜过宽，否则不易于归纳整理。

评述（特别是批评前人不足时）要引用原作者的原文（防止对原作者论点的误解），不要贬低别人而抬高自己，不能根据二手材料判定原作者的"错误"。

文献综述要说清前人工作的不足，衬托出进一步研究的必要性和理论价值。

文献综述要条理清晰，文字通顺简练。采用的文献中的观点和内容应注明来源，模型、图表、数据应注明出处。

所有提到的参考文献都应和学位论文所研究的问题直接相关。

综述的原始素材应体现一个"新"字，即必须有最近、最新发表的文献。

第三节 开题报告的撰写和答辩

一、开题报告的撰写

开题报告是论文撰写前必须进行的重要环节。有的研究生不重视这个"准备和铺垫"的过程,开题报告只有寥寥几笔,不能深入和全面地表达自己研究的意向和将要进行的计划;还有的研究生不知道自己将如何深入进行研究,就站在讲台上接受专家的提问。这样的开题无益于后续的写作和研究。

撰写开题报告的重要技巧:用标点、下划线、加粗、分段等方法进行重点提示;用图表、流程图、关系图等来凝练展示主要内容、主要概念或展示细节、重点;采用段首为主题句的方式总结本段主旨;避免出现口语化表达;要简明扼要、条理清晰、层次分明、分段和分类地呈现。

开题报告内容(以沈阳体育学院为例)主要包括以下几个方面:封面;题目;选题依据;研究目的和意义;国内外研究现状;研究思路;研究对象与方法;研究内容框架;研究的重点、难点、创新点;预期结果;研究的可行性;研究进度计划;参考文献。

(一)封面(略)

(二)题目

题目必须清晰、明确、具体、毫无歧义地表达所要研究的问题。语言用词务必做到正确、准确、足够、简洁,多一字、少一字均不可。题目应突出研究内容、研究对象和研究方法,不超过30字。

(三)选题依据

选题依据部分描述研究问题的相关背景和来由、目前这个研究领域存在哪些问题、在准备研究的方向内有哪些需要解决的问题、为什么解决这个问题是有意义的。

(四)研究目的和意义

研究目的和意义部分是对研究目标和结果、研究问题的作用和价值的判断,研究意义可分为理论意义和现实意义。

(五)国内外研究现状

开题报告中"国内外有关情况"的内容与论文正文中"文献综述"部分基本是相同的,是已经撰写的文献综述的精简版,此部分一方面表明对问题的研究现状的把握,另一方面论证本课题研究的地位和价值，可作为选题依据，字数控制在 3000 字以内。这部分写得好，有助于后续研究的深入进行和论文的撰写，它直接影响论文的整体质量和水平。

分类陈述国内外情况的目的是把作者研究的内容放入前人相关研究的背景中进行对比和分析，找出自身的空白、欠缺及可进行的创新等，梳理出有关概况和研究现状，以及理论观点、研究方法等，从而为构建自身的研究计划找出理论、实践的基础和借鉴的依据。同时，据此才能判断此研究是重复研究还是发展性研究。这部分的字数有一定限制，因此，此处撰写的内容一定要呈现最相关、最重要的观点和理论。

撰写国内外研究现状部分时具体需要做好以下几点：一是对相关概念予以界定。概念界定可以包括先精挑细选地引用前人研究观点，作为自己的研究基础，同时还要给出本研究内容的概念。二是在分类总结前人研究成果的基础上进一步增加作者的观点，最好能够指出自身在哪些方面有所突破。这里的总结和观点能够反映作者对该领域研究现状的把握情况，也能够反映自身的研究对该领域的发展有多大的贡献，此时作者自己的评论是非常必要的。常见的错误是仅罗列前人题目、摘抄其观点和研究结果，从而降低了研究的水平。三是详细讨论要研究内容之间的相关性。四是说明前人的研究对自己的研究有何启示。五是说明自己研究的创新之处。六是注意收集和呈现相关联的、存在交集的研究项目和内容，因为这些研究也有许多值得借鉴的内容。七是用了哪些研究方法和手段。八是结合研究对象和调研对象情况进行梳理。

以下提供 4 份截取的相关参考案例，这些案例均来自沈阳体育学院硕士毕业论文。

❖参考案例1：

关于等速肌力发展的研究

在国外，等速运动的概念是在 20 世纪 60 年代后期由 Hislop 和 Perrine 提出的。70 年代初，美国 Cybex 公司制造出第一台等速肌力训练仪器，此后，世界上许多国家开始运用等速测试及康复系统进行应用和研究，该系统被认为是肌肉功能测试和训练技术的一种新手段。早些时候，等速测试主要应用于运动医学领域的研究，并对治疗损伤和康复工作起到了重要作用。

在国内，20 世纪 80 年代，我国开始引进等速测试系统，经过不断发展，等速测试仪器的性能进一步提高，应用范围进一步扩大。目前，等速测试已经涉及较多领域，训练学专家逐渐认识到等速技术对肌肉力量测量方面所起到的作用，并将该项技术应用到运动训练领域，在运动员肌肉功能评价以及在预防运动损伤中发挥了重要作用。这些观点主要为，一是等速仪器可提供等速向心、等速离心、等长和等张等不同收缩方式的肌力训练以及持续被动活动训练模式，使肌力训练模式多样化，提高训练效果，是一种较为理想的训练方法；二是在优势方面，等速肌力训练技术的优点有安全性、有效性和训练方式的多样性等；三是能够提供详尽的各项肌肉功能参数以及力矩曲线等指标的数据。

经过四十多年的应用和研究，已经证实，等速技术在肌肉功能测试和肌肉力量训练方面具有较多优点，但是也存在一些不足之处，比如现有的等速测试仪价格比较昂贵，测试操作比较复杂，且需配备较高素质的专业人员。因此，对等速技术还需进一步的研究、开发和应用，从而科学地促进运动员身体素质的全面发展和运动损伤的康复。

参考案例2：

体育生活方式量表开发与使用层次研究现状

在量表的开发使用方面，国内有关体育生活方式的量表主要是研究者的自编量表，钱振宇对265名大学生的有关测试结果进行了项目分析，筛选45个题项并抽出7个因素，通过专家验证和计算显示Cronbach's α系数为0.1857，其所属7个因素的Cronbach's α系数在0.1587~0.1823，研究编制的大学生生活方式量表具有良好的信度与效度。陶勇在大学生体育生活方式与身心健康关系的研究中采用问卷调查的方式进行调查，结果表明，良好的体育生活方式能够有效促进大学生身心健康。李郁涵编制的体育生活方式评价量表包含24个题项，采用李克特5级量表计分法，并对问卷进行信度和效度检验，内部一致性信度和重测信度分别为0.836、0.719，其得分越高，体育生活方式越好。其中，最为权威的是王力为编制的《体育科学常用量表》一书中的体育生活方式量表。

在国外，最开始使用的体育生活方式量表主要参考Walker于1987年编制的生活方式量表和Prentice于1990年编制的生活方式自评量表。

参考案例3：

六人制排球竞赛规则演变研究

1 六人制排球竞赛规则概念的界定

排球运动是由两支人数相等的球队，在被隔开的两个均等的场区内，根据规则，以身体任何部位将球从球网上击入对方场区，而不使球在本场区落地的、集体的、攻防对抗的体育项目。所以本研究将研究的主要内容是六人制排球竞赛规则演变阶段特征、六人制排球竞赛规则演变的内在和外在动力以及其对排球运动发展的影响。

2 国内外排球竞赛规则的研究现状与评述

排球运动始于1895年，1896年美国开始有了排球比赛，同年7月第一部规则在美国《体育》杂志上发表。直至1947年国际排联在巴黎正式成立，才正式出版通用国际排球竞赛规则，且国际排联的成立，也标志排球运动正式从游戏时代跨入竞技时代。

2.1 有关排球竞赛规则修改的研究现状评述

本人查阅资料发现，前人在排球方向的科研中对排球竞赛规则的研究较少。国际排联成立之后，竞赛规则开始由分散向统一方向发展，但是后不够完善和严谨，之后排球运动在发展过程中逐渐向科学统一、完善的方向发展。1985年，张敏先摘译自日本《排球月刊》国际排联副主席松平康隆发表的《今后排球规则修改需要遵循哪些原则》指出，今后规则修改一定要遵循三个准则：一是要使排球比赛更加壮观、生动、吸引观众；二是尽量减少靠裁判主观判定的情况；三是缩短比赛时间。国际排联规则委员会主席马启伟先生对规则的修改做了更加深入的研究，他在《排球规则的研究与修改》中阐述了三个方面的修改意见，包括规则的修改、文字的修订、条款的调整，还提到了使人感到厌烦的连续发球而不得分的现象，同时指出规则研究的主要方向是促进突破更快发生，使技战术出现新的发展，使比赛更精彩、更吸引观众，成为群众最喜爱的运动项目。晓理在访谈马启伟先生后写了《排球规则与规则的修改》，马启伟先生指出，排球规则的制定与修改是有着严密的组织程序与科学运作规定的，每一次规则的修改，从提出到实行都有一个时间过程，且规则的提出是严肃、慎重的。

综上所述，排球竞赛规则修改需要考虑在竞赛过程中出现的各种情况，应根据这些情况提出改革方案，在世界性比赛中进行试验，从而得出这些规则的修改与演变是否符合六人制排球运动健康发展规律的结论。排球竞赛规则的修改是经过科学严谨的试验而得到的，所以排球竞赛规则的修改是科学、慎重、严肃的。

（六）研究思路

研究思路可以框图或流程图的形式呈现，也可以文字表述的形式呈现，但一定要路线清晰，使人一目了然。

（七）研究对象与方法

研究对象是论文研究的主体。开题报告中体现的研究对象只是一个初步的"对象"，很有可能会随着研究的深入而修改和变动。通常我们把具体参与的人称为调查对象，而将面向调查对象进行的研究内容称为研究对象。以下为截取的沈阳体育学院硕士毕业论文参考案例。

❖参考案例：

《大学生联赛男排队员体育生活方式、心理韧性和主观幸福感的关系研究》中的研究对象为参加2019年全国大学生排球联赛男排队员体育生活方式、心理韧性和主观幸福感的关系。调查对象为参加2019年全国大学生排球联赛的男排队员。

研究方法是在研究中发现新现象、新事物，或提出新理论、新观点，揭示事物内在规律的工具和手段，是人们在从事科学研究过程中不断总结、提炼出来的，要根据论文研究的目的和内容进行有效选择。常用的研究方法包括文献资料法、数理统计法、测量法、实验法、专家访谈法、问卷调查法等。

(八) 研究内容框架

一个好的研究设计，既需要呈现研究计划本身，又要提出进一步着手进行研究的合理性。具体来说，既要告诉别人想怎么做，又要说明如何收集数据或资料、运用哪种方法来验证自己的假设。

在开题报告中，设计好论文研究的开展计划是最为关键的，它决定了全文的质量和逻辑性；如果要设计好这个"框架"，动笔前查阅足够的文献是非常必要的，只有全面清晰地掌握相关的研究对象，才能够清楚地知道自己论文的创新点，具有较为成熟的逻辑思维并厘清研究结构。

目前，现有的框架设计包括3类，即定量设计方法、质的设计方法及混合设计方法。采用定量设计方法时通过实验、量表、问卷等方法采集数据，最后通过统计分析方法来验证研究假设；质的设计方法是近些年广为使用的一种方法，采用此方法时需要通过观察法、访谈法来收集资料，有的通过与历史文献对比找出不同之处，关键是要从中找出一类或多类现象背后的本质问题；混合设计方法是同时采用前述两种方法，使用中往往会侧重其中一种。

在开题报告中，研究框架中最大的问题是没有详细描述所要进行的内容；没有写清或自身也不清楚要用什么样的研究方法来收集和处理资料、数据。一般要求以标题的形式纵向书写研究的主体内容，至少写出二级标题。

下面提供的2份沈阳体育学院硕士论文参考案例为初步的研究计划，后续研究中已经根据实际数据、调研情况和使用统计软件的不同有所改动。

✤ 参考案例1:

《大学生联赛男排队员体育生活方式、心理韧性和主观幸福感的关系研究》的内容框架

1 全国大学生排球联赛男排队员体育生活方式、心理韧性和主观幸福感的基本特征
  1.1 全国大学生排球联赛男排队员体育生活方式的基本特征
  1.2 全国大学生排球联赛男排队员心理韧性的基本特征
  1.3 全国大学生排球联赛男排队员主观幸福感的基本特征
2 全国大学生排球联赛男排队员体育生活方式、心理韧性、主观幸福感的关系分析
  2.1 大学生男排队员体育生活方式、心理韧性、主观幸福感的相关关系分析
    2.1.1 大学生男排队员体育生活方式与心理韧性相关分析
    2.1.2 大学生男排队员体育生活方式与主观幸福感相关分析
    2.1.3 大学生男排队员心理韧性与主观幸福感相关分析

2.2 心理韧性在体育生活方式和主观幸福感中的作用分析

  2.2.1 心理韧性在体育生活方式和主观幸福感中的回归分析

  2.2.2 体育生活方式、心理韧性、主观幸福感的路径分析

  2.2.3 心理韧性在体育生活方式和主观幸福感中的中介效应模型检验

  2.2.4 心理韧性在体育生活方式和主观幸福感中的中介作用（体育生活方式分组以后在心理韧性和主观幸福感中的表现）

3 讨论与分析

4 结论与建议

参考案例2：

排球竞赛规则演变的研究

1 前言

2 研究对象与方法

3 结果与分析

 3.1 排球规则存在的必要性以及规则与竞赛的关系

  3.1.1 排球竞赛规则存在的必要性

  3.1.2 排球竞赛规则与竞赛的关系

 3.2 六人制排球规则演变特征分析

  3.2.1 六人制排球规则演变阶段划分依据

  3.2.2 各阶段六人制排球规则演变特征分析

 3.3 六人制排球规则演变的动力研究

  3.3.1 六人制排球规则演变的内在动力研究

  3.3.2 六人制排球规则演变的外在动力研究

 3.4 六人制排球规则演变对室内排球运动的发展影响与趋势预测

  3.4.1 六人制排球规则演变对排球运动的发展影响

  3.4.2 六人制排球规则演变发展趋势预测

4 结论与建议

（九）研究的重点、难点、创新点

重点是论文研究内容中的重要或主要部分；难点是研究工作中不容易解决的问题，在列出难点的同时要提出解决办法；创新点是有别于前人研究成果的见解，包括理论创新、实践创新和方法创新等。

（十）预期结果

预期结果是对论文研究工作准备达到结果的预见，是根据经验事实和科学理论对所研究问题的规律或原因的一种推测性论断和假定性解释，即对研究问题给出的暂时答案。

（十一）研究的可行性

可行性包括开展课题研究的基础（如前期研究成果、资料准备）、可操作性（如研究对象的获取，所需实验条件、仪器，所需硬件、软件）等。

（十二）研究进度计划

按研究的期限，将研究工作分阶段细化，每个阶段都要有明确的时间及工作内容。

（十三）参考文献

与本课题研究相关的近5年主要的中、外参考文献，一般在20篇以上，应条目清楚，内容准确无误。关于参考文献的著录格式见"开题报告书写要求"。

二、开题报告书写要求

（一）文字、标点符号和数字

开题报告一律用汉字书写。汉字的使用应严遵守国家的有关规定，除特殊需要外，不得使用已废除的繁体字、异体字等不规范汉字。标点符号的用法以《标点符号用法》（GB/T 15834—2011）为准。数字的用法以《出版物上数字用法》（GB/T 15835—2011）为准。

（二）标题

内容标题要简短明确，同一层次的标题应尽可能对仗工整，即词（或词组）类型相同（或相近），意义相关，语气一致。

各层次标题一律用阿拉伯数字连续编号；不同层次的数字之间用小圆点"."相隔，末位数字后面不加点号，如"1""2.1""3.1.2"等；一级标题左侧顶格起排，二级、三级标题前空4个字符起排，编号与标题或文字间空1个字符。例如：

1 ×××× （一级标题）

1.1 ×××× （二级标题）

1.1.1 ×××× （三级标题）

（三）参考文献

参考文献以近5年的相关文献为主。文献的作者不超过3位时，全部列出；超过3位时，只列前3位，后面加"等"字；作者姓名之间用"，"分开。建议根据《信息与文献参考文献著录规则》（GB/T 7714—2015）的要求书写参考文献，并按正文引用的顺序将参考文献依次附于文末。引用文献应在论文中的引用处加注文献序号，并加注方括弧上标"［］"。几类主要参考文献［期刊、专著、论文集（汇编）、学位论文、析出文献、报纸文献、电子文献］的著录格式依次为：

1. 期刊

［序号］主要责任者．文献题名［文献类型标识］．刊名，年，卷（期）：引文页码．

［1］张春玉．我国××××体育教学问题研究［J］．北京体育大学学报，2013，35（1）：15-19.

［2］OU J P, SOONG T T, et al. Recent advance in research on applications of passive energy dissipation systems［J］. Earthquack Eng, 2009, 38（3）：358-361.

2. 专著、论文集（汇编）、学位论文

［序号］主要责任者．文献题名［文献类型标识］．出版地：出版者，出版年：引文页码．

［1］吴明海．中国少数民族教育史教程［M］．北京：中央民族大学出版社，2006：58-72.

［2］李淑媛，罗冬梅，周兴龙．高尔夫全挥杆技术的生物力学研究［C］．第九届全国体育科学大会论文摘要汇编．北京：中国体育科学学会，2011：10.

［3］王玉冰．上海市初中生动机水平、体育知识和体育活动之间关系的研究——从期望价值动机理论的角度［D］．上海：上海体育学院，2014：50-58.

3. 析出文献（在分析著录中用到，分析著录是指将文献中一部分材料分析出来，单独作为一个著录单位所进行的著录）

［序号］析出文献主要责任者．析出文献题名［文献类型标识］．原文献主要责任者（可选）．原文献题名［文献类型标识］．出版地：出版者，出版年：析出文献的页码．

［1］白书农．植物开花研究［M］//李承森．植物科学进展．北京：高等教育出版社，1998：146-163.

4. 报纸文献

［序号］主要责任者．文献题名[N]．报纸名，出版日期（版次）．

［1］刘小龙，曹彧．风清气正造就文明之师[N]．中国体育报，2015-03-12（1）．

5. 电子文献

［序号］主要责任者．电子文献题名［电子文献及载体类型标识］．（发表年-月-日）[下载年-月-日]．电子文献的出版或获得地址．

［1］全国人民代表大会常务委员会．中华人民共和国体育法［EB/OL］．（1995-08-

29）[1996-09-10]. http：//china. findlaw. cn/fagui/p_1/356366. html.

三、开题报告排版及印刷要求

（一）纸张要求及页面设置

纸张要求及页面设置如表 2-2 所示。

表 2-2 纸张要求及页面设置

项目	要求
纸张	A4（210 毫米×297 毫米），幅面白色
页面设置	页面上边距 2.5 厘米，下边距 2.5 厘米，左边距 2 厘米，右边距 2 厘米
页码	宋体小五号，居中

（二）论文封面（见校发"格式范例"）

（三）论文题目

题目字体为黑体三号、居中。

（四）正文

标题及段落文字要求如表 2-3 所示。

表 2-3 标题及段落文字要求

项目	示例	要求
一级标题	1 ×××	宋体小四号，加粗，左对齐，数序与汉字间空 1 个字符，段前、段后 0 行，上空 1 行，下行距固定值 22 磅
二级标题	2.1 ××××	宋体小四号，行前空 2 个字符，数序与汉字间空 1 个字符，段前、段后 0 行，行距固定值 22 磅
三级标题	2.1.1 ×××	宋体小四号，行前空 4 个字符，数序与汉字间空 1 个字符，段前、段后 0 行，行距固定值 22 磅
段落文字	××××××××××××	宋体小四号，段前空 4 个字符，段前、段后 0 行，行距固定值 22 磅

（五）参考文献

参考文献要求如表 2-4 所示。

表 2-4　参考文献要求

项目	要求
参考文献	宋体五号（数字用 Times New Roman 20 磅），行前空 4 个字符，段前、段后 0 行，行距固定值 20 磅

四、开题报告会中 PPT 的制作和答辩

（一）PPT 的内容和制作建议

开题报告中的自我陈述时间很短，一般在 10～20 分钟（各答辩组规定的时间有所不同），允许研究生使用 PPT 配合陈述。

开题报告中 PPT 的内容和呈现形式以清新、大方为好，PPT 模板可以比较使用。另外，一些软件中也有相关使用技巧，如小红书中的 PPT 制作技巧简单实用，具有借鉴价值。

模板要选择简单、大方、清新的，太华丽、点缀过多的模板不适合严谨、科学的学术答辩。尽量选择同一底色的模板或者通篇风格一致的模板，否则会给评委眼花缭乱的感觉；整体的配色不要过多，最好不要超过 3 种颜色，且最好是同一色系，如橘色系或蓝色系等。字体也要尽量统一，不同页之间的字体和字号不能差距过大，如果出现多种字体，应是为了"点"出不同内容的重要性，这样的情况不宜过多。PPT 上每页的文字量不能太多，且要分段列出，其实，PPT 上的文字只是对读者的一种提示和标识，因此，干练简洁地呈现是最好的，作者可据此加上自己的口头言语介绍，这样才会更好地反映出自己的水平和能力。PPT 中适当配以图和表是非常必要的，图表的呈现更加直观深刻。一般来说，图的效果好于表格，表格的效果好于文字叙述，忌讳满篇都是文字。每页 PPT 中的图片不宜过多、过小，且要选择清晰的图片，图片要与内容有机结合，如果图片只是点缀，则不能过于动态化、鲜艳化，避免抢夺中心内容的"地位"和"分量"。无论是文字还是图表，每页 PPT 都不要过满，四周要留有一定空白，这样才能够增加美观度。PPT 的页数不能过多，20 分钟左右的陈述时间，做 25 页以内即可；陈述时最好按顺序依次进行；PPT 中的主要内容包括题目、目录、主要内容、结论与建议、致谢。

以下提供沈阳体育学院硕士毕业论文开题报告 PPT 参考案例。

✢ 参考案例：

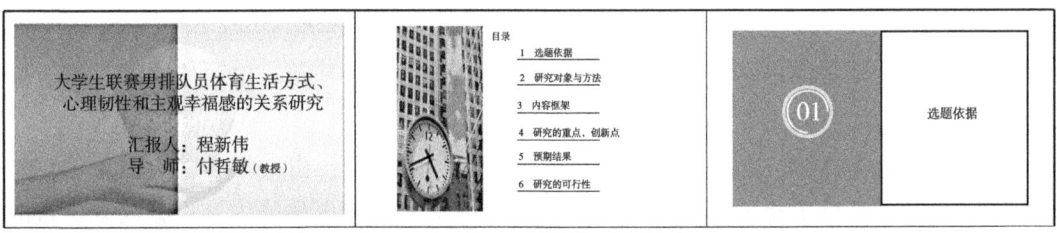

续表

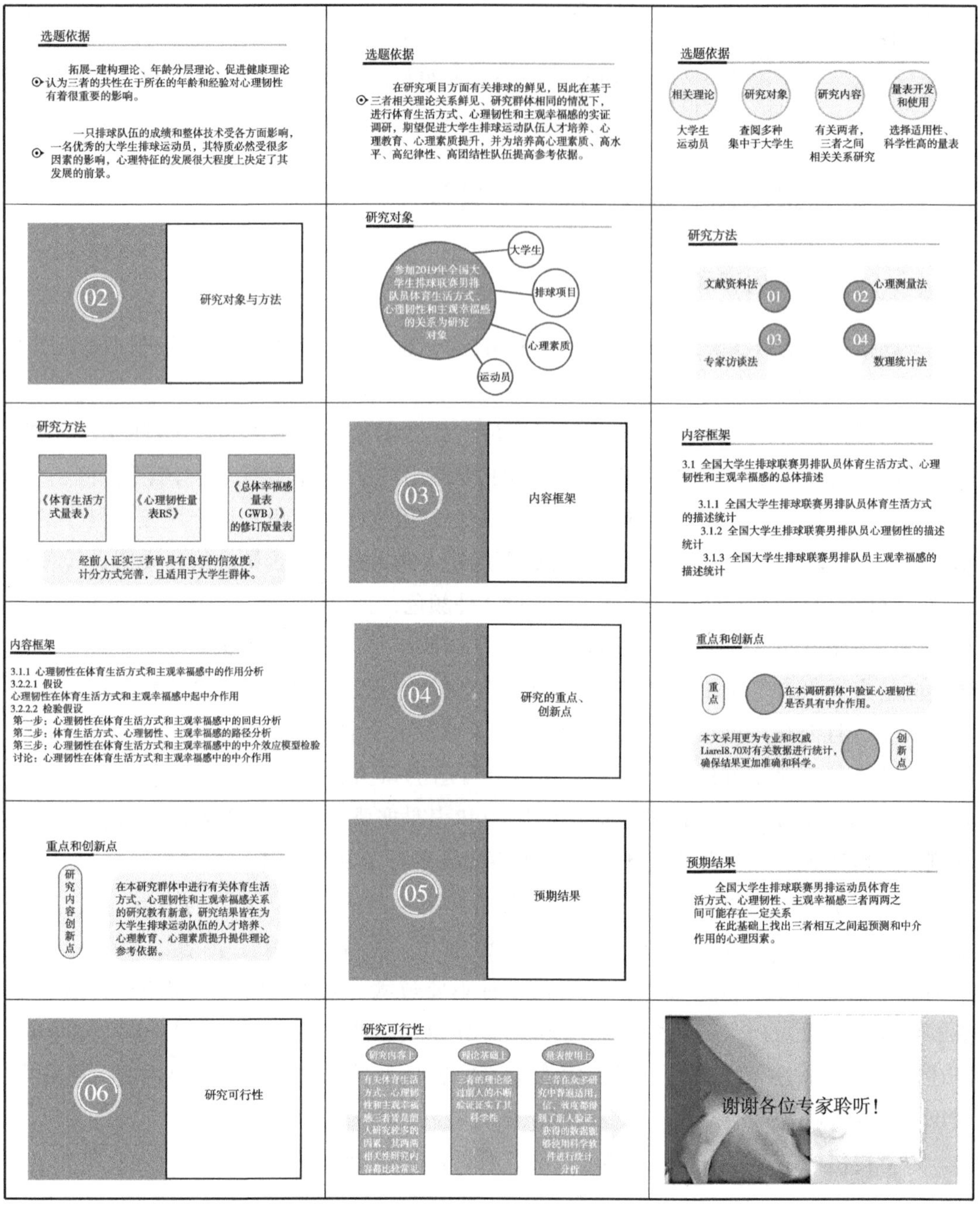

(二) 答辩技巧

开题报告会的答辩是研究生科研培养工作的第一个检验环节，也是论文撰写的重要阶段，起着承上启下的关键作用。

在某些体育类高校，根据学校的安排，开题报告的答辩会由二级学院自行组织，参加的专家主要由研究生相关导师组成。专家主要围绕开题报告中的内容进行问询，目的是帮助研究生细化、丰富和完善开题报告内容。

答辩时，研究生要带笔和纸上台，对专家的提问应适当记录，可由他人录音；答辩时，先要听清问题，不要急于回答，可略微思考，回答时语言要简洁明了，有层次性，一定要使用肯定句，说话不要模棱两可，忌讳使用"可能""大概""好像"类的词语；如果对专家的问题不是很清楚，则可以再次询问，但是如果专家已经指出存在的问题或矛盾，就要虚心接受，如有异议可以简要说明，会后再与专家沟通。

答辩中专家可能会提出的问题主要包括：用你自己最简洁的语言描述研究的意义或目的。如何面向调查对象发放和回收问卷？例如，有些心理学问卷需要比赛期间填写，你是如何保证问卷的有效性的？预期结果与研究内容是否匹配？文中使用的研究方法是否准确？你准备用什么统计学方法进行某一环节的统计和计算？你某一部分的研究内容后续要怎么做？研究的理论基础和实践基础各是什么？研究对象和调查对象是有区别的，你在研究中表述得是否正确？调查对象的人数大概是多少？调查对象的人数是否符合统计学要求？整体研究是否具有逻辑性、层次性？某一部分的测试指标是否全面和准确？测试方法或调查方法是否正确？如果数据没有呈现正态分布，则应该采用何种统计学方法？反之，又该采用哪种统计学方法？研究内容是否与你的专业相符？你对前人研究成果整理得是否全面和准确？前人观点和你的研究之间的联系是否紧密？是否对前人成果只有简单罗列，缺少自己评论的内容？你的研究的创新之处是什么？相关概念是否有界定？界定得是否准确并契合你的研究？报告中的某个词或某段话的意思是什么？

第四节　硕士学位论文的撰写

一、硕士学位论文的基本要求

学位论文是表明作者从事科学研究取得创造性的成果或有了新的见解，并以此为内容撰写而成，且用于申请相应学位，需要通过相关评审的学术论文。学位论文要求内容完整、立论正确、数据可靠、说理透彻、推理严谨、层次分明、文字简练。学位论文必须是系统完整的、有创造性的学术论文。学位论文的撰写应遵循学术道德规范，避免抄袭、剽窃等学术不端行为。同时还要求对所研究的课题有新见解或新成果，具有理论意义和实践价值，并能体现作者在本门学科上掌握了坚实的基础理论和系统的专业知识，具有从事科学研究工作或独立担负专门技术工作的能力。学位论文应在导师指导下，由硕士研究生本人独立完成。

二、硕士学位论文的基本结构

（一）前置部分

① 中文封面。

② 英文封面。
③ 学位论文独创性声明和版权使用授权书。
④ 目录。
⑤ 中文摘要。
⑥ 英文摘要。
⑦ 关键词。

(二) 主体部分

① 引言。
② 研究对象与方法。
③ 研究结果与分析。
④ 结论与建议。

(三) 结尾部分

① 参考文献。
② 致谢。
③ 作者简介及在读期间发表的学术论文及科研成果。
④ 附录（根据需要）。

三、语言种类

非经学位办公室批准，除古汉语研究中涉及的古文字和参考文献中引用的外文文献，以及外国语言文学的论文之外，学位论文均应采用国家正式公布实施的简化汉字撰写。计量单位符号的书写一律采用国际通用符号。

四、字数要求

硕士学位论文字数不少于2.5万字。

五、硕士学位论文书写规范

(一) 前置部分

1. 中文封面

中文封面包括分类号、密级、作者学号、校名、论文题目、作者姓名、导师姓名、申请学位种类、专业（领域）名称、研究方向等。下面主要对分类号、密级、论文题目、申请学位种类、专业（领域）名称、研究方向进行介绍。

分类号：按中国图书分类法，根据学位论文的研究内容确定。

密级：仅限于涉密学位论文（论文课题来源于国防军工项目）填写，密级应根据涉密学位论文确定，分绝密、机密和秘密三级，并注明保密期限。非涉密学位论文不得填写密级。

论文题目：标题是一篇论文的高度凝练，从规范角度讲，题目的拟定应遵循准确、简洁和清楚的原则，需要作者准确反映论文的主要内容，能够以最少的字数概括尽可能多的内容，力求达到"多一个字冗余，少一个字不足"的水平。另外，标题能够清晰地反映论文的特色和具体内容，一般不能超过 28 个汉字；如果有副标题，则在主副标题之间用破折号连接。题目常见的误区包括：与内文不符，没有恰当、贴切、全面地概括全文，如缺少对调研对象的准确限定等；题目过大，与内容不匹配等。

申请学位种类：按照本专业（领域）培养方案中规定的授予学位名称进行填写，不得自行更改。

专业（领域）名称、研究方向：按照培养方案中的标准名称进行填写。

2. 英文封面

英文封面见校发"格式范例"。

3. 学位论文独创性声明和版权使用授权书

学位论文独创性声明和版权使用授权书，可直接从校发"格式范例"中复制，提交时作者和导师要亲笔签名。

4. 目录

目录是论文中内容标题的集合，仅列出三级以上标题即可。目录包括中文摘要、英文摘要、引言、论文内容的序号和名称、参考文献、附录、致谢等。

5. 中文摘要

内容摘要在 500~1000 字，应简要说明论文的研究目的、方法、结果和结论，要突出论文的创新之处，具有独立性。摘要是篇独立成章的短文，要求文字简明扼要，提取重要内容，不加评论和注释，不使用特殊字符，不列举例证，不使用图表、公式，也不引用文献。

中文摘要一般分为 4 个段落，具体内容要求参考如下。

第一段落：简要表述选题的背景、目的、意义。目的应指出研究的范围、目的、重要性、任务和前提条件，不是对主题的简单重复。

第二段落：简要表述以谁为对象，采用了哪些方法，对哪些问题进行了研究，获得了哪些研究结果材料。

第三段落：简要表述通过科学的研究方法对研究对象进行的研究，具体得出了哪些研究结果。

第四段落：简要表述本研究的重要结论及相应建议。

以下提供3份沈阳体育学院硕士毕业论文摘要的参考案例。

参考案例1：

六人制排球竞赛规则演变研究

排球运动于1895年在美国由基督教青年会体育干事威廉·摩根发明，一百多年来由体育游戏发展成为竞技体育项目。排球竞赛规则是排球运动的法律性文件，是参赛队员在竞赛过程中的行为准则。在排球运动发展过程中，当规则条文不适应排球运动的发展时，规则条文就会根据排球运动的发展变化特征进行改变。规则的不断修改给排球运动的发展带来了新的生机和活力，推动了排球运动的发展。排球运动发展的同时促进了竞赛规则的修改和完善，使得竞赛规则更加适应排球运动的发展。竞赛规则与排球运动之间相互依存、相互制约，也相互促进。

本研究主要采用了文献资料法、专家访谈法、问卷调查法、个案分析法及逻辑分析法等研究方法。通过对1947年至今的排球竞赛规则的演变进行研究，将演变内容划分为原始发展阶段、规范发展阶段、深化改革阶段和推广普及阶段，通过对各个阶段规则修改的内容进行整理、归纳分析，得出排球规则演变的阶段特征。

①排球竞赛规则原始发展阶段使世界范围内排球运动有一个统一的裁判尺度，使竞赛趋于规范、更加完善；规范发展阶段的排球竞赛规则在统一完善的基础上，开始向规范规则演变的方向发展，使规则演变朝着科学化、严谨化、正规化方向发展；深化改革阶段为顺应潮流改革赛制、修改规则，将排球运动推向市场、占领市场，走职业化道路；推广普及阶段是围绕排球运动的推广进行的。

②六人制排球规则演变动力：当今排球比赛中攻守平衡的需要；排球比赛时间控制的需要；排球运动的商业化与市场化需求；裁判员执法过程中判断准确的需求与比赛公平、公正的需要。

③排球竞赛规则演变对室内排球的发展影响：排球竞赛规则的演变推动排球运动技战术的创新；排球竞赛规则演变制约排球技战术的发展，以维持攻守平衡的相对稳定性；排球竞赛规则演变对排球运动具有导向作用。

④六人制排球竞赛规则演变发展的趋势：在排球竞赛中增设高科技设备，辅助裁判员执法，增加比赛公平竞争性与观赏性，促进排球运动的推广普及；为增加比赛净时间、增强比赛的观赏性，提升职业男子排球比赛的网高；减少排球比赛的人为中断，提高比赛时间的可控性。

❖参考案例2：

沈阳体育学院运动专修女排队员下肢三关节肌群肌力特点与主要专项身体素质的关系研究

在体育专业的"单招"制度下，许多获得一定运动等级的运动员选择在高校就读。在体育专业类高校中学习的运动训练专业学生，是体育人才培养工作中不容忽视的群体，他们在大众和竞技体育事业发展中起着重要的作用。因此，本研究以沈阳体育学院运动专修女排队员为测试对象，在广泛分析和归纳文献资料的基础上，主要采用测试法、数理统计法对该群体下肢三关节肌群肌力特点、身体素质情况进行探讨，并进一步总结二者的关系。本研究旨在为学校教练员的训练工作提供理论参考和实践依据。

研究结果：

①运动员下肢关节屈伸肌群峰值力矩和相对峰值力矩均随着测试角速度的增加呈现减小的趋势；总功随着测试角速度的增加呈现先增加后减少的趋势；平均功率随着测试角速度的增加而增加。

②运动员膝关节左右屈肌群肌力差异达到11%；髋、膝关节屈伸比值较正常值偏低。

③在运动员五种身体素质测试结果中，半米字移动是相对独立的，而其他四项相互之间都有一定关系。

④运动员髋关节屈伸肌群肌力特点分别与半米字移动、助跑摸高和立定三级跳有相关性；膝关节屈伸肌群肌力特点分别与助跑摸高、立定跳远和立定三级跳有相关性；踝关节屈伸肌群肌力特点与各项身体素质指标均有相关性。

研究结论：

①运动员下肢关节肌群慢速肌力好于快速，伸肌群好于屈肌群，髋、踝关节异侧同名肌群肌力差异不大，说明此二关节肌肉群发展协调。

②运动员下肢髋、膝关节力矩屈伸比值较低，膝关节左右屈肌群肌力差异较高，具有理论关节损伤的风险，因此，有必要加强弱侧关节肌群力量。

③在五项身体素质测试中，半米字移动的技术性更全面，技巧性更高。其他四项的成绩相互影响，对于快速力量要求更高。

④在进行专项弹跳类素质训练时，必须注重膝、踝关节肌群力量的协同发展；在进行专项移动类素质训练时，必须注重髋、踝关节肌群力量的协同发展。

建议：

①在发展下肢力量时，要注意各关节屈伸肌群和双侧同名肌群的合理训练比例；建议定期对运动员下肢左右关节肌群力量进行监测，如有差异，有必要加强弱侧力量训练，避免出现损伤。

②在身体素质训练中，建议单独安排半米字移动训练，而其他专项训练可穿插进行，

有助于排球专项力量的协调发展。

③ 在提高专项弹跳类素质时，建议重视膝、踝关节肌群力量的训练，而在提高专项移动类素质时，建议重视髋、踝关节肌群力量的发展。

④ 任何一项技术动作都是各关节协调运动的结果，因此，在训练中，必须注意与之相邻关节的协同关系，避免形成训练盲区。

⑤ 建议提高该群体运动员下肢弱侧膝关节肌群力量，防止出现损伤。

关键词：肌力特点；身体素质；下肢关节；关系；女排队员

参考案例3：

大学生男排队员群体凝聚力与赛前情绪及其各维度的关系：训练比赛满意感的中介效应

训练比赛满意感是运动员在训练和比赛中对其内外因素综合评价的一种情绪、情感反应，近年来得到学者和教练员的广泛关注。运动员的群体凝聚力、训练比赛满意感以及赛前情绪之间的内在联系也是不容忽视的议题。本研究基于社会交换理论和拓展建构理论，以参加全国大学生排球联赛的503名男子运动员为调查对象，探讨这些运动员的群体凝聚力、训练比赛满意感以及赛前情绪之间的关系，在此基础上，分析训练比赛满意感在群体凝聚力与赛前情绪及其各维度上的中介效应。本研究的目的在于为排球队伍建设以及运动员情绪调控提供理论和实践参考。

本研究主要采用文献资料法、量表测量法、数理统计法以及访谈法进行测量和统计，使用SPSS软件以及Process插件对大学生男排队员的群体凝聚力、训练比赛满意感、赛前情绪进行总体描述、分类对比、相关和回归分析，并使用Amos软件建立训练比赛满意感与群体凝聚力和赛前情绪之间关系的结构模型。

研究结论：

① 大学生男排队员表现出高自信、高焦虑、低训练比赛满意感，同时具有社交凝聚力水平高于任务凝聚力水平的特征。

② 群体凝聚力能够正向预测训练比赛满意感、赛前情绪和自信，负向预测个人失败焦虑、社会期待焦虑、躯体焦虑；训练比赛满意感能够正向预测赛前情绪和自信，负向预测个人失败焦虑、社会期待焦虑、躯体焦虑。

③ 训练比赛满意感在群体凝聚力与赛前情绪及其各维度上存在中介效应，群体凝聚力对赛前情绪的4个维度（自信、个人失败焦虑、社会期待焦虑、躯体焦虑）有着不同程度的中介效应，相比之下，个人失败焦虑和社会期待焦虑效应更明显。

④ 群体凝聚力通过2条路径影响赛前情绪：直接效应和训练比赛满意感的中介效应。

研究建议：

① 鉴于本研究群体在群体凝聚力、训练比赛满意感以及焦虑方面表现不佳，建议教

练员通过制定队伍共同目标、开展素质拓展、增加训练的趣味性、升级硬件设施等方法来提高队伍成员的心理健康水平。

② 从中介效应图和作用路径来看，建议有关教练员注重提升大学生运动员的群体凝聚力和训练比赛满意感水平，因为它们可以直接或间接调控负面情绪。

③ 改善赛前情绪方面，群体凝聚力影响赛前焦虑的作用大于自信，对于需要短时间内缓解赛前焦虑的情况，优先增强群体凝聚力的干预是行之有效的方式。

关键词：群体凝聚力；训练比赛满意感；赛前情绪；中介效应；大学生男排队员

6. 英文摘要

为了国际交流，应有英文摘要。英文摘要的写作方法要依据公认的写作规范。作者所做工作用过去时，结论用现在时。多使用主动语态。

7. 关键词

关键词分为中文关键词和与之对应的英文关键词。关键词应体现论文特色，在论文中有明确的出处。选择关键词既可以从论文的各级标题入手，也可以从论文本身的内容选取，并应尽量采用《汉语主题词表》或各专业主题词表提供的规范词。应采用行业通用和专业的词语，并凸显论文的主题内容，而不是简单地从题名中截取几个词作为关键词。所选取的关键词要尽量把论文特色及研究领域、范围、方法、对象和理论等信息概括进来。关键词中的"词"应该是不可分开的主体，不能随意选择自由词，如"传固定球"等，选择这样的词会降低论文的准确度并影响主题内容的表达；关键词的取词与题目间是否有必要高度重合，是选取关键词必须注意的问题之一，此时要考虑高度重合后是否影响读者对论文的理解。关键词的排序应按照重要程度来安排，最好把重要的放在前面。关键词一般为3~5个，之间用"；"分开。

（二）主体部分

主体部分包括引言、研究对象与方法、研究结果与分析、结论与建议。主体部分应从另页开始，每部分自一级标题开始另起页。

1. 引言

引言包括论文的研究目的、流程和方法等。论文研究领域的历史回顾、文献回溯、理论分析等内容，应独立成章，用足够的文字叙述。引言格式见校发"格式范例"。

引言内容要求如下。

引言要描述该研究的背景、研究问题、研究目的和价值、理论依据、要解决的主要及次要问题，确定关键的独立或相关变量，或者明确说明想要研究的现象，阐述假说或理论，并可给关键概念下定义。

引言中还应包括文献综述的内容。具体来说，学位论文文献综述是为了研究专题而搜集大量相关资料，通过阅读、分析、整理，提炼该专题的最新进展、学术见解或建议，做出综合性介绍和评述的文字综述。

选题依据要言之有物、阐明自己的犀利观点，并尽可能地提出独到的见解。可以从研究涉及的大背景来引出研究主题，最后逐步缩小意义和范围，注意要"扣"到自己研究的内容上。选题依据不能与摘要雷同。选题依据的出发点可以为国内有关大环境情况、资深研究重点内容的重要性、国内外有关研究内容的关注度和重要性、涉及有关内容的统计学方法的先进性、理论研究的前沿性等。最后要结合自身研究简要指出进行深入研究的意义与价值。此处常出现的问题有研究问题不清或过大、现实背景和研究价值与自身研究的联系不够紧密等。另外，语义递进逻辑层次不明，如直接进入论文有关的细节内容，会显得突兀。再如，没有很好地交代前人或国内有关大背景来说明自身研究的重要性等。

以下提供截取的3份沈阳体育学院硕士毕业论文参考案例。

✤参考案例1：

大学生男排队员群体凝聚力与赛前情绪及其各维度的关系：训练比赛满意感的中介效应

为充分发挥高水平运动队在强化学校体育改革发展的"龙头"作用，努力促进学生身心健康、全面发展，教育部印发的《教育部关于进一步加强普通高校高水平运动队建设的实施意见》中明确指出，高校要把高水平运动队项目纳入体育课程体系，列入教学内容，改革创新体育课教学形式。普通高校建设高水平运动队为我国奥运争光计划和竞技体育可持续发展作出了贡献。大学生排球运动员的培养工作是我国后备人才建设的重要组成部分。高校的排球发展取得举世瞩目的成绩，这对我国排球高水平人才的储备和全国排球运动项目的推广都有着极大的促进作用。我国高校已经具备了较成熟的体育人才培养机制，排球教练员在技术、战术和体能的训练上风格迥异、成绩不同。其中，教练员所做的心理疏导工作对运动员情绪的调控，乃至对比赛成绩的影响也有着较为重要的作用。目前，通过查阅一系列资料发现，前人对运动员群体凝聚力、赛前情绪及训练比赛满意感的相关研究有所建树，然而对于该群体的群体凝聚力、赛前情绪及训练比赛满意感三者之间的关系有待证实和丰富。因此，本研究以全国大学生排球运动员的前述三者的表现和关系为研究对象，在分析其基本情况的基础上，深入探讨群体凝聚力、赛前情绪及训练比赛满意感的相互联系以及训练比赛满意感在前两者之间所存在的中介效应，为中国大学生排球运动员的心理素质培养提供理论依据和科学指导。

※ 参考案例2:

六人制排球竞赛规则演变研究

竞赛规则是排球运动项目发展的规范，是根据排球运动项目的发展规律而制定的原则性的规定。它对参赛者的条件提出了要求，对其行为起着很重要的制约作用，同时也对排球运动项目的发展起着促进作用。为促进排球运动的发展，需要对竞赛规则做进一步的研究。

排球运动1895年诞生于美国，作为一种娱乐游戏被人们所接受，最初的比赛中没有成文的规定，具体规则由赛前的双方临时商定。在此期间，其通过传教士的传教活动和战争的方式相继传入世界各地。直至1947年国际排联正式成立，才参照美国的排球规则正式出版通用国际排球竞赛规则，从而使排球竞赛开始走向正规道路。一直以来，排球竞赛规则为了适应排球运动的发展在不断地改革和完善，使排球运动向科学化、正规化方向发展。

排球运动自排球竞赛规则颁布以来，从娱乐游戏阶段逐步过渡到竞技排球阶段，并出现了众多的大型排球比赛，在这些大型排球竞赛和国际往来的促进下，排球技战术得到快速发展。竞技比赛的开展使得排球技战术不断提高，从而促使排球竞赛规则不断完善。排球运动的发展离不开规则的修改与技战术打法的进化，使得排球运动更具有观赏性，越来越能得到观众的喜爱。排球运动离人们的生活越来越近，人们才能更加了解排球、爱上排球，从而促进排球运动的发展。

排球运动的发展离不开观众和社会这一大环境，所以排球竞赛的观赏性就起到了重大的作用。只有了解排球规则的发展演变，才能更加了解排球的发展方向，促进排球运动的发展。纵观历史，排球竞赛规则的发展是排球运动发展的不竭动力，保证了排球竞赛中裁判对于犯规依据有统一的标准，制约排球发展过程中一些不利于排球发展因素的出现；且规则对参赛人员行为的约束以及犯规的判罚发挥了教育职能，从而保证了排球竞赛的公平性。

排球运动与规则的发展是相互的，一方面，排球运动的发展与规则之间的关系是相互制约的；另一方面，排球运动的发展与规则又是相互依存、相互促进的。所以说，要想了解排球运动未来的发展方向与趋势是与研究排球竞赛规则的演变分不开的。排球运动的发展并不是一成不变的，现有的竞赛规则只是这一时期相对统一、相对稳定的规范。从长远的方面看，了解排球竞赛规则演变对了解排球运动的发展是非常必要的。

本研究选择1947年至今竞赛规则的原因为：一方面，1947年国际排联成立使排球运动从游戏阶段进入了竞技阶段；另一方面，1947年以前的史料年代过早，寻找难度大导致史料不充足，为了使本研究更严谨，选择从1947年开始。所以本研究将对1947—2020年七十余年间的排球竞赛规则进行深度梳理，在前人研究的基础上进行进一步的分析、研究，从而找出规则演变特征以及规则演变与排球运动发展的相互关系，并根据演变阶段特征预测排球竞赛规则的发展趋势，促进我国排球运动向着科学、健康的方向发展。

✥ **参考案例3：**

沈阳体育学院运动专修女排队员下肢三关节肌群肌力特点与主要专项身体素质的关系研究

2016年，中国女排在里约奥运会上大放异彩，女排精神得以继续传承和发扬。随着我国体育事业的飞速发展，高校排球发展也越发规范、科学和专业，同时，大学生排球赛事增多，队员的综合运动能力得到重视。许多球队为了追求更好的比赛成绩，除了加强心理因素以及技战术的调整和训练外，更多地关注如何提高专项身体素质水平。

身体素质是指正确完成运动技术的能力，如速度、反应、爆发力、灵敏性、协调性和平衡能力等，需要根据运动项目特点和要求采用专门的手段方法练习和发展，是衡量运动员训练水平和运动能力的标准之一。同时，力量、速度、耐力、柔韧和灵敏等身体素质在人体活动和运动中并存和发展，它们之间是相互影响、相互促进与相互制约的关系。

在中国期刊网上，在主题或关键词等栏中输入"高校""高水平""排球运动员""身体素质"，并查阅图书资料，仅查到1篇有关高校排球运动员身体素质的文章，即欧阳静仁和顾伟农在2008年第8期《体育学刊》上发表的《广东省普通高校排球运动员体能现状及改善对策》，这篇文章提到，身体素质指标有力量素质、速度素质、柔韧素质、弹跳素质。在所查阅的资料中还发现，以优秀排球运动员身体素质为研究对象的文章较多，因此，本研究以沈阳体育学院运动专修排球运动员身体素质和力量特点为切入点进行探讨。

等速肌力测试与训练技术被认为是目前较为先进的肌肉功能评定技术，是一种全关节范围的连续动态测试，在肌肉功能评定方面具有较强的针对性，能客观、量化地反映关节活动范围内的肌力情况。因此，将等速肌力和专项身体素质这二者结合进行研究，其目的一是了解和掌握沈阳体育学院专修女排运动员身体素质的整体和个体情况；二是运用等速肌力测试，分析肌肉功能参数，评定这些运动员下肢的肌肉功能；三是找出运动员下肢关节等速肌力特点与其主要专项身体素质的关系。本研究旨在丰富现有的排球专项训练理论，为沈阳体育学院专修女排的身体素质训练提供参考依据，同时，也为排球训练工作提供借鉴。

2. 研究对象与方法

（1）研究对象

研究对象指被研究的个人、群体或组织，或者研究所指的其他社会单位，一般包括社会中具体的个人、家庭、社区、各类专门人群及各类组织等，也可是针对一种范式或者模型的研究。例如，在教育研究中，研究对象可以是人，如学生、教师、家长等，也可以是学校、教研组、学科组等各类教育教学组织，还可以是一种教学方法在实际教学中的运用情况,或者教学模型等。

(2) 研究方法

研究方法指在研究中需要用到的工具和手段,一般包括文献资料法、观察法、思辨法、行为研究法、历史研究法、概念分析法、比较研究法等。要求选择合适的、有效的、科学的研究方法进行研究。

研究方法不等同于操作方法。在体育专业的硕士毕业论文中常用的研究方法包括数理统计法、文献资料法、实验法、测量法、心理测量法、逻辑分析法、专家访谈法、历史研究法、比较分析法、个案研究法、观察法等。以下选取几个较为常用的方法做具体介绍。

在质性研究、量性研究或混合性研究中都涉及数据或资料的收集与处理问题。以量性研究为例,在论文的研究方法中要着重介绍数理统计法、实验法或测量法,如研究群体、研究样本的基本情况及处理方法;以及问卷或量表的信度和效度如何,后期发放与回收的方法,数据的计分方法等。

实验法:在撰写训练手段、动作技术分析、教学效果监测、心理学等内容时,都可以使用实验法来收集数据。在撰写实验类论文时,要有正确的实验设计、恰当的数据资料统计分析方法,以及必须对结果进行准确阐述。一般要交代清楚实验目的、实验对象的取样和分组、所用到的仪器、实验方法、实验步骤、每个步骤的时间和量、条件的控制,这些都是必须详细描述的重要环节,应予以重视,并要认真书写。实验数据包括计量资料和计数资料两种,前者一般采用平均数和标准差来呈现结果,如年龄、体重等,后者则属于程度、次序或等级的分组结果,通常可以通过一定的转化或数字编码转化为计量资料。在实验中,有些数据会因特大或特小而影响最后的统计结果,出现误差,这种离群数据出现后,通常要重新核对原始数据、技术。如果没有错误,就要从统计方法角度考量数据的准确性;如果无法找到原因,经慎重考虑后可以删除这个离散值(数据处理的有关做法参照"数理统计法")。

数理统计法:对数据及资料进行收集、处理与分析。一是数据的收集。收集数据是研究工作的基础,只有将统计结果转换为数据,才能进行统计和分析。数据分为计量数据和计数数据,前者主要指某个变量的定量观察结果,一般有计量单位,如身高、体重等,可以用平均数和标准差来表示;后者又称为有序资料,分为不同等级和不同程度。基于研究的需要,经常会将所得到的资料根据界定的测量值,将分类数据转化为计数数据;对定性资料进行类别赋分,转化为计量资料。二是数据的处理。通常来讲,我们会量化数据。三是数据的分析。在数据收集后,经常会出现离群数据,这种数据的表现一般为偏离数据主体分部,超出数据通常变化的范围的特大或特小的观察值范围,如果用这样的数据进行统计,其结果就会产生巨大的误差,因此要慎重、认真地检查原始数据,并要仔细核对观察对象情况。可以删除离散值,但去掉离散型较大的数据需要谨慎,其有可能是极值,但也有可能是正常值,不能单纯为了做出更好的拟合曲线就把特殊值去掉。另外,有人在写论文时,把统计软件生成的所有数据都罗列进来,这是不合适的,只需要把具有临近值意义的数据放入表格中即可。通常的做法是借鉴前人同类列表的形式和内容，把最具有代表性的检验结果呈现在论文中。

统计方法：统计方法的选取和使用主要取决于研究目的、研究设计、实验设计、研究对象样本量、数据类型等。目前，统计方法的使用是研究生论文撰写的难点。常用的方法包括单变量计量资料的分析，如 t 检验、方差分析等；常用的两个变量的统计包括相关性分析和回归分析等。一是在单变量计量资料中，如果样本资料均数与已知的总体均数的比较为正态分布，则可以使用单样本 t 检验；反之，为非正态分布，要考虑变换变量，选用非参数检验，如秩和检验（单样本和总体中位数比较）。二是在两个样本均数比较中，如果为正态分布，则可以使用两个样本间的 t 检验；如果差值为非正态分布，则要考虑变换变量或使用秩和检验。三是在多样本均数的比较中，常采用方差分析的方法。此时要注意根据研究目的和设计来选择不同的方差分析方法，如单因素方差分析用于随机设计，样本服从正态分布，且方差齐性；反之，则要选择多样本的秩和检验，通常此后必须进行两两比较。四是在单变量计量资料中，主要分析样本与总体率和两个样本率的比较结果。前者使用单样本 u 检验；后者中，如果不是配对关系，则两个样本率比较要用卡方检验，如果是配对的两个样本，则用配对卡方检验。五是为了探讨两个变量的关系，在不清楚二者间因果关系的情况下，可以采用关联性分析（Correlation Analysis），但不能武断地说明两个变量之间的因果关系；如果两个变量间为线性关系，则可采取线性回归分析（Linear Regression Analysis）。如果一个变量（因变量）随着自变量变化，呈现直线变化趋势，则为简单线性回归（Simple linear Regression）；如果涉及多个自变量，则为多重线性回归（Multiple linear Regression）。六是标准差和标准误的使用。如果要描述定量指标的变异程度，则需要使用标准差（s）；如果要描述样本均数的抽样误差，以描述多个样本均数的比较，则需要使用标准误。对于非参数数据，采用数据的中心位置，可用中位数，分布范围用百分位数表示。七是假设检验的结果呈现。一般要给出检验方法，如 t 值，同时还要给出 p 值，一些研究论文中的 p 值为>或<0.05 或 0.01，这样呈现不够严谨，尽量避免。许多学者认同的是如果已经给出检验值和 p 值，则没有必要再标明检验程度。八是如果结果为"无"的处理，对于结果没有影响、作用的，就要先考虑样本量大小及个体间的差异大小，然后慎重下结论。

在答辩中，专家发现的与数据有关的问题包括：数据是否真实有效，即论文中所运用的数据是否可靠和真实？统计方法选取和呈现是否有误？样本数量是否足够？样本选取方法是否科学？

为了更好地完成论文，必须使用正确的统计方法和认真处理数据，建议多借鉴前人研究中同类数据的处理方式、列表形式和选取的指标等。但不是前人怎样做，自己就怎样做，而是需要带着质疑的态度，找出这么做的原因，慎重借鉴、选取和下笔。

3. 研究结果与分析

此为正文主体部分，要求现实与材料统一，科学性与通俗性相结合，分析讨论要实事求是，切忌主观臆断。其内容包括用不同形式（如图、表）表达研究结果，描述统计的显著性水平差异，对结果进行分析。

此部分也可根据论文内容拆分成两个部分，即研究结果和分析与讨论。

（1）分析部分的撰写

硕士论文中的分析主要指根据数据、资料等基本情况而展开的描述，一般先描述整体情况，对重点或突出的表现情况要分段着重介绍。对于整体或有突出特点的地方的描述可以兼有，对此没有固定的要求，论述的主旨要结合数据和资料情况而定，建议多从基础数据对比的角度来描述，这样效果会更好。

论述主要是对数据或资料呈现的表象进行升华性的讨论，需要总结其出现的原因、是否验证了前人的观点、是否有独特的创新等。这种论述是基于现有研究结果的，不能孤立和突兀。

专家在评价中常会提出以下问题：一是论述不严谨、分析不严密和不全面。例如，没有展开阐释论文的论题；存在逻辑上的混乱或缺陷，出现论文数据、内容等方面的前后矛盾，论文的真实性、科学性会受到读者或评委的质疑。二是分析和论述的理论性或研究深度不够。例如，在行文中没有对论文涉及的理论基础做出介绍或分析；分析中只是描述了数据呈现的基本情况或资料的现有情况，而没有对应地深入探究为什么会存在这种情况。三是研究内容没有重点。四是分析的内容与数据或与研究对象不匹配，没有很好地贴近或反映出调研对象的有关情况，即该部分的分析在其他项目群体中也适用，没有很好地说明调查对象的独有特征。五是没有围绕主题展开论述，且其分析和论述没有逻辑性，即"东说一句，西说一嘴"。

（2）讨论部分的撰写

并不是所有论文都需要有"讨论"，如果要提升论文的写作层次和水平，建议增加"讨论"。按照要求，讨论部分不必单独出现，可以在最后数据分析之后自然进行，常用"综上所述"引出。

讨论部分是论文的点睛之处，要充分结合自己的研究结果来进行论证。尤其是对有异议的结果，甚至是与前人相反的结果要进行充分的分析和探讨。同时，论文中还要把自己的不同之见呈现出来，而不是一味地验证前人的观点。

这部分内容是文章理论的关键部分，一是需要作者结合前文实事求是地阐述观点，并落实到自身的结论上。例如，通常可以通过一个实验或多个实验反复证明同一个研究结果。二是不能夸大或忽视研究结果。例如，可以说明研究具有哪些特点，解决了哪些问题，并可详细说明如何利用既往研究进行对比，有了哪些进一步的发现。三是要以自己的研究为中心，总结出与前人研究的异同。例如，通过与国内外文献的对比和关联来说明和引证自身研究的可靠性和创新性。四是讨论不能一味地重复前面的数据、分析。五是重在总结出规律、特征或表现，同时兼顾阐述对比情况、创新情况。六是讨论的最后还要简要说明自身存在的研究不足、今后要进行的研究工作或研究内容等。对于自身研究要实事求是地陈述不足与局限，并要给出优化的途径、方案或研究方案等。

一般要注意以下几点：一是主题要突出，论据要充分；二是要注意全文内容框架的逻辑性、层次性，要与主题环环相扣；三是论述的条理要清晰，语言要简洁、准确。

讨论的层次内容建议包括：第一层次，概况和总结自身的研究成果（提炼和升华，不能是数据的简单重复）；第二层次，与以往研究的比较（异同、验证和创新）；第三层次，结合调研对象分析其可靠性、科学性；第四层次，阐述研究的创新性、发展性（核心），可以是理论上、研究方法、统计方法、测验方式和方法等多方面的，哪怕是小的创新也是值得书写和呈现的；第五层次，存在的局限；第六层次，未来可做的研究方向或研究内容。

以下提供截取的1份沈阳体育学院硕士毕业论文参考案例。

参考案例：

《大学生男排队员群体凝聚力与赛前情绪及其各维度的关系：训练比赛满意感的中介效应》讨论部分

综上所述，国内外在群体凝聚力、训练比赛满意感及赛前情绪方面均有着深厚的研究基础，在不同理论支撑下，所得到结论也不同，本研究既证实了前人的观点，又有新的发现。

在群体凝聚力方面，在与前人研究对比中发现，本届大学生男排队员凝聚力水平稍低，这与张忠秋在《运动群体凝聚力主要表现特征与培养方式探讨》一文中的结论一致。袁伟民在《中国排球》中提出，对于一支要打胜仗和打硬仗的队伍，团结就是生命力，凝聚力就是战斗力。这从侧面说明群体凝聚力的重要性。因此，教练员必须让运动员认识到自身在球队中的价值，并结合他们个人或集体的情况制定详细和具体的目标，以提高他们的任务凝聚力，只有明确集体目标和个人目标，才能促使队员全身心地投入训练任务中。本届大学生男排队员的社交凝聚力水平高于任务凝聚力，这与张萍、杜宁在《我国男子甲级排球队团队凝聚力水平现状分析》一文中指出的我国甲组男子排球社交凝聚力水平比任务凝聚力低这一结果有差异，这与研究对象不同有关。

在训练比赛满意感方面，前人未在排球高水平队伍中进行过类似的探讨，本次对比结果只能结合青少年男排的数据进行分析。前人数据得分高于本届大学生排球运动员群体。通过专家访谈了解到，不同年龄群体训练方法是不一样的。例如，青少年排球运动员的训练方法、方式必须符合该年龄阶段的心理和生理特征，通过多进行游戏化的训练来不断提高他们对排球的兴趣。针对青少年进行的独特训练方法也给大学生排球队心理建设提供了启示。因此，建议本群体教练员通过心理干预和疏导的方式调整学生的心态，还要注意改变执教方法、调控训练量或在训练条件以及训练经费等方面予以改善、提高，这些都可以增强队员的训练比赛满意感。

在赛前情绪方面，大学生男排运动员的自信和焦虑程度要略高于前人研究中的甲级男排以及其他项目运动员的水平，这与陈旭的结论基本一致。陈旭的观点为运动水平差异影响运动员的成就目标定向和赛前情绪，运动水平越低，运动员自我定向越强烈，个人失败焦虑越强。产生这一情况的原因主要与不同类别运动员的技战术水平有关，大学生队员的专项水平参差不齐，他们有的来自甲级队，有的来自高中业余队，他们之间的磨合时长远远低于甲级队。在访谈中发现，个别教练常采用观看高水平赛事、多进行友谊赛等方法来降低自己队员的焦虑，增加其大赛经验，进而提升其自信，且认为这些方法是行之有效的，因此建议其他教练员借鉴和使用。学者张忠秋提出的观点也值得借鉴，他认为可以采用呼吸调节、转移调节以及暗示调节等方法进行减压，以降低焦虑，调控赛前情绪。

通过对群体凝聚力、训练比赛满意感及赛前情绪两两之间关系进行探讨发现，群体凝聚力与训练比赛满意感之间呈显著正相关，群体凝聚力各维度与训练比赛满意感呈正相关，队伍的群体凝聚力可以正向预测运动员训练比赛满意感，这一结果与前人研究观点一致。例如，马红宇等学者认为，群体凝聚力可以显著预测运动员的满意度；牛志培对青少年足球员的调研结果表明，足球运动员所知觉到的群体社交吸引越高，对运动队团体的、任务的训练比赛满意感越高。俄罗斯排球国手科罗列娃在赛后失利时发表了自己的看法，她说："本届世锦赛取得历史最差成绩，我们每个人都有责任，我对自己的发挥很不满意。"她还公开质疑了主教练的能力。这类事件充分说明，排球项目中队伍必须有较高的群体凝聚力，否则即使有再高的技战术水平，也难以齐心协力战胜对手。无论是在何种水平的运动队中，群体凝聚力都非常重要，要想提升运动员的训练比赛满意感，就不能忽视团队的协作和凝聚。

训练比赛满意感与赛前情绪关系呈显著负相关，训练比赛满意感可以负向预测赛前情绪。张力为在以51名参加奥运会的中国运动员为测试对象的研究中发现，个体失败焦虑、社会期待焦虑和训练比赛满意感呈负相关，本研究结果与其研究观点一致。同时，训练比赛满意感可以负向预测赛前情绪。解缤对个人项目专业运动员进行的研究发现，训练满意感对赛前情绪的各维度均有不同程度的预测作用。由前人和本研究结果综合来看，为防止运动员在比赛前出现严重焦虑现象，本研究群体教练员必须在平时训练和比赛中及时鼓励和关怀队员，必须倡导成员间相互支持和帮助，且要健全高校运动队管理和激励机制，加强教练员和运动员的互动，这些是改善高校运动员心理水平的有效手段。

群体凝聚力与赛前积极情绪总体呈正相关，群体凝聚力可以正向预测赛前情绪中的"自信"维度，负向预测赛前情绪中的"个人失败焦虑""躯体焦虑""社会期待焦虑"维度，因此，在本研究群体中，当队伍的凝聚力提高时，其队员的自信就会有所提高，队伍群体凝聚力的提高也会降低来自心理、身体的焦虑，还能够缓解来自社会、家庭及学校的压力。

群体凝聚力对赛前情绪的直接效应。在竞技运动中，教练员一直把提高队伍凝聚力作为队伍建设、提高群体自信以及降低赛前焦虑的心理干预的核心。群体凝聚力与赛前情绪的关系是运动员自我心理建设的基础，它不但会影响运动员日常技战术训练效果，而且直接关系到运动员的临场竞技表现和成绩。本研究发现，群体凝聚力是影响赛前情绪的重要因素。运动员凝聚力水平的提高，不但会改善队员的任务凝聚力水平，而且会提高队员之间的社交凝聚力。当队员在赛前出现焦虑和低自信时，队友的关怀和帮助能够改善其不良情绪，促使其保持积极健康的心理状态完成比赛，从而达到理想的比赛成绩，这也验证了前人的观点。群体凝聚力对赛前情绪的 4 个因素有着不同程度的直接作用，其中对个人失败焦虑直接作用最佳，对自信的直接作用较差。

群体凝聚力对赛前情绪的中介效应。在本研究中，训练比赛满意感产生了这一作用。前人认为，在运动心理学的研究中，训练比赛满意感与许多关键性的心理变量间的关系具有重要的研究价值，在应用层面可以作为一种心理状态诊断的实用工具；在心理现象间关系的研究中，很少存在直接影响，更多的是间接影响；在运动心理疲劳、训练比赛满意感及赛前情绪三者关系的研究中，发现训练比赛满意感具有部分中介效应，这些观点与本研究结果一致。在本研究中，大学生运动员群体凝聚力水平对赛前情绪的作用机制是通过训练比赛满意感这一调控变量产生的，说明在群体凝聚力对赛前情绪的影响中，训练比赛满意感具有中介效应。群体凝聚力对赛前情绪的 4 个因素有着不同程度的间接作用，其中对个人失败焦虑和躯体焦虑间接作用最佳，对自信的间接作用较差。

本研究在验证假设的基础上，继续使用 AMOS 软件建立结构方程模型，发现该模型拟合指数在可接受的范围内，表明构建模型成立。从分析路径系数和走向中发现，群体凝聚力可以直接或间接地影响赛前情绪。这也表明，当队伍整体团结一致，有着共同目标的时候，队员之间会互帮互助，并以积极的心态去面对训练和比赛过程，满意程度的提高可以帮助运动员提高自信和降低焦虑，在比赛中，他们会表现出更佳的水平，甚至超常发挥，这是比赛必胜的"法宝"。同时这也提示教练员，队伍的群体凝聚力对于改善运动员赛前焦虑有着很重要的作用，但是它不是一蹴而就的，因此，要求教练员把培养群体凝聚力作为长线计划来实施，使运动员在赛前保持良好的心理状态。

本研究也存在一些不足。首先，在对象的选择上，测试对象为大学生男排运动员，未对女排运动员进行研究，研究结果仅对大学生男排运动员起到借鉴作用；其次，在训练比赛满意感量表的选择上，本研究采用被广泛使用的训练比赛满意感量表，没有把训练满意感和比赛满意感单独分开进行研究；最后，在中介效应的检验中，仅对赛前情绪维度进行检验，未能研究群体凝聚力各维度对赛前情绪各维度的影响，也未能检验群体凝聚力各维度和训练比赛满意感及赛前情绪各维度的中介效应情况，这些内容今后将继续探讨。

（3）图、表的处理

图和表要比文字更直观、更有说服力，因此是研究生论文中必须使用的。

图、表的应用规则包括：一是使用的插图和表格在增强内容的可读性和简化性的同时要规范，如统一使用三线表，图示要清晰；二是要与正文内容呼应并做好标记，如"见图×"；三是在使用图、表时，要注意不能庞杂、数量过多，以降低排版难度；四是图、表要明确表达或呈现论文的核心与重点，一般均值等数据要以列的形式呈现；五是图的种类较多，通常包括线图、散点图、饼状图、条图、百分条图等，可以根据需要使用，不建议使用的种类过多，通常要在图上标出对应的数值；六是如果是关系非常复杂的内容，建议用图示表达，这样更为清晰、直观；七是图和表的内容如果一致，选择一种即可，不要重复使用；八是论文中的图不要过大，否则会影响美观且有拼凑字数之嫌。

（4）结论

结论是对论文成果的总结，必须精练、完整和准确。其包含的内容可以为论文研究的创新点、对论文各主要部分结果的简要陈述。另外，常把最有价值或最为重要的结论放在前面呈现。有的作者习惯按照论文内容顺序总结，这也是可以的。不论采用何种顺序呈现，都必须简洁、精练，有针对性，言之有物，重在"评论"而非"结果"。

一般评审专家常提出的问题包括：该论文未能从新的角度切入，也未能提出有价值的新的见解和得出新的结论；论文结论缺乏针对性和科学性，没有达到研究应该有的价值水平；研究结论不可靠，研究成果价值很低；所有数据都是作者通过模拟得出的，无法佐证，使得研究结论的可靠性不足、结果和结论不分；结论不够凝练，没有很好地与研究内容相呼应（研究结论中过多地描述数值、数据；研究结果过于啰唆，缺少凝练和总结；研究结果的层次、逻辑性不强，如先总结了论文的中间一部分内容，接着总结论文最后一部分内容，这样不利于阅读等）。

以下提供截取的 2 份沈阳体育学院硕士毕业论文结论部分参考案例。

✦参考案例1：

《大学生男排队员群体凝聚力与赛前情绪及其各维度的关系：训练比赛满意感的中介效应》结论部分

大学生男排队员表现出相对高自信、高焦虑、低训练比赛满意感，同时具有社交凝聚力水平高于任务凝聚力水平的特征。

群体凝聚力能够正向预测训练比赛满意感、赛前情绪和自信，负向预测个人失败焦虑、社会期待焦虑、躯体焦虑；训练比赛满意感能够正向预测赛前情绪和自信，负向预测个人失败焦虑、社会期待焦虑、躯体焦虑。这说明此前假设 H1、H2、H3 成立。

训练比赛满意感在群体凝聚力与赛前情绪及其各维度上存在中介效应，群体凝聚力对赛前情绪的 4 个维度（自信、个人失败焦虑、社会期待焦虑、躯体焦虑）有着不同程度的中介效应，相比之下，个人失败焦虑和社会期待焦虑效应更明显。这说明此前假设

H4 成立。

群体凝聚力通过 2 条路径影响赛前情绪：直接效应和训练比赛满意感的中介效应。

✦ 参考案例 2：

《沈阳体育学院运动专修女排队员下肢三关节肌群肌力特点与主要专项身体素质的关系研究》结论部分

运动员下肢关节肌群，慢速肌力好于快速，伸肌群好于屈肌群，髋、踝关节异侧同名肌群肌力差异不大。

运动员下肢髋、膝关节力矩屈伸比值较低，膝关节左右屈肌肌力差异较大，理论上具有关节损伤的风险。

膝、踝关节的肌力特点与专项弹跳素质相关性较高，髋、踝关节的肌力特点与专项移动类素质相关性较高。

在五项身体素质测试中，半米字移动的技术性更全面，技巧性更高；其他四项的成绩相互影响，对于快速力量要求更高。

（5）建议

建议一般根据结论而来，且要结合自己论文的各部分具体的分析来总结，这样才能前后呼应，言之有物，有针对性地提出具有参考价值的建议。建议与结论一样，必须简洁、凝练，忌讳长篇大论，同时，建议也不用过多，以适用和实用为好，一般 3～5 条。

以下提供截取的 2 份沈阳体育学院硕士毕业论文建议部分参考案例。

✦ 参考案例 1：

《大学生男排队员群体凝聚力与赛前情绪及其各维度的关系：训练比赛满意感的中介效应》建议部分

鉴于本研究群体在群体凝聚力、训练比赛满意感及焦虑方面表现不佳，建议教练员通过制定队伍共同目标、开展素质拓展、增加训练的趣味性、升级硬件设施等方法来提高队伍的心理健康水平。

从中介效应图和作用路径来看，建议有关教练员注重提升大学生运动员的群体凝聚力和训练比赛满意感水平，因为它们可以直接或间接调控负面情绪。

在改善赛前情绪方面，群体凝聚力影响赛前焦虑的程度大于自信，对于需要短时间内缓解赛前焦虑的情况，优先增强群体凝聚力的干预是行之有效的方式。

参考案例2：

《沈阳体育学院运动专修女排队员下肢三关节肌群肌力特点与主要专项身体素质的关系研究》建议部分

在发展下肢力量时，要注意各关节屈伸肌群和双侧同名肌群的合理训练比例；建议定期对运动员下肢左右关节肌群力量进行监测，如有差异，有必要加强弱侧力量训练，避免出现损伤。

在身体素质训练中，建议单独安排半米字移动训练，而其他专项训练可穿插进行，这有助于排球专项力量的协调发展。

在提高专项弹跳类素质时，建议重视膝、踝关节肌群力量的训练，而在提高专项移动类素质时，建议重视髋、踝关节肌群力量的发展。

任何一项技术动作都是各关节协调运动的结果，因此，在训练中必须注意与之相邻关节的协同关系，避免形成训练盲区。

建议提高沈阳体育学院专修队员下肢弱侧膝关节肌群力量，防止出现损伤。

（三）正文文本规范

主体部分由于涉及不同的学科，在选题、研究方法、结果表达方式等方面有很大的差异，不能做统一的规定。但是，论文应层次分明、数据可靠、图表规范、文字简练、说明透彻、推理严谨、立论正确，避免使用具有文学性质的带感情色彩的非学术性词语。论文中如果出现非通用性的新名词、新术语、新概念，则应做相应解释。

正文内容按序分层。层次以少为宜，根据实际需要选择。各层次标题一律用阿拉伯数字连续标号；不同层次的数字之间用小圆点"."隔开，末位数字后面不加点号，如"1""1.1""1.1.1"等；分层编号全部顶格，编号与标题之间空1个字的间隙。所有标题占1行。正文另起行，前空2个字起排，回行时顶格排。例如：

    1 ×××× （一级标题）
     ××××××××××××××××××××
    1.1 ×××× （二级标题）
    1.1.1 ×××× （三级标题）
    1.1.1.1 ×××× （根据需要，可设四级标题）
    1.1.1.2 ××××
    1.1.2 ××××
    1.2 ××××
    2 ××××
    2.1 ××××
    2.1.1 ××××

图包括曲线图、构造图、示意图、框图、流程图、记录图、地图、照片等，应鲜明清晰。图的编号和图题应规范，图的编排一律采用阿拉伯数字连续编号，并置于图下方。

表的编号和表题应规范，置于表上方。表题应简单明了。表的编排一律采用阿拉伯数字连续编号。如果某个表需要转页接排，则应在随后的各页上也标注表的编号。编号后跟表题（可省略）和"（续）"置于表上方。续表均应重复表头。

论文中的公式应另行起，并缩格书写，与周围文字保持适当的距离。如果有两个以上的公式，则应用从"1"开始用阿拉伯数字进行编号，并将编号置于括号内。公式的编号右端对齐，公式与编号之间可用"…"连接。公式较多时，应分章编号。较长的公式需要转行时，应尽可能在"="处回行，或者在"+""-""×""/"等记号处回行。

当对论文中的字、词或短语，需要进一步加以说明，而又没有具体的文献来源时，应使用注释。注释一般在社会科学研究中用得较多。应控制论文中的注释数量，不宜过多。注释采用脚注方式，在需要注释处标明序号，序号加圆圈放在加注处右上角，如"×××①"；注释内容排在加注处所在页的下方。每页注释序号均从①开始，不与前页的注释连续编号。

（四）结尾部分

1. 参考文献

参考文献是论文的一个组成部分，并非可有可无。它详细标明了参考的前人观点、结论、方法等材料，如果不标明，则等同于剽窃。文献资料的引用能够反映出论文观点的"言之有据"，提高论文的可信度、缜密性，能够反映出论文作者的科学态度和论文真实、广泛的科学依据及论文的起点和深度。

参考文献务必准确、翔实，要让读者能够找到相关文献。因此，我们在归纳时要注意：一是尽量选择权威刊物发表的观点和内容作为自己论文的佐证；二是一定要查找原文件，不能随意截取转载文献内容，避免出现"张冠李戴"；三是不"断章取义"地截取理论观点；四是尽量不要使用网络文献、报纸文献；五是时间久远的文献可以用于历史研究或文献整理类研究中，除此之外，不适合大量出现在论文中，评审专家更加注重最新研究成果的借鉴和使用情况；六是严格来讲，不是自己文中使用的文献不算参考文献，不能列入参考文献中；七是要注意英文参考文献的数量和质量；八是参考文献中不能全是期刊或学位论文，避免引用的种类过于单一；九是参考文献标注的是硕士论文中引用、参考及借用他人成果的出处，应按照文中引用的顺序依次书写序号，这个标注能够反映出作者严谨求实的态度，同时也能够降低查重检测中的重复率，标注的位置在引用句的结尾，但一定要放在结束符号之前，有的作者把标注放在引用作者名字后面，这也是可以的；十是期刊文献必须标注参考引用的具体页码。

专家评价参考文献存在的问题包括：参考的文献数量不足，阅读量不够；文献年代过于久远（历史资料梳理类论文除外），权威性不足；外文资料不足或撰写水平较低；文献的综述情况无法支撑文章后续研究的开展；文献的内容和排版格式不规范或信息不全，如缺少页码、字体大小不统一、空格过大等。例如，某专家的盲审评论：参考文献里没有综述对该研究有益的国际前沿性成果，文献综述整体上写得混乱不堪，无法让评阅人从中看出其研究的落脚点和创新点。

参考文献表应置于正文后，并另起页。所有被引用文献均要列入参考文献表中。引文一律采用顺序编码制进行标注。顺序编码制是指正文中索引文献时，用顺序编号的方法标注文献，文献序号放在"［ ］"内，以上标方式标注在索引位置。

2. 致谢

致谢位于论文末尾，不超过500字。致谢对象限于对课题研究、学位论文完成等方面提出建议和提供帮助的人员。这里建议研究生结合自身成长、成才过程、经历，发自肺腑地组织语言，抒发自己的各种感受。这既是对自己学习生活的总结，也是对个人科研历程和工作态度的最好展示。

3. 作者简介及在读期间发表的学术论文及科研成果

包括教育经历、工作经历、攻读学位期间发表的论文和完成的工作等。

4. 附录

附录作为主体部分的补充，并不是必需的。下列内容可以作为附录编于论文后。

① 为了整篇论文材料的完整，但编入正文又有碍于编排的条理性和逻辑性，对了解正文内容有用的补充信息等（如问卷、访谈提纲、观察表、示例等）。

② 因篇幅过大或取材于复印品而不便于编入正文的材料。

③ 对一般读者并非必要阅读，但对本专业同行有参考价值的资料。

④ 某些重要的原始数据、数学推导、结构图、统计表、计算机打印输出件等。

⑤ 插图和附表清单。

⑥ 缩写、符号清单和术语等的注释表：符号、标志、缩略词、首字母缩写、计量单位、术语等的注释说明。

第五节　论文中存在的其他问题

一、作者的科研能力

无论是何种硕士学位论文（包括在职研究生的论文），国家对于论文写作水平的要求都是一致的。专家判断作者的科研能力水平够不够，主要看论文的设计是否合理，论文分析和论述部分是否充实，是否与研究对象和调查对象的实际情况相符等。近些年，辽宁省为了切实提高硕士研究生论文水平，采取毕业后抽检等方法对其进行检验，因此，研究生有必要从多看、多问、多比较中切实提升自身论文写作水平。

二、论文规范性问题

硕士研究生的论文规范性是专家考核的一个重要方面,是抽检中要重点检查的一项。不规范主要体现为格式不规范、语言不规范、引证不规范等方面。

格式不规范指论文的摘要、关键词、目录、正文、参考文献等格式不规范。专家的意见集中在:文章排版不规范(如字体、段落、行距等),图表绘制和编制不规范,中英文符号和单位的简写不规范,以及摘要、参考文献、目录的写作格式不规范。例如,表格中有的内容使用英文,有的却使用中文,建议同类内容的格式尽量统一。

语言不规范表现为不少论文存在语言表达不清晰、口语化现象严重、写作不简洁、标点符号使用不规范、错别字或翻译不正确等语言表达上的疏漏。

引证不规范是指论文数据和引用文献没有标注来源,以及参考文献的罗列不规范。另外,绝大多数文献只是罗列在参考文献列表中,并未在文中标出实际引用位置。

三、论文的创新性和研究价值问题

硕士研究生论文的创新性和研究价值非常重要,它是是否达到硕士论文标准的重要衡量条件,论文前期阐述中必须明确说明自身研究的创新之处和价值所在。论文的创新性体现在研究思路的创新、内容的创新、方法的创新、结论的创新等多个方面;论文的价值体现在研究结论的可靠性和对现实问题的指导意义上。

例如,有的专家评语为"本论文未能从新的角度切入,也未能提出有价值的新的见解和得出新的结论"。

四、论文的抄袭问题

抄袭现象指抄袭他人的研究成果或直接照搬相关的文献资料,这是研究的大忌。研究生在提交论文前,一定要在权威网站进行检测,以保证查重率在学校允许的范围之内(一般不高于10%)。提前检测的好处还在于,可以根据检测报告中的提示添加引用脚注,后添加的注释要注意顺序,即要与后附参考文献顺序一致。

五、其他需要注意的问题

一是尽量使用阿拉伯数字;二是不要使用"本人""作者""我们"等作为陈述的主语;三是摘要内容要与正文研究内容保持一致,不能突兀地增加内容。

第三章 排球教师岗位职业能力的培养

科学定位、坚持特色办学是对高校发展的要求，体育类高校人才培养不是简单的"专项技术实践"，其需要课堂内的授业、解惑，还需要课外的演练、实训、实习，以及社会实践来协调发展研究生的综合素质。本部分内容均结合沈阳体育学院研究生现状和水平，按照最新修订的培养方案和教学大纲来介绍，所提供的案例均为课上配套使用的教学文件、考题。

第一节 教学基本能力的培养

一、排球教学工作的任务

排球教学工作的任务是传授排球基本知识、基本理论、理念、基本技术和基本战术，以及各种不同形式排球的活动方法；培养学生团结协作、勇于拼搏的团队精神；培养学生的排球教学能力、组织竞赛能力、裁判工作能力，以及自我教育能力和解决实际问题能力等。

二、排球课教学的组织与进行

排球教学课是落实教学计划的具体形式。要上好一节课，应该处理好课前准备、课的组织实施和课后小结3个环节。

（一）课前准备

1. 熟悉教材

要上好一节课，首先要熟悉教材，明确所授教材在《大纲》中的地位和《大纲》对教材的要求。一节课往往会使用到多种教材，就技术而言，一种技术由几个部分组成，各部分紧密衔接，各有其特有的动作方法和完成此项技术的关键要领，课前应该熟悉教材的内在联系，明确教材的主次关系、重点和难点、组织结构、教法步骤等。

2. 了解教学对象

一切教学活动都是为了使教学对象最大限度地理解教材，接受教学内容，并根据他们获得的知识、技术及技能的程度来评判教学质量。教学千差万别，接受能力有高有低，只有深入了解对象，才能采取恰当的教法措施。要了解教学对象的思想情况、心理状态、身体素质、技术基础及对排球课的兴趣等。

3. 场地器材的准备

场地器材的准备是专项技术课课前必须进行的工作，包括挂图制作的认知和展示方式的确定、视频的截取和确定、球的数量及游戏道具的安排等。

4. 书写教案

书写教案是课前准备中的关键环节，直接影响教学效果，因此，需要结合教授学生的实际情况、授课环境及授课目标、任务等详细设计和书写。

（二）课的组织实施

1. 教学理念示例

① "终身体育" 教育理念。

② "以人为本" 教育理念。

③ 树立民族观念，促进学生全面发展理念。

④ 激发运动兴趣，培养学生体育锻炼的意识和习惯理念。

⑤ "快乐体育" 教学理念。

⑥ 体验式培训理念。

⑦ 创新教育理念。

⑧ 积极运用现代教育技术理念。

2. 教学内容的安排

安排教学内容比较复杂，不仅要注意组织教学的科学性，还要注意教材的系统性，处理好以下几种关系：一是处理好主要教材、一般教材和介绍教材之间的关系，保证主要教材的授课时间和练习次数，一般教材与介绍教材达到《教学大纲》要求；二是处理好所授教材与复习教材的关系，所授教材应严格按照教学步骤进行教学，按其主次安排适合的练习时间；三是处理好难度大与难度小的内容的关系，一般来说，对于难度大的技术多讲、多练、多纠正，避免出现错误动作，促进学生建立正确动作定型。在安排教材内容时，应按照这3种关系，确定各项教材内容在课中的比重。

3. 练习方法的选择

教学内容确定之后要选择适合的练习方法，通过练习实现《大纲》对教材的要求。排球技战术较多，必须有针对性地选择符合学生能力的练习方法。练习方法得当，就会事半功倍，否则达不到预期目标。对初学者不应安排难度过大的练习，有了一定基础之后，要随着运动水平的提高而逐步选用较复杂的串连练习，使学生始终保持"攀登"技术高峰的动力。练习要有目的性，根据课的任务和教学对象选择练习方法。

4. 时间的分配

排球教学课一般分为准备、基本和结束3个部分，全课的时间分配大体是：准备部分占15%～25%，基本部分占70%～80%，结束部分占3%～5%。从时间上要保证基本部分的教学，如果基本部分时间占不到全课的2/3，势必影响该节课的教学效果。

5. 能力的培养

能力是指运用掌握的知识和技术解决实际问题的智力技能。培养学生的能力说到底是对智力的开发，培养他们的开拓精神，使其创造性地运用所掌握的知识和技术解决遇到的实际问题。排球教学课应培养学生的教学训练能力、组织竞赛能力、裁判工作能力及技战术运用能力等。培养能力的方法很多，教师应合理地安排学生实习与操作实践，调动学生自身的学习积极性，以培养他们的能力。

（三）课后小结

课后小结是总结教学经验、整理反馈信息、调控教学的有效方法，其总结的内容主要有：本节课任务完成的情况、教法活动运用得合理与否、时间的分配是否恰当、练习是否成功、组织措施是否得当等。

三、排球教学文件

排球教学文件是排球课程教学的依据，是排球教学工作赖以进行的重要环节，主要由教学计划、教学大纲、教学进度和教案4个部分组成。

（一）教学计划

教学计划是根据教育目的和培养目标制订出来的对学校教学和教育工作的指导性文件，体现了国家对学校教育工作的统一要求，是学校组织教学的基本依据，它规定了培养体育专业人才的规格标准，同时也是衡量体育院系教学工作质量的依据。

教学计划对本专业的培养目标、修业年限、课程设置及学时等做出宏观安排，对教学中的教学环节和教学安排及成绩考核等也有明确的规定。

（二）教学大纲

教学大纲是按照学科专业教学计划的要求，规定课程具体内容，并按其实施教学工作的法规性文件。它是选编教材、教师实施教学、合理进行考试命题的依据和标准。教学大纲一般包括3个部分，即《教学大纲》说明、《教学大纲》本文及考试办法等。

1.《教学大纲》说明

《教学大纲》说明内容比较广泛，且没有一定的范式可循，一般是对制订大纲的依据、教学指导思想、采用的教法、基本理论与基本技战术的要求及《教学大纲》中的不尽之处加以说明。

2.《教学大纲》本文

《教学大纲》本文主要包括教学目的和任务、教学的基本要求、学时分配、教学内容、教学措施、教材与参考资料。

（1）教学目的和任务

教学目的和任务指本课程与培养目标的关系，具体为理论、知识、技术、战术和能力培养的总任务。

（2）教学的基本要求

教学的基本要求涉及的内容比较多，应根据实际情况有重点地选择内容，如思想作风的培养、教学改革、教学如何适应当前科学技术的发展、本学科与其他学科的联系，以及教师与学生应承担的义务等。

（3）学时分配

大纲中应明确规定本学科的总学时数、周学时、各类教材的授课学时和占总学时的比例。学时的分配应符合培养目标、教育发展的形式和目的任务的要求。

（4）教学内容

教学内容可分为理论、实践和能力培养 3 个部分。理论部分主要规定讲授的主题及各主题的内容，根据不同的学制确定教材的范围。实践部分的内容多而杂，有技术、战术，各项技战术又有其特有的动作方法和运动形式，教法各不相同。根据教材的主次顺序，将教材分为重点教材、一般教材以及介绍教材，以便抓住教学的重点，保持教材的完整性、系统性。能力培养部分的教学内容应根据教学的目的、任务，提出重点需要培养的几种能力并指明培养的目的和方法。

（5）教学措施

教学措施指保证完成教学任务的组织措施和教法措施。

（6）教材与参考资料

教材与参考资料指授课所采用的教材，以及与大纲规定内容有关的参考书。

3. 考试办法

考试办法指规定的考试内容、方法、标准、评分办法和要求等。考试的内容应与大纲规定的教材内容一致。

(三) 教学进度

教学进度是将大纲规定的教学内容、教学时数及考试等核心要素落实到每节课的教学文件中,是教师编写教案的主要依据。科学地制订教学进度是提高教学质量的重要保障。

1. 制订教学进度的方法

(1) 阶段螺旋式

阶段螺旋式教学进度是将教学过程划分为紧密联系的4个阶段,每个阶段都包括基本技术、串联配合、全队战术、比赛等教学内容和过程。各个阶段既有其独立性,又是下个阶段的基础,突出了主要教材的教学,逐渐扩大教材内容。

4个阶段的任务不同,教学时数分配也应有所侧重。一般来讲,第一阶段占35%;第二阶段占30%;第三阶段占20%;第四阶段占15%。

安排阶段螺旋式教学进度时应注意:技术内容安排由多到少,主要教材要早出现;战术内容安排由少到多,主要战术也应早出现;安排技战术教法时,必须符合运动技能形成规律;第一阶段就安排简单比赛,增加实战机会,以利于技战术能力的培养。

(2) 循序渐进式

循序渐进式教学进度是将教材内容按照主次和难易程度科学地分配于全教学过程。首先重点学习主要技术,并一直贯穿到教学阶段的后期,然后逐步扩展学习内容,增加战术教学。以主要技术和战术为主线,一般教材和理论课的讲授则根据它们与主要技战术的关系安排于教学过程中。安排进度时,要把新教材与复习需要用到的教材结合起来,把攻与防结合起来,把技术和战术结合起来,把提高技战术水平与培养能力结合起来。教学比赛可安排在教学课中,也可专门安排比赛课,尽可能为学生提供实践机会,提高其技战术水平。最后进行综合复习考试,构成一个系统的教学过程。

根据教学任务的需要,适当安排理论课、实践课、考核课等。课的不同类型可在备注中说明。

2. 教学进度示例

下面为体育教育专业排球专项理论与实践课(96学时)教学进度示例(表3-1)。

表3-1 体育教育专业排球专项理论与实践课教学进度示例

体育教育专业__级 课程名称:<u>排球专项理论与实践(专修)</u> __学年第__学期

周次	课次	授课内容	授课形式
一	1	学习准备姿势与移动、正面双手传球及助跑起跳技术	实践
	2	复习正面双手传球、助跑起跳技术;学习扣球挥臂击球技术	实践
	3	排球运动概述	理论
二	4	复习正面双手传球、助跑起跳及扣球挥臂击球技术;学习正面扣球技术	实践
	5	复习正面双手传球、正面扣球技术;学习正面垫球技术	实践

续表

周次	课次	授课内容	授课形式
二	6	排球技术分析	理论
三	7	复习正面扣球、正面垫球技术；学习正面上手大力发球技术	实践
	8	复习正面扣球、正面垫球及正面上手大力发球技术；学习吊球技术	实践
	9	排球技术分析	理论
四	10	复习正面垫球、正面上手大力发球及吊球技术；学习移动传球技术	实践
	11	复习正面上手大力发球、吊球及移动传球技术；学习移动垫球技术	实践
	12	排球战术分析	理论
五	13	复习吊球、移动垫球技术；学习侧面垫球技术	实践
	14	复习侧面垫球技术；学习半快扣球技术	实践
	15	排球战术分析	理论
六	16	传垫球技术串联练习	实践
	17	传垫球技术串联练习	实践
	18	排球竞赛与裁判工作	理论
七	19	复习半快扣球技术；学习背传球技术	实践
	20	复习半快扣球、背传球技术；学习2号位扣球技术	实践
	21	排球竞赛与裁判工作	理论
八	22	复习半快扣球、2号位扣球技术；学习跳传球技术	实践
	23	复习2号位扣球、跳传球技术；学习调整传球技术	实践
	24	排球竞赛与裁判工作	理论
九	25	复习2号位扣球、调整传球技术；学习调整扣球技术	实践
	26	复习2号位扣球、调整传球及调整扣球技术	实践
	27	复习调整传球、调整扣球技术；学习单人拦网技术	实践
十	28	复习调整扣球、单人拦网技术；学习后排扣球技术	实践
	29	复习后排扣球技术；学习正面上手发飘球技术；垫、调、扣球技术串联练习	实践
	30	复习正面上手发飘球技术；学习"边二传"进攻阵形及其打法	实践
十一	31	复习正面上手发飘球技术及"边二传"进攻阵形及其打法	实践
	32	学习"插上"进攻阵形及其打法	实践
	33	复习"插上"进攻阵形及其打法	实践
十二	34	学习接扣球技术；防、调、扣球技术串联练习	实践
	35	复习接扣球技术；学习接飘球技术；防、调、扣球技术串联练习	实践
	36	复习接扣球及接飘球技术；学习挡球技术	实践

第三章 排球教师岗位职业能力的培养

续表

周次	课次	授课内容	授课形式
十三	37	复习挡球及接飘球技术；学习双人拦网技术	实践
	38	复习双人拦网、挡球及接飘球技术；拦、防、调、扣技术串联练习	实践
	39	复习双人拦网及挡球技术；拦、防、调、扣技术串联练习	实践
十四	40	学习单人拦网防守阵形及其打法	实践
	41	复习单人拦网防守阵形及其打法	实践
	42	学习双人拦网"边跟进"防守阵形及其打法	实践
十五	43	复习双人拦网"边跟进"防守阵形及其打法	实践
	44	全队一攻战术配合练习	实践
	45	全队防反战术配合练习	实践
十六	46	全队攻防战术配合练习	实践
	47	学期理论考核	考试
	48	学期技能考核	考试

说明：

① 教学组织能力培养：每次实践课的准备活动，按一定顺序由学生组织带领，并要求其提前写好教案，征求指导教师意见，指导教师对每次准备活动情况进行讲评。

② 按大纲计划要求，每学期都对学生进行考核（实践占20%、理论占20%、技能占60%）。

（四）教案

教案亦称课时计划，是每次课的具体计划，是根据教学进度规定的教材和教学的实际情况编写的。教案一般以预先印制的表格形式呈现，它包括教学对象、课次及授课时间；教材；教学目标；课的部分；课的小结等。

1. 教学对象、课次及授课时间

每次课的教案要清楚地体现教学对象的专业、班级和具体课次及授课时间。

2. 教材

教材是每次课中出现的主要内容，应根据教学进度的具体内容而定。

3. 教学目标

教学目标一般可分为技战术目标、身体素质目标和情感教育目标3类。技战术目标之间应具有递进性，以建立某技术（战术）的概念，初步掌握、改进、强化、提高和巩固某技术（战术）的序列依次延伸。此外，技战术目标应使用诸如"一传到位率达到60%"等指标进行量化。情感教育目标，如"培养学生的合作意识"等。其他还可作为教学目标的有运动参与目标、心理健康目标、社会适应目标等，要根据情况选择和使用。

4. 课的部分

排球实践课教案一般分为准备、基本和结束3个部分。

（1）准备部分

80～90分钟的课中准备部分占15～20分钟，40～45分钟的课中准备部分占7～10分钟。此部分的主要功能是使学生的注意力迅速集中到课的目标上来，进而使学生的身体各器官、各系统机能逐步进入兴奋状态，为基本部分做好心理和生理准备。

准备部分包括教学常规（2分钟左右）和准备活动（8～18分钟）。教学常规包括宣布上课、师生问好、点名、宣布课的内容、课上要求、安排见习生等内容。准备活动包括一般准备活动和专项准备活动两类，其中一般准备活动可以分为三小部分，包括绕排球场地慢跑5圈、自上而下活动全身各关节和游戏。专项准备活动要根据课的主要内容或学生情况灵活安排。准备活动的形式很多，但无论采用何种形式，准备活动的内容都必须与课程目标相匹配，即为基本部分服务。

（2）基本部分

基本部分是实施教学目标的主体。80～90分钟的课中一般安排60～65分钟作为基本部分，40～45分钟的课中一般安排30分钟左右作为基本部分。首先，在教材使用的次序上，新授教材放在前面，之后是复习教材；技术教材在前，战术教材随后；身体练习教材在最后安排（但灵敏性等同类练习应安排在前）。其次，每项教学内容都需要有要求，即操作过程中的详细注意事项。最后，组织教法要图文并茂地说明与每项教学内容相匹配的练习操作方式及方法。

在其授课内容中，技战术所涉及的新学内容要写清动作要点或动作方法，写清技术等内容的重点和难点；复习内容中可以根据需要选择。

教学组织一般采用讲解（主要讲解动作要点或动作方法）、示范（正面示范和侧面示范相结合，整体示范和分解示范相结合；讲解和示范也可同时进行）、组织练习（采用由易到难的顺序安排练习；新授课和复习课内容的练习方法要有所区别；建议变换不同练习方法来完成同一授课内容；必须对每种练习方法提出恰当的要求）和纠正错误动作（集体纠正和个别纠正相结合，注意及时纠正和对不同典型动作进行示范）的方式。在整体教学中，如有必要可以配图说明。

（3）结束部分

80～90分钟的课中一般使用5分钟左右作为结束部分，40～45分钟的课中一般用3～5分钟作为结束部分。结束部分的内容主要由整理放松活动、总结本课、布置作业、整理场地器材、师生再见5个部分组成。

5. 课的小结

课的小结包括教学目标完成情况、原因及下次课所要采取的主要对策等。

6. 教学设计模板

下面的模板为为初为人师的研究生提供的一份教学设计示例，在实践中还需要根据需要抉择和增补（表3-2）。

表 3-2 课堂教学设计思路模板

章节名称			
所属课程		课程类型	
授课时数		授课年级	
总体课程介绍	地位、本课要解决的问题、总流程图（基于沉浸式虚拟案例的"三阶"+"四化"+"三省"混合式教学模式）		
1. 教学内容及分析			
（分析教学内容特点，提出教学内容中的重点及难点） **内容**：以学生发展为中心角度，系统研习排球运动发展历程、文化脉络，综合分析排球理论和应用技巧，形成一门创新教学能力高、操作性极强的课程 **课程目的**：（展示教学大纲） **授课对象**：本科一年级学生。没有排球运动认知基础，但是具有较好的体育运动素质。他们喜欢在球场上打球，有极强的求知欲和自主学习的潜力，易对枯燥的理论丧失情绪。因此，需要教师的点拨和循序渐进的引导 **课程发展**：自建校以来，排球即为主干课，为了满足高阶教育的创新性、高阶性和挑战度，我们结合学生专项基础薄弱痛点和"四位一体"的教学目标对课程进行了持续改进和重构，开展了混合式教学设计，整合了线上的教学资源，构建了案例库和试题库，将线上和线下方式进行了融合，以结果为导向，反向设计教学活动，依托持续评价、反馈、再评价的反思与改进过程，有针对性地解决理论学习枯燥、缺少兴趣、教学表现平淡、反思意识薄弱等问题。依据三阶（初阶、中阶和高阶）设计渐进式教学活动和评价的方式，从兴趣的唤醒到激发自主的探索再到知识体系的构建、能力的培养、人格的养成。在初阶，教师始终陪伴学生进行线上的预习、复习和案例的体验、赏析；中阶进行线上和线下同伴的研讨、推理、分析；高阶关注的是线下的团队合作、技能的实操 **每堂课设计**：按照有效学习法的课前导入、设计、前测、后测等 11 个教学步骤，引导学生以问题为导向梳理知识点，把零散的知识点串联成完整的知识体系，每堂课都要测试和反馈，理论课后要绘制思维导图 **四化**：对学生的四种主要学习活动进行互动参与化、游戏趣味化、沉浸体验化和课程思政化的转译，贯穿课前、课中和课后全过程中 例如，在课前重视教师的引导、陪伴和学生的自主学习，教学团队构建了线上教学资源，包括教学视频等，课前教师发布线上开放性的练习、预习和赏析，形成具有高互动性的线上社区，为线上线下生生、师生讨论奠定基础 通过难点报告和测验实时掌握和跟踪学生学习的学习效果，实现线上和线下互动课堂的多渠道讨论互动，形成全周期、全支持的数据分析和精准的教学 课堂中强调参与式学习，为此通过游戏开发和漫画式手法剖析与分解难点的内容，以激发学生的学习兴趣，或者把复杂、抽象的体育理论、文化建构等难点进行情景再现，将枯燥的理论鲜活地呈现出来 通过校企合作建立实习和实训基地，让学生以浸染体验的方式感知教学对象，通过知识的交互和感知的搭建实现自主学习和考评，围绕课前问题，在课上进行分组辩论和讨论，创造互辩的学习环境，通过教师的引导实现深度剖析，培养学生的批判性思维、辩证性思维和流畅性思维，以及表达能力、深度学习能力和客观熵变的能力 为了实现课程的思政化，翻转课堂主题设置为"传承女排精神，梳理排球文化"，争取做到言之有理、言之有物、言之有度、言之有力			

续表

课后注重能力的拓展、反思、扩展、巩固和回溯的过程。例如，对于低阶的教学目标，选择通过发放主客观考题的方式，用互评来促进学生学习；对于中阶的教学目标，选择发起线上讨论，辅以教师陪伴、沟通，通过思维导图任务的设置，培养学生提炼、演绎、归纳和组织分析的能力；对于高阶目标，结合元认知理论，基于学生的兴趣和专业特点，设计团队写作的任务，并进行自我反思、调节和评价来形成自我解决复杂问题和创新实践的能力。针对教学目标，我们反向设计了一课三省，对学生学习成果进行量化评估 混合式教学的意义：唤醒了学生的学习兴趣，构建了（略），建立了沉浸式体验的教学案例，形成立体化共享资源 结合学生的认知特点，我们建立了全周期考评的教学模式，实现了体育课与思政课的融合 混合式教学的效果（配各种统计图）：有效激发了学生的学习兴趣，也活跃了课堂气氛 具体：① 满意度得以大幅度提升，线上测试的正确率达到80%～100%，有效提升了学生自主学习和创新实践、解决复杂问题能力的要求，也达到了两性一度的要求；② 获得同行专家的好评；③ 混合式教学发表和荣誉［各种学生成绩（证书）］ 痛点：（略）
2. 教学目标
（给出课程的教学目标，可根据教学内容，划分为低阶教学目标和高阶教学目标分别阐述）
3. 学情分析
（分析授课对象的基本特点、认知能力等）
4. 教学方法
（根据教学内容阐述，包括针对重点、难点等采用的教学方法，提出的教学策略等。如有创新教学方法，可重点阐述）
5. 教学流程设计
（根据教学内容，设计教学流程，提出教学安排）
6. 教学效果
（学生在哪方面受益，包括成绩提升、能力强化、思想变化等）
7. 教学推广及反思
（对教学过程的反思，以及课程设计对同类课程教学的影响等）

四、排球课上准备活动操及游戏示例

在排球课的准备部分，通常需要安排活动操来热身，同时需要结合学生情况、授课进程安排游戏，合适的游戏既可以调节情绪，也可以起到承上启下的积极作用。以下案例仅供参考。

（一）准备活动内容示例

1. 单人徒手操

① 头部运动。
② 肩部绕环运动。
③ 振臂运动。
④ 体转运动。
⑤ 腰部绕环运动。
⑥ 膝部绕环运动。
⑦ 踝腕绕环运动。

2. 单人球操

① 左右手交换持球做肩回环。
② 振臂扩胸，左右手交换持球。
③ 双手持球做臂屈伸。
④ 左右手交换持球做体转。
⑤ 转体在身后抛球约1米高，再迅速向另一方转体后接球。
⑥ 前踢腿球穿裆。
⑦ 高抬腿，膝在腹前触球。
⑧ 体前屈，把球放在地上，双手举起做体后屈，再把球拿起做体后屈。
⑨ 全蹲把球放在地上，起立两臂上举，再全蹲持球起立并两臂上举。
⑩ 向左右两侧交换做弓箭步，每次都将球从腿下绕一圈。
⑪ 前后交换腿做弓箭步，拍球从腿下穿过。
⑫ 双手持球做腰部大回环。
⑬ 仰卧坐起，把球放在两腿间，徒手做仰卧起坐一次，再持球做。
⑭ 两脚夹球坐在地上，做双腿屈伸动作。
⑮ 坐地，双手持球体转，把球放在身后，再从另一边体转双手拿球，连续做体转运动。
⑯ 双手持球从裆下反弹抛球后再转身接球。

3. 双人徒手操

① 双人面对面互扶肩，前屈体压肩。

② 双手互握，左右交换臂屈伸。

③ 背对背，手上举互握拉肩。

④ 背对背，手平举互握扩胸。

⑤ 背对背，相距1米，体转互相拍手。

⑥ 双人握手体侧拉。

⑦ 并排抱肩踢腿。

⑧ 坐地互背体前屈。

4. 全队行进间跑跳操

① 跑跳步上下振臂。

② 单脚连续向前轻跳两步，左右脚交换，同时臂绕环。

③ 同上，用手交换拍膝。

④ 手拍脚向前跑，内侧拍、外侧拍、内外交替拍。

⑤ 双脚向前跳，每次双手拍膝。

⑥ 同上，每次双手从侧后拍脚。

⑦ 侧滑步与前交叉步相间进行。

⑧ 侧滑步与后交叉步相间进行。

⑨ 侧滑步与前后交叉步交替进行。

⑩ 跑跳步做上手双手传球的徒手动作。

⑪ 同上，做左右手交替徒手扣球动作。

⑫ 同上，做盖帽拦网动作。

⑬ 同上，做两侧单手击球动作。

⑭ 同上，做单手挡球动作，左右交替。

⑮ 左右侧前方滑步做两侧垫球徒手动作。

⑯ 同上，做两侧单手垫低球动作。

⑰ 两步助跑起跳做挥扣和两步低姿垫球交替动作。

⑱ 各种踢腿。

⑲ 内、外侧摆腿。

⑳ 各种摸地动作（单手、双手、摸一次、拍地两次）。

㉑ 各种倒地动作（坐、卧、撑、趴）。

(二) 常用游戏

1. 放鞭炮

教练员在中间，全队围成一个圈，教练员突然指一名学生并喊"嘭！"，被指学生要立刻举起双手，同时喊"嘭！"，该学生左右相邻的两名学生要用手捂住耳朵，同时喊

"哎呀"、喊错、做错或太慢者做 10 个俯卧撑。教练员可以连续给信号。

2. 双人移动接力

根据人数将全队分成若干均等小组，每组中的两人拉手并进（并进步法可以选择跨步、交叉步或滑步等），教练员可以划定竞赛的距离，按规定进行且先完成组获胜。对最后一组适当给予惩罚。

3. 4 人一组，火车接力

根据人数将全队分成 4 人一组的若干小组，采取后一人右手搭前一人肩上，后一人左手前托前一人脚的"火车"式连环姿势，以 9 米为距离行进，完成最快的一组获胜，对负者适当给予惩罚。

4. 各种传递球接力

全队分成两组，站成两路纵队，队员前后相距 1 米。排头用下列方法依次将球传递到排尾，排尾学生拿球再跑到排头，做一轮后速度快者为胜，对负者适当给予惩罚。

方法一：头上、胯下交替双手向后传递，不许抛球。

方法二：左右交替转体递接球，不许只从一边传。

方法三：同上，坐地转体递接球。

方法四：坐地屈体拿球再后仰递给后面人。

5. 地滚球接力

两队各攻对方球门（预先设置球门位置和范围），但只能用单手滚球，不许将球抛离地面或抱起，可以用身体挤人，不许拉人，不设守门员，球滚进门得 1 分。

6. 喊号接球

全队报数，每人记住自己的号数，分散自由站在半场线外，由一人在场中央把球垂直抛 3 米高，同时喊一个号，该号学生就迅速跑过来，争取在球落地前将其接住，如果未接住，则其他学生四散跑开，未接住球的人在球落地点站好，用球击打离得最近的学生，被击打的人不得有任何移动，如果被击中，则击球者获胜，被击中者入圈喊号继续。相反，被喊号的学生如果在落地前顺利接住该球，则继续喊号进行游戏。对未击中别人者适当给予惩罚。

7. "上线过电"

所有学生均踩着排球场地线跑，被指定的学生沿线追，如果抓到某位学生，则与其交换角色。

8. "拉大网"

指定一名学生做"渔网"，其他学生在指定区域自由跑，尽量不要被"渔网"网到，"鱼"被"渔网"网到后，即与"渔网"联手继续"网鱼"，直至网到所有的"鱼"。

9. "背靠背"竞赛跑

将学生分成人数相等的若干组,在端线处列队准备,听到哨声后,每组头两名学生背靠背横向滑步跑向中场,触及球网后返回,与下一对选手击掌后依次进行,最后完成者为负。此项游戏还可采取背靠背夹球跑等方式进行。

10. 对墙传垫球接力

将学生分成人数相等的若干组,面向墙壁成纵队站立,听到口令后,由第一名学生对墙传球或垫球,后者依次进行,先落地的小组为负。或者在规定的时间内传垫球次数多者为胜。

注意:具有较好的传球和垫球技术水平的队可以采用此游戏。

11. "抢运粮食"

在对场端线处放若干球车(与分组数相同),车内放若干排球(与每小组人数相同),学生在球场另一端纵队分组站立(各组人数相同),听口令后,第一名学生迅速跑到对场球车处运球回来(每次只能运一球),先运完组获胜。

12. "打龙尾"

将学生分成两组,一组围成大圈,一组在圈中前后相连形成一条"龙",中间不能断开。游戏开始后,外圈学生用一球砸向内圈的"龙尾",击中者出圈,直至内圈的学生全部被击中后,两组交换。

13. "愚公移山"

将学生分成人数相等的组,在端线处列队。排头手捧3个排球,听到信号后移动到中线,将3个球放在中线上,再将球一个一个地搬放在进攻线上,然后将3个球抱起返回本队交给下一名学生,全队依次做同样的动作,速度快的组为胜。要求:搬运时不许掉球,掉地重做。

14. 垫球或传球入"筐"

将学生分成人数相等的组,在端线处列队。每人手持一球,排头先传球(或垫球),球要传向(或垫向)前方6米处由2名学生手拉手组成的手臂圈成的"筐"中,以入"筐"多者为胜。要求:手拉手成圈的两名学生脚下不准移动。

15. 圆圈垫、传球比赛

将学生分成人数相等的组,各组围成一个圈,每组一球,听口令后,有球学生起球,可以向同组同圈的任何一名学生传球或垫球,其他学生用传或垫接应,以哪组球先落地或先未用传、垫衔接者为负。也可以按次数,以传或垫的次数最多者为胜。要求:允许一人连续垫球或传球,但只计入一次。

五、讯飞线上考试系统题库

讯飞考试系统是一款线上理论考试软件,部分试题可以按题型、难度、内容模块等进行组卷。沈阳体育学院排球课建成了配套的排球题库,题库内容如下,对应答案见附录二。

(一) 选择题

1. 排球运动传入中国的时间大约是( )年。[单选题][难度1]

A. 1895; B. 1896; C. 1905; D. 1906

2. 排球双人传球练习中,( )的练习方法难度最低。[单选题][难度2]

A. 一抛一传; B. 一垫一传; C. 传多球; D. 相互对传

3. 在排球教学中,教师应强调最佳击球点,这个击球点在击球人什么位置?( )。[单选题][难度4]

A. 击球人的击球手臂的前上方;

B. 击球人的前方;

C. 击球人习惯的位置;

D. 击球人的头顶上

4. 中国女排从1981年开始连续( )次夺得世界冠军。[单选题][难度3]

A. 3; B. 4; C. 5; D. 6

5. 正面垫球技术的手臂触球部位是以腕关节以上( )厘米左右的桡骨内侧平面为宜。[单选题][难度2]

A. 7; B. 8; C. 9; D. 10

6. ( )技术是攻击性最强的技术。[单选题][难度2]

A. 拦网; B. 扣球; C. 发球; D. 传球

7. 正面垫球技术的练习顺序按照系统性原则应该是( )。[单选题][难度5]

A. 徒手模仿练习、垫固定球练习、垫抛球、两人连续对垫球;

B. 垫固定球练习、垫抛球、两人连续对垫球、徒手模仿练习;

C. 垫抛球、两人连续对垫球、徒手模仿练习、垫固定球练习;

D. 两人连续对垫球、徒手模仿练习、垫固定球练习、垫抛球

8. 双人拦网"心跟进"防守阵形的"心"是指( )号位队员。[单选题][难度3]

A. 1; B. 5; C. 6; D. 2

9. 成年男子网高为( )米。[单选题][难度1]

A. 2.43; B. 2.35; C. 2.15; D. 2.25

10. 成年女子网高为（　　）米。[单选题] [难度1]

A. 2.43；B. 2.35；C. 2.15；D. 2.24

11. 发球队员必须在第一裁判员鸣哨允许发球后（　　）秒内将球发出。[单选题] [难度2]

A. 5；B. 6；C. 7；D. 8

12. 排球比赛场地所有界线宽为（　　）厘米。[单选题] [难度1]

A. 3；B. 4；C. 5；D. 6

13. 正面垫球技术的击球点在（　　）。[单选题] [难度2]

A. 胸前一臂远；B. 胸前半臂远；C. 腹前一臂远；D. 腹前半臂远

14. 在排球双人拦网的防守阵形中，采用"边跟进"的队员最主要是为了（　　）。[单选题] [难度3]

A. 防守吊球；B. 防守扣球；C. 防守发球；D. 防守发球和扣球

15. 初级队最常见的接发球人数为（　　）。[单选题] [难度3]

A. 2；B. 3；C. 4；D. 5

16. 当对方4号位扣球进攻，本方采取双人拦网"边跟进"防守阵形时，（　　）需要兼顾防守直线。[单选题] [难度4]

A. 本方3号位队员；B. 本方4号位队员；C. 本方5号位队员；D. 本方6号位队员

17. 排球比赛在（　　）奥运会成为正式比赛项目。[单选题] [难度3]

A. 1964年东京；B. 1976年蒙特利尔；C. 1980年莫斯科；D. 1984年洛杉矶

18. 正面双手垫球手臂击球的部位是（　　）。[单选题] [难度3]

A. 双手互靠行成的平面；B. 腕关节以上10厘米左右的桡骨外侧平面；C. 腕关节以上10厘米左右桡骨内侧平面；D. 腕关节以上10厘米左右尺骨内侧平面

19. 按照发球时发出球的性能把球分（　　）两种。[单选题] [难度3]

A. 原地发球和跳起发球；

B. 上手发球和下手发球；

C. 平冲球和高吊球；

D. 飘晃球和旋转球

20. 排球比赛场地包括比赛场区和（　　）。[单选题] [难度3]

A. 发球区；B. 前场区和后场区；C. 准备活动区；D. 无障碍区

21. 传球技术在比赛中最重要的作用是（　　）。[单选题] [难度3]

A. 组织进攻；B. 接发球；C. 接吊球；D. 接各种高球

22. 每局比赛每队最多可替换（　　）。[单选题] [难度5]

A. 4人次；B. 5人次；C. 6人次；D. 8人次

23. 国际排联世界性比赛要求室内温度的范围是（　　）。[单选题] [难度1]

A. 10～25℃；B. 10～26℃；C. 16～25℃；D. 16～26℃

24. 队长上衣必须有明显的标志，是指在其胸前号码下的一个长和宽各是(　　)的白色标志。[单选题][难度1]

A. 10厘米和1厘米；B. 12厘米和1.5厘米；C. 10厘米和2厘米；D. 8厘米和2厘米

25. 如果进行正面上手发旋转球，球应该呈现(　　)样的飞行效果。[单选题][难度3]

A. 上旋飞行；B. 下旋飞行；C. 无旋转飞行；D. 侧向飞行

26. 排球正面双手垫球的击球点位置应该保持在(　　)。[单选题][难度3]

A. 颈窝位置；B. 胸前高度；C. 腹前约一臂远位置；D. 紧紧贴近膝关节处

27. 正面上手发飘球技术的教学步骤为(　　)。[多选题][难度4]

A. 示范；B. 讲解；C. 组织练习；D. 纠正错误动作

28. 扣球人如果出现起跳后前冲的错误，可以采取(　　)方法进行指导改进。[多选题][难度5]

A. 徒手起跳练习；

B. 原地徒手练习；

C. 结合球网起跳，扣教师抛球；

D. 原地对墙扣

29. 下列不属于进攻阵型的是(　　)。[多选题][难度3]

A. 中一二；B. 边一二；C. 心跟进；D. 边跟进

30. 当对方4号位扣球进攻时，可以根据本队的情况采取(　　)的做法。[多选题][难度4]

A. 本方最近的一名队员上去单人拦网；B. 本方最近的两名队员上去双人拦网；

C. 本方前排队员都上去拦网；D. 后排自由防守人员可以上去拦网

31. 阵容配备指(　　)。[多选题][难度3]

A. 合理安排；B. 场上队员；C. 技术力量；D. 组织形式

32. 排球运动发展较好的形式有(　　)。[多选题][难度1]

A. 沙滩排球；B. 室内六人制排球；C. 九人制排球；D. 气排球

33. 准备姿势指(　　)。[多选题][难度2]

A. 使身体重心处于相对稳定的状态；

B. 身体处于站稳、站直状态；

C. 为快速移动及击球创造最好的条件；

D. 双脚站牢

34. 正面上手发旋转球时要求(　　)。[多选题][难度2]

A. 掌跟击球；B. 全手掌包球；C. 推压；D. 突停

35. 正面下手发球要点有(　　)。[多选题][难度4]

A. 准备姿势；B. 抛球引臂；C. 挥臂击球、击球手形；D. 击球点

36. 世界排球运动的发展包括（　　）阶段。［多选题］［难度2］
A. 现代排球；B. 娱乐排球；C. 美式排球；D. 竞技排球

（二）填空题

1. 排球运动是由两支人数_____的球队，在被_____隔开的两个均等的场区内，在规则允许的条件下，以身体_____部位将球从_____击入对方场区，而不使球在本方场区落地的、集体的、攻防对抗的体育项目。

2. 排球技术具有高度的_____。

3. 排球世界大赛有_____、_____和_____。

4. _____年，中国女排首次获得世界冠军，到1986年，中国女排连续_____次获得世界冠军。

5. 1964年，周恩来总理邀请_____率日本女排访华，贺龙副总理提出要学习日本女排，明确提出了"_____"训练原则，极大推进了训练工作。

6. 排球运动项目经过一百多年的发展，衍生出了多种运动形式，如_____排球、_____排球、_____排球和_____排球等。

7. 按参与拦网的人数分类，拦网可分为_____拦网和集体拦网，集体拦网又可分为_____拦网和_____拦网。

8. 按照身体重心的高低，准备姿势可分为_____准备姿势、_____准备姿势和_____准备姿势三种。

9. 正面双手传球的击球点应保持在_____前上方约一球处距离。

10. _____是队员将高于球网上沿的球有力地击入对区的一种击球方法，是得分的主要手段。

11. 发球按照球发出的性能，有_____和_____两种。

12. 进攻阵形主要有"_____"进攻阵形、"_____"进攻阵形和"_____"进攻阵形等形式。

13. 交换位置可分为_____队员之间的换位和_____队员之间的换位。

14. 排球比赛球网高度为成年男子_____米、少年男子_____米、成年女子_____米、少年女子_____米。

15. 比赛场区为长_____米、宽_____米的长方形。两条长线是_____，两条短线是_____。

16. 排球裁判工作的八字方针是_____、_____、_____、_____。

17. 进攻阵形主要有_____、_____等几种形式。

18. 排球运动在我国经历了_____人制、_____人制、_____人制和_____人制的演变过程。

19. 在扣球两步助跑起跳中，从步幅上要求第一步_____，第二步_____；从速度上要求第一步_____，第二步_____。

20. 比赛用球要求圆周为_____厘米，重量为_____克，气压为_____千克/平方厘米。

21. 排球技术教学中主要教学步骤为示范、_____、组织练习、_____。

22. 国际排联的英文缩写是_____。

(三) 判断题

1. 排球运动起源于1895年，创始人是美国人詹姆斯·奈史密斯。（　　）[难度1]

2. 排球运动约在1919年传入我国。（　　）[难度1]

3. 国际排联于1947年成立，简称FIVB。（　　）[难度1]

4. 六人制排球是在1964年第18届东京奥运会上被列为奥运会比赛项目的。（　　）[难度1]

5. 我国排球比赛的上场人数经历了十六人制、十一人制、九人制、六人制的演变过程。（　　）[难度1]

6. 扣球在比赛中起到组织进攻的作用。（　　）[难度1]

7. 传球是排球比赛中攻击性最强的技术。（　　）[难度1]

8. 正面上手发飘球时，手臂的挥动轨迹是自后向前作弧线运动。（　　）[难度1]

9. 发球是唯一一个在比赛中由运动员完全控制的技术，因为它是由运动员持球开始的。（　　）[难度2]

10. 正面垫球的击球点在胸前。（　　）[难度1]

11. 在扣球助跑最后两步中，从步幅上要求第一步小，第二步大；从速度上要求第一步慢，第二步快。（　　）[难度3]

12. 正面垫球用前臂腕关节以上10厘米左右的桡骨内侧平面击球。（　　）[难度1]

13. 双人拦网"心跟进"防守阵型的"心"是指1号位队员。（　　）[难度2]

14. 阵容配备是合理地安排场上队员技术力量的组织形式，常用的可分为"五一"配备和"四二"配备。（　　）[难度2]

15. 竞赛制度分为单循环、双循环和混合循环。（　　）[难度2]

16. 发球队员必须在第一裁判员鸣哨发球后8秒内将球发出。（　　）[难度2]

17. 排球比赛场地为对称的长方形，包括比赛场区和无障碍区。（　　）[难度1]

18. 排球场地所有界线的宽均为10厘米。（　　）[难度1]

19. 排球教学文件主要包括教案、教学进度、教学大纲等。（　　）[难度3]

20. 我国正式开展六人制排球比赛的时间是1955年。（　　）[难度3]

21. 比赛采用每球得分制，胜一球即胜一分。（　　）[难度3]

22. 国际排联正式比赛采用的赛制是7局4胜制。（　　）[难度2]

23. 扣球是排球技术中唯一不受他人制约的技术。（　　）[难度2]

24. 传球技术在排球比赛中主要用于组织进攻。（　　）［难度 1］
25. 排球运动于 1925 年传入我国。（　　）［难度 2］
26. 由郎平指导带领的中国女排夺得了 2016 年里约奥运会排球赛冠军。（　　）［难度 1］
27. 排球运动是由美国基督教青年会干事威廉·摩根创造的一项球类运动。（　　）［难度 2］
28. 垫球时应双手掌叠起握紧，手腕上翘，手臂尽量外翻形成一个平面。（　　）［难度 2］
29. 传球的时候，大拇指不要朝前。（　　）［难度 1］
30. 发球时抛球的高低不影响发球的效果。（　　）［难度 2］
31. 在比赛过程中请求的暂停时间为 30 秒。（　　）［难度 2］
32. 中国发明了"盖帽拦网"技术。（　　）［难度 1］
33. 目前排球比赛普遍采用 12 人制。（　　）［难度 1］
34. 沙滩排球不是奥运会比赛正式项目。（　　）［难度 4］
35. 自由人是可以拦网的。（　　）［难度 4］
36. 自由人是可以发球的。（　　）［难度 2］
37. 坚韧不拔、艰苦奋斗是中国女排精神的一部分。（　　）［难度 5］
38. 袁伟民曾经担任中国女排主教练。（　　）［难度 2］
39. 准备姿势中，队员的身体重心必须"后坐"。（　　）［难度 1］
40. 扣球常采用稍蹲准备姿势。（　　）［难度 1］
41. 初学时，要尽量伸直手臂完成垫球动作。（　　）［难度 2］
42. 扣球中可以采用"推铅球"式的挥臂动作。（　　）［难度 2］
43. 正面上手发球动作中需要全手掌包击球。（　　）［难度 5］
44. 在传球练习时要尽量先移动，对正传球方向后再传球。（　　）［难度 5］
45. 初学垫球时可以采用徒手练习、自垫球、对墙垫球、对垫球等方法训练。（　　）［难度 5］
46. 扣球练习中可以先采取徒手挥臂练习、脚下步法的练习。（　　）［难度 5］
47. "中一二"和"边一二"进攻阵形的根本不同：二传与攻手间的位置不同。（　　）［难度 4］
48. "中一二"进攻阵形中，二传在中间，攻手在两边。（　　）［难度 5］
49. 优秀裁判员必须做到两个公平一致：对所有参赛者的公平一致；被观众认可的公平一致。（　　）［难度 5］
50. 比赛间断时，队长可以和裁判员讲话，请求对规则和规则的执行进行解释。（　　）［难度 5］
51. 接发球队员在接球时同一动作中连续击球两次，应不算连击。（　　）［难度 4］

52. "边一二"进攻阵形中,二传在中间,攻手在两边。（　）[难度2]
53. 排球比赛中,采用逆时针方式轮转换位。（　）[难度3]
54. 当要传球的队员轮转到后排位置时,可以使用"插上"进攻阵形。（　）[难度3]
55. 初级队伍建议采用"W"五人接发球阵形。（　）[难度2]
56. 单人拦网防守阵形中可以安排最近的前排队员上前拦网。（　）[难度2]
57. 在比赛中演练各种战术是非常必要的。（　）[难度5]
58. 允许发球的执裁动作方法是挥动手臂,指出发球方向。（　）[难度5]
59. 比赛中,教练员可以随时与裁判员交谈。（　）[难度4]
60. 交换场区的手势由第一裁判员给出。（　）[难度3]
61. 暂停时,运动员可以在球网附近的前场区进行商讨。（　）[难度3]
62. 换人的执裁动作方法是两臂屈肘在腹前环绕。（　）[难度5]
63. 一局（场）比赛结束的执裁动作方法：两臂胸前交叉,掌心向外。（　）[难度4]
64. 发球前,不允许队员在手中转球。（　）[难度4]
65. 发球队员必须在裁判员鸣哨之后10秒之内将球发出。（　）[难度5]
66. 位置错误犯规只在发球击球瞬间发生。（　）[难度1]
67. 球打在线上属于界外球。（　）[难度1]
68. 球打在标志杆上属于界外球。（　）[难度5]
69. 接发球时用手接住再抛出的动作明显属于持球犯规的一种。（　）[难度3]
70. 接球时队员用脚接球是不被允许的。（　）[难度1]
71. 传球的手要尽量伸平、伸展,以截击住球。（　）[难度1]
72. 采用传固定球练习传球或垫球是初学者常采用的练习方法。（　）[难度1]
73. 基层排球比赛中,下手发球常采用正面下手发球或侧面下手发球。（　）[难度5]
74. 后排队员在前场区原地站着将球击过球网属于进攻性击球犯规（击球时的高度未高于球网）。（　）[难度2]
75. 发球击球时脚踩了一点线是允许的。（　）[难度5]
76. 如果球因为落地后的变形而触及界线,属于界内球。（　）[难度4]
77. 球从非过网区过网进入对方场区时,由看得最清楚的司线员出旗。（　）[难度5]
78. 无法判断的司线员执裁动作是两臂胸前交叉。（　）[难度1]
79. 正面上手发球的击球点在击球手臂前上方。（　）[难度1]
80. 正面上手发旋转球的挥臂线路为弧线挥臂。（　）[难度1]
81. 正面上手发球手的击球部位为全手掌。（　）[难度1]
82. 正面上手发球手的击球手型是掌根。（　）[难度1]

83. 正面上手发旋转球手的击球手法是突停。（　　）［难度 1］
84. 正面上手发飘球的击球点较正面上手发旋转球稍低、稍向前。（　　）［难度 1］
85. 正面上手发飘球的挥臂线路是直线挥臂。（　　）［难度 1］
86. 正面上手发飘球手的击球部位是掌跟。（　　）［难度 1］
87. 正面上手发飘球的击球手法是包击推压。（　　）［难度 1］
88. 比赛进行中，触网是被允许的。（　　）［难度 2］
89. 比赛中，拦对方发过来的球是被允许的。（　　）［难度 2］
90. 正式国际排球比赛采用的赛制是三局二胜。（　　）［难度 1］
91. 排球场地发球区宽为 3 米。（　　）［难度 2］
92. 扣球属于进攻技术。（　　）［难度 1］
93. 发球队员击球瞬间，对方或本方队员可以在场区内任意移动。（　　）［难度 2］
94. 排球有球技术包括传球、垫球、扣球、发球、拦网。（　　）［难度 2］
95. 排球无球技术包括准备姿势和移动。（　　）［难度 1］
96. 排球比赛中每方最多可击球 4 次。（　　）［难度 2］
97. 正式比赛的裁判员由第一裁判员、第二裁判员、记录员组成。（　　）［难度 5］
98. 垫球主要用于接发球、接扣球、接拦回球及接应各种低球。（　　）［难度 2］
99. 准备姿势根据身体活动的需要可分为稍蹲、半蹲、低蹲三种。（　　）［难度 5］
100. 交换位置有左列队员之间的换位和右列队员之间的换位两种。（　　）［难度 5］
101. "中一二"进攻阵形：由前排或后排队员在前排中间位置做二传，其他队员参与进攻的阵型。（　　）［难度 5］
102. "五一"配备是指全队只有 1 名二传队员和 5 名攻手的阵容配备形式，目前高水平的运动队一般采用"五一"配备。（　　）［难度 5］
103. 教学方法应该遵循的原则为循序渐进、由简到繁、由易到难、由简单条件下学习到接近比赛的条件下练习。（　　）［难度 5］
104. 日本队发明了前臂垫球。（　　）［难度 5］
105. 日本队发明了短平快球。（　　）［难度 5］
106. 中国队发明了快板球。（　　）［难度 3］
107. "中一二"进攻阵形的缺点是战术变化少，对方容易识破进攻意图。（　　）［难度 4］
108. 阵容配备只有"五一"配备这一种。（　　）［难度 5］
109. 双人拦网"心跟进"防守阵形的缺点是后场和"两腰"空隙较大，容易造成空当。（　　）［难度 4］
110. 双人拦网"心跟进"防守阵形的优点：对防吊球和防拦起球有利，也便于接应和组织反击。（　　）［难度 4］
111. 单人拦网防守阵形的优点：增加了后防人数，便于组织进攻。（　　）［难度 4］

112. 单人拦网防守阵形的缺点：参与拦网的人数少，拦击面积较小。（ ）［难度1］

113. 排球比赛场地的地面必须平坦、水平、划一。（ ）［难度1］

114. "拦网触手后还可以击球三次"为防守反击创造了条件。（ ）［难度2］

115. 排球比赛是由后排左侧队员（面向球网站立时）在发球区内发球开始的。（ ）［难度1］

116. 正式比赛采取5局3胜制，即最多打5局，各局比分都有最高分数限制。（ ）［难度2］

117. 前臂垫球是排球运动独有的击球动作。（ ）［难度2］

118. 世界锦标赛是开展最早、规模最大的世界性排球比赛。（ ）［难度2］

119. 可以根据对手进攻特点以及本队情况来选择防守阵形。（ ）［难度2］

（四）简答题

1. 正面双手垫球的动作方法是什么？［难度2］
2. 正面双手传球的动作方法是什么？［难度2］
3. 正面扣球动作要点是什么？［难度2］
4. 常用的信号联系是什么？［难度1］
5. 排球竞赛的组织工作包括哪三个阶段？［难度2］
6. 单循环是什么？［难度2］
7. 循环制包括哪三种形式？［难度2］
8. 发球教师在排球场区的何处进行示范为好？［难度3］
9. 正面双手传球教师在排球场区的何处进行示范为好？［难度3］

（五）多选题（本题共15分，答对一条得3分；选择正确答案序号填入括号中）

1. 以下关于司线员的表述正确的是（ ）。［难度5］
(1) 如果有两名司线员，他们应该分别站在每位裁判员右手边的场区角端；
(2) 司线员要站在距场角1～2米处；
(3) 他们各自负责自己一侧的端线和边线；
(4) 国际排联正式比赛可设2～4名司线员；
(5) 发球时，队员踏及端线，司线员应示意摇旗

2. 排球裁判员的组成是（ ）。［难度4］
(1) 第一裁判员、第二裁判员；
(2) 鹰眼挑战裁判员、鹰眼操作员；
(3) 记录员、辅助记录员；
(4) 2名（或4名）司线员；
(5) 播音员、司分员；6名捡球员、6名擦地员

3. 以对区 4 号位进攻为例,单人拦网防守阵形的分工是（　　）。[难度 3]

(1) 2 号位队员拦网；

(2) 最近的队员拦网；

(3) 最远的队员不适合或不被允许拦网；

(4) 3 号位队员防吊球；

(5) 垫球效果最好的队员防守自己位置附近的球并可以兼顾、帮助其他队员

4. 以 6 个参赛队为例,如何用"贝格尔"编排方法编排轮次表？（　　）。[难度 5]

(1) 1—6, 2—5, 3—4；

(2) 6—4, 5—3, 1—2；

(3) 2—6, 3—1, 4—5；

(4) 6—5, 7—4, 2—3；

(5) 3—6, 4—2, 5—1

5. 正面双手传球的练习方法是（　　）。[难度 3]

(1) 徒手传球练习；

(2) 学生两人一组,传固定球练习；

(3) 学生两人一组,进行传自抛球再传出的练习；

(4) 学生两人一组,传同伴抛球练习；

(5) 学生两人一组,连续对传球练习

6. 正面上手发旋转球的动作方法为（　　）。[难度 3]

(1) 击球点在击球手臂前上方；

(2) 挥臂线路为弧线挥臂；

(3) 手击球部位为全手掌击球；

(4) 击球手型为五指张开,略微保持紧张；

(5) 击球手法为包击推压

7. 世界范围内,排球运动是如何传播的？（　　）。[难度 2]

(1) 排球运动在美国问世；

(2) 传教士和士兵将其带到了世界各地；

(3) 六人制排球运动在发展中首先传入加拿大；

(4) 1905 年传入古巴和中国

8. 我国六人制排球发展中,先后经历过哪几个阶段？（　　）。[难度 3]

(1) 继承学习阶段；

(2) 摸索发展阶段；

(3) 低潮阶段和恢复阶段；

(4) 低谷阶段；

(5) 走出低谷、重振雄风阶段

第二节 教师岗位职业能力的培养

一、说课

说课指教师针对某一观点、问题或具体课题，口头表述其教学设想及其理论依据。简而言之，说课是教师说一说是怎么教的，为什么要这样教。说课不受时间和场地等限制，对提高教学效率、教学质量及教师的自身素质有较大帮助。

（一）说课的分类

说课可以分成两大类：一类是实践型说课，另一类是理论型说课。实践型说课是指针对某一具体课题的说课，而理论型说课是指针对某一理论观点的说课。

（二）说课的内容

说课的内容是说课的关键。不同类型说课的内容自然也不同。实践型说课侧重说教学的过程和依据，而理论型说课则侧重说个人的观点。

1. 实践型说课内容

（1）说教材

说教材主要是说明教材简析、教学目标、重点难点、课时安排、教具准备等，此处可以简要地说，目的是让听的人了解要说的课的内容。

（2）说教法

说教法是说明根据教材和学生的实际，准备采用哪种教学方法，教师应该从总体上阐述教法思路。

（3）说过程

说过程是说课的重点。要说明准备怎样安排教学的过程，为什么要这样安排。一般来说，应该把个人教学中的几个重点环节说清楚，如常规训练、重点训练、课堂练习、作业安排、板书设计等。在这几个过程中要特别注意把个人教学设计的依据说清楚。这也是说课与教案交流的区别所在。

2. 理论型说课内容

（1）说观点

理论型说课是针对某一理论观点的说课，必须先把个人的观点说清楚。赞成什么，反对什么，要立场鲜明。

（2）说实例

理论观点是要用实际的事例来证实的。说课中要引用恰当的、生动的例子来说明个人的观点，这是理论型说课的重点。

（3）说作用

说课不是纯粹的理论交流，它注重的是理论与实践的结合。因此，要在说课时结合个人的教学实践，把该理论在教学中的作用说清楚。

（三）说课模板

说课是教师岗位就职考试的内容，许多考生的教学经验不足或准备时间不够，需要借助说课模板来备考。下面介绍的内容仅供参考，尚需要结合个人和就职要求酌情修改。

各位专家、评委老师上午好，我本次说课的题目是……

本课题主要包括以下8个方面的内容：指导思想、教材分析、学情分析、教学目标、教学方法、学法指导、教学过程、预计课的效果。

1. 指导思想

本课以排球课程标准为依据，坚持"健康第一"的指导思想，全面发展学生素质，提高学生对排球运动的兴趣，增加学生的运动知识，在教学过程中，努力借助现代化的教学手段，力图构建分层递进的教学模式，充分发挥学生的主体性，关注学生个体差异，最大限度地满足学生不同层次的运动知识需求，确保每名学生都能通过排球课获得运动知识和运动乐趣，为终身体育锻炼奠定良好的基础。

2. 教材分析

××是排球课程教材××章（节）……的内容。本章主要就……的相关知识进行叙述，分别介绍了……，在学习……内容的基础上，让学生进一步了解学习……，为学生奠定××基础。所以提出本课的教学重点为……，教学难点为……

3. 学情分析

本课的授课对象为体育教育专业学生，此阶段学生的身心发展趋向成熟，已经具备了独立思考、判断、评价和概括等能力，也已经具备一定的体育基础知识。本课应依据所授班级学生的男女学生比例、性格特点、体育知识水平、体育运动技术基础、喜爱体育运动的程度，以及该班的班风班纪等情况组织开展教学。

4. 教学目标

（1）知识培养目标

学习和了解……的一般知识和原理，初步掌握……的概念，……

(2) 技能训练目标

通过课堂教学，锻炼学生自主学习、探究学习和合作学习的能力，提高学生自我认识、自我调控、与人交往及运用体育与健康知识进行科学锻炼的能力。

(3) 情感开发目标

通过师生互动、学生自主交流，促进学生建立和谐的人际关系，……引导学生树立积极的社会责任感，帮助学生建立正确的世界观、人生观和价值观。

5. 教学方法

（阐述现代教学思想、教学方法的介入，实践课精讲多练，突出自己的教学方法，不必太烦琐。）

(1) 情境导入法

利用多媒体，播放有关……的图片、视频、比赛、精彩电影电视片段等，创设情境，激发学生学习的兴趣。

(2) 启发诱导法

通过设问、疑问等形式，引发学生思考，激起学生探讨的兴趣，开展探究式学习，组织学生讨论，为学生自主学习创造平台。

(3) 直观教学法

针对……的重点和难点，利用挂图、Flash 动画、多媒体课件等直观手段，提高学生学习的效果。

(4) 讲解示范

因为本章要求以学生自主学习为主，所以课堂中只对重要的概念、教学的重点和难点进行讲述、讲解并做正面、侧面等示范动作，让学生对整体的和分解的动作有一个概念。

6. 学法指导

新课程要求学生的学习以培养创新精神和实践能力为主要目的，使学生通过自主学习、交互学习和探究学习的过程提升发现问题、提出问题、分析问题和解决问题的能力，充分调动学生学习的积极性和主动性。所以教师在学生学法方面应注意做到：

一是在情境导入中，指导学生形成发现问题、提出问题并主动去探索、解决问题的学习意识。

二是培养学生自主学习、探究学习和合作学习的能力，充分发挥学生学习的主体性。

三是指导学生自我展示、自我评价，激发学生学习的兴趣，锻炼他们的逻辑思维、语言表达等能力，培养其自信心。

四是指导学生通过上网、查阅书刊等方式，增加自己……方面的知识。

7. 教学过程

图 3-1 为教学过程流程图。

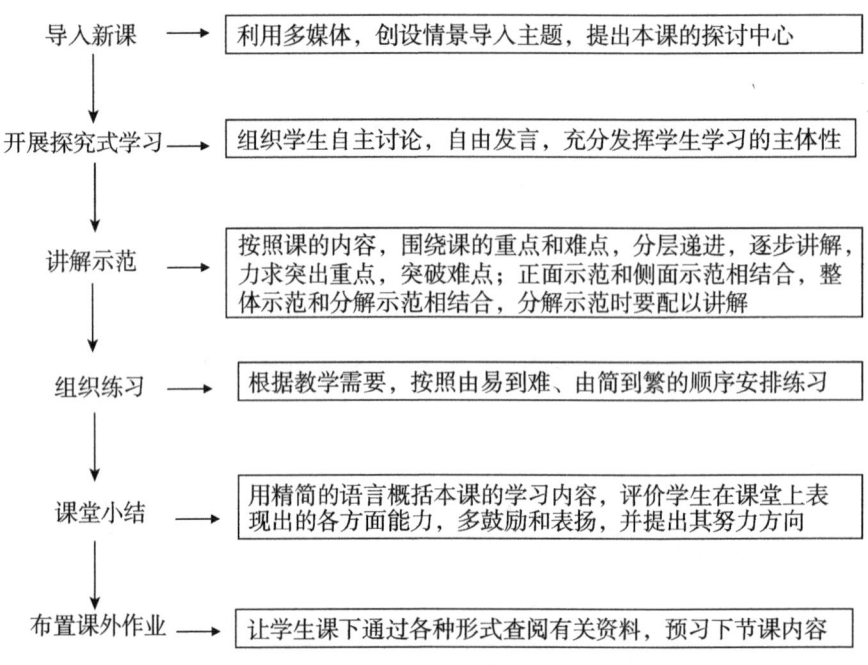

图 3-1　教学过程流程图

8. 预计课的效果

预计本堂课，学生讨论积极，参与程度高，课堂气氛活跃，能够让学生在轻松、愉悦、和谐的环境中探索性地学习排球运动知识。

排球课是师生互动、学生交流的动态过程，在实际的教学中不能拘泥于既定的教学设计。教无定法，贵在得法。将在以后的实际工作中继续努力，刻苦钻研，坚持理论联系实际，不断提高自己的教育教学能力、体育专业技术水平及各方面的素质和能力。

本次说课完毕，请专家、评委老师们批评指正。

(四) 说课示例

以下为针对沈阳体育学院必修排球课情况的 2 个示例。

示例 1：

1. 授课对象说明

本课为××专业排球必修（专修）课；授课对象为×级×、×班（每班各 30 人），总学时数为×学时，本次课学时数为×学时。

开课前两个班学生均未接触过排球运动，目前已经上过 12 次（24 学时）课，本次课为第 13 次课，学生已经具有较高的排球运动参与热情，出勤情况较好。

教学理念：

① 教会学生学会学习，学生通过教学不仅能够掌握系统的知识，而且能够获得独立学习与更新知识的方法和能力；

② 在技术方面，不仅能够掌握教学大纲中规定的内容，而且能够举一反三，在比赛中灵活组织简单战术；

③ 在教学能力培养方面，不仅能够掌握基本的练习方法，而且能够掌握适合不同水平的练习方法，并在课中实践和总结；

④ 在教学组织能力培养方面，每名学生都能够在其他学生教学实习经验的基础上自主创新；

⑤ 在小组互动学习方面，学生能够互相观察、监督和提示，表现出较强的集体荣誉感和良好的团队精神。

2. 教学组织

教学组织结构图如图 3-2 所示。

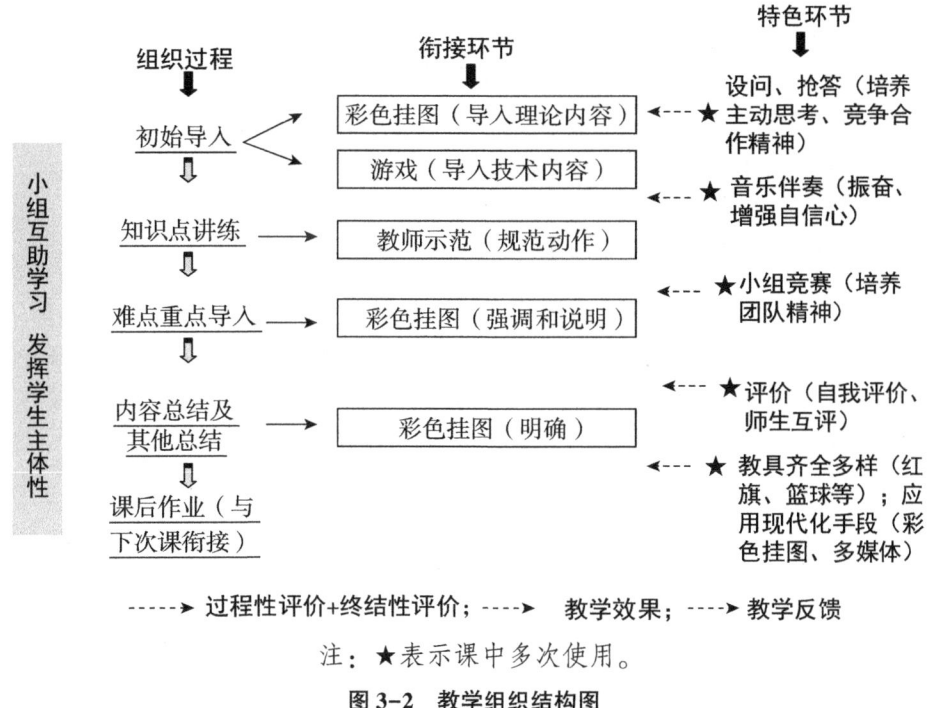

图 3-2 教学组织结构图

3. 教学方法

(1) 导入法和直观教学法

利用彩色挂图，分别在课前、课中导入全课程的重点和本课重点，以激发学生学习的兴趣，并起到画龙点睛的作用。

（2）启发诱导法

通过设问（如"初次课传球教学中我们用了哪些练习方法？"）、疑问（如"请大家留意，本次课中我们还用了哪些练习方法来巩固传球技术？"）等形式，引发学生思考，激起他们探讨的兴趣，为他们自主学习创造机会。

（3）讲解示范

对教学的重点进行讲述、讲解，并做正面和侧面的示范动作，让学生对整体的和分解的动作有一个概念。

（4）集体纠正和个别指导（略）

（5）榜样示范（略）

4. 学法指导

（1）在导入环节中，指导学生形成发现问题、提出问题和主动解决问题的学习意识。

（2）在小组合作学习中，指导学生自主学习、自我总结，充分发挥学生学习的主体性。

（3）指导学生自我展示（如代表本小组展示）、自我评价，激发学生学习的兴趣，锻炼他们的逻辑思维和语言表达能力，培养其自信心。

（4）指导学生通过上网、查阅书刊等方式，查疑补漏，巩固和增加知识。

5. 预计本次课的教学效果

预计本次课上，学生积极踊跃，参与程度高，课堂气氛活跃，能够让学生在轻松、愉悦、和谐的环境中自主学习。

预计教学负荷适中，扣球环节强度稍大。

6. 教学特色

（1）利用现代化手段加入音乐元素

为使课堂气氛活跃、轻松，且具有感召力，特别结合排球专项运动特点，在准备活动环节设计了球操，所选配乐为学生耳熟能详的流行音乐，具有悠扬、节奏感强等特点。该球操既能达到帮助学生活动全身各关节的目的，还能起到修身养性、培养良好气质、提升自信心的作用。

（2）利用彩色挂图引入不同内容

配合技术内容和理论内容特别制作了"中一二"进攻阵型图、裁判手势图、学习脉络图、单人拦网防守阵型图，其作用为：一是引入不同环节内容，如本次课的重点、难点等；二是起到画龙点睛的作用；三是起到总结、强调的作用，帮助学生利用听觉、视觉很好地理解和吸收知识。

（3）采用分小组、竞赛学习的方法培养团队精神

从第一次授课起，教师即采用分小组学习的方法，挑选优秀、有责任心的学生担任组长，抓住他们好强上进的心理，进行竞赛评比计分。每名学生都必须代表小组参加展评，课上气氛活跃，同学间养成了良好的"比、学、赶、超"的学习习惯。

(4) 采用首次印象+中期评价+末期考核和过程性评价+终结性评价的评价方法

为了更好地做到针对性教学，更好地了解每名学生不同阶段的情况，教师建立学生小档案，里面简要表明学生不同时期的情况和教师对其印象。该记录与点名册情况相结合，更能真实地反映他们的进步情况和最终情况，为教师的教学提供辅证。

(5) 采用多种教学方法、充分利用现有条件诠释教材

课上使用篮球、小旗等教具进行配课。

示例 2：

1. 示例原文

各位专家：

您好！

我说课的题目是《基于 OBE 和课程思政的"立交桥"式排球人才培养》(PPT1)。

(目录) 我将从课及教师情况、学生情况、学生问题、教学目标、"立交桥"式设计思路、教学方法、成效特色、教学反思 8 个方面来进行介绍 (PPT2)。

(课情) 本课为辽宁省一流课程，正在参加国家级评选，选用的教材为由我主编的省优秀教材。授课教师为辽宁省优秀教学团队带头人，沈阳市优秀硕士生导师，国家级裁判员。本次课为本学期 64 学时中的第 26 次课，主要内容为全队一攻与防反战术配合练习、教学比赛与裁判实训 (PPT3)。

(学情) 我的授课对象为大学二年级排球专项理论与实践课的 18 名女学生 (PPT4)。通过开课前的问卷调查，我了解到她们除了具有一定的排球专项运动基础之外，还存在实践能力较弱，尚需要强化职业能力的问题 (PPT5)。

(教学目标) 为了更好地解决前述学生存在的问题，也为了能够切实在人才培养方面提高培养目标、发展定位、毕业要求和社会需求这些方面的匹配度，同时也与 OBE 理念相一致 (PPT6)，进行反向"立交桥"式设计，形成知识、技能、情感三种教学目标与人才培养传导机制和输出结果良性循环的育人模式。这座育人"立交桥"的基础是知识和技能，在传导过程中，我们采取模块化推进教学内容的方式，补齐短板，在校企合作、校校合作中实现学生的塑身 (PPT7)，同时"立交桥"的"黏合剂"是情感，我们也通过嵌入的课程思政来为学生修身 (PPT8)。

本次课要完成的专项内容有两个：一是技战术配合；二是裁判实训。要融入的思政育人引导有三个：团队协作、顽强拼搏和遵守规则 (PPT9)。

(设计思路) 以下我将从专项和思政两个方面来深入介绍交融的"立交桥"式设计思路 (PPT10)。

从专项内容来说，我进阶地安排了各个内容，由低到高依次为基本串联、小组对练、全队攻防以及比赛裁判实训，其中最后两项是本课的重点 (PPT11)。

针对思政内容，我主要从听、看、想、练、比、评、赛、改这几个方面来融入和深

化（PPT12）。例如，我设计的女排拼搏成长故事和高水平比赛视频的引子，创设了学习情境与氛围；再如，我采用的音乐+团建游戏的辅助烘托的目的在于调动学生的参与热情，在寓教于乐中培养学生的规则意识和默契配合的精神（PPT13）。

（教学方法）下面我以流程图的形式诠释我架构的"立交桥"，以明晰教学方法。为了完成立德树人的根本任务，在两条主线中，图中间的位置即本课的难点：活学活用和执裁遵守规则（PPT14）。

"立交桥"的"黏合剂"是中国女排奋斗的故事创设的教学情境，以带动学生主动参与（PPT15）。

同时，最关键的"一座桥梁"来自课外学习，利用"智慧树公开课"中的排球视频课及第二专项自主学习成果的展示来实现课内外一体化。本学期进行的第二课堂、第二专项是武术——五步拳，在课上展示学业成果会激发、鼓励学生自我塑造、自我超越（PPT16）。

基于以上专业提升和课程思政"立交桥"式的设计，我将知识传授、能力培养和价值塑造精准融合，预计将提升学生的攻防配合能力及执裁水平，切实培养他们的实践应用能力（PPT17）。

（成效特色）同时，本课按照知识、应用、整合、价值、情感这一脉络解决学生问题，落实课程目标，并支撑毕业要求（PPT18），将形成本次课如下特色：一是注重学生自主学习、自主研究；二是注重专项融合、多样成才；三是注重融合第一课堂与第二课堂（PPT19）；四是注重结合视频课与实践课；五是注重"游戏+音乐+故事+情境"的营造，解决问题、活跃团结，力争硕果累累；六是反式教学设计，从解决问题入手，契合目标，满足社会需求（PPT20）。

（教学反思）本课在专业方面，专项应用的连贯性有待加强；在能力方面，学生羞涩内敛，不善表达，要创设情境，需要夯实锤炼；在思政方面，对接社会需求，要培养工匠精神（PPT21）。

感谢聆听，请提出宝贵意见（PPT22）。

2. 示例2说课稿对应的PPT

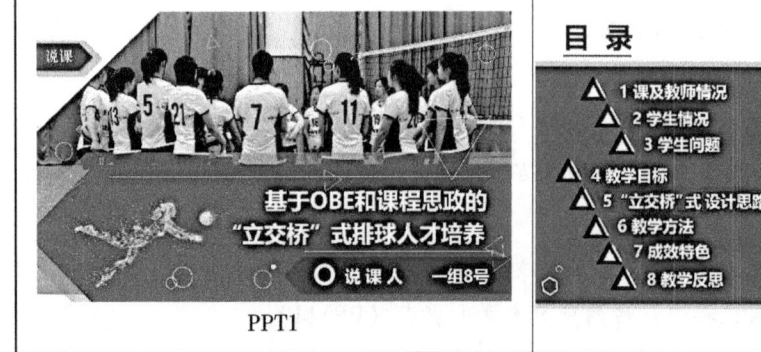

PPT1

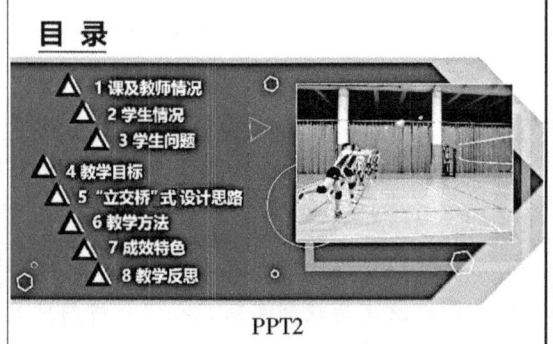

PPT2

第三章 排球教师岗位职业能力的培养

续表

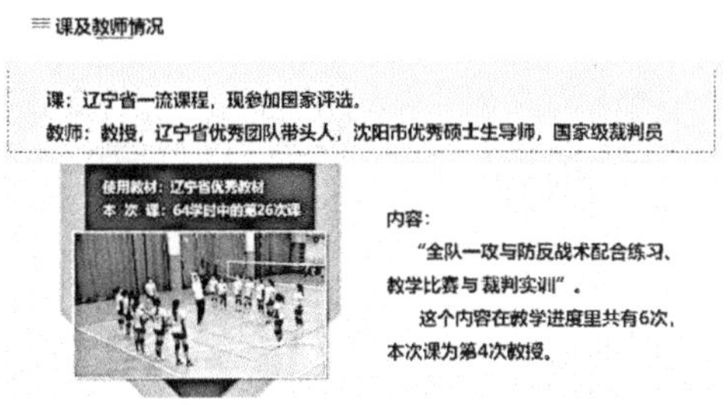

PPT3	PPT4
PPT5	PPT6
PPT7	PPT8
PPT9	PPT10
PPT11	PPT12

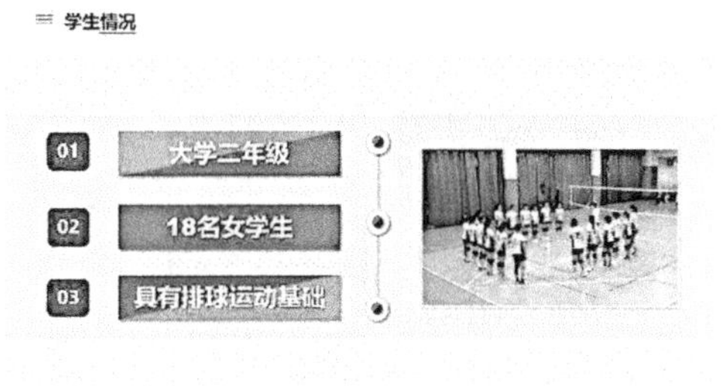

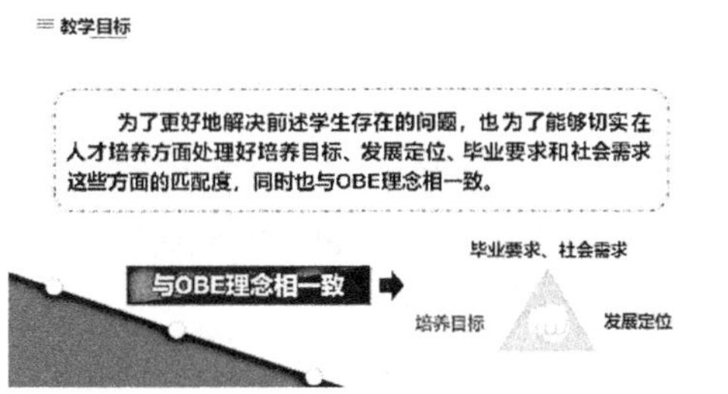

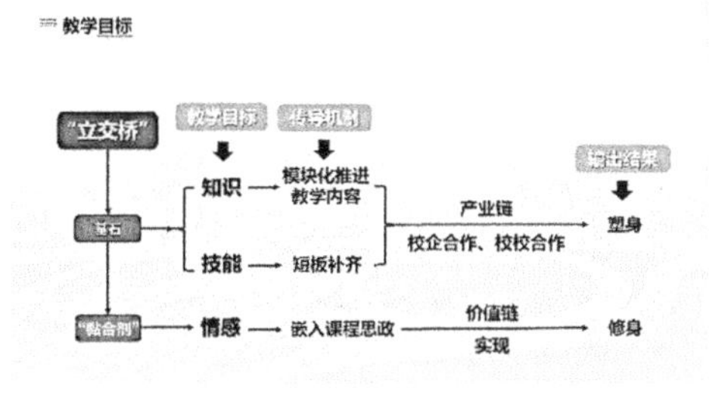

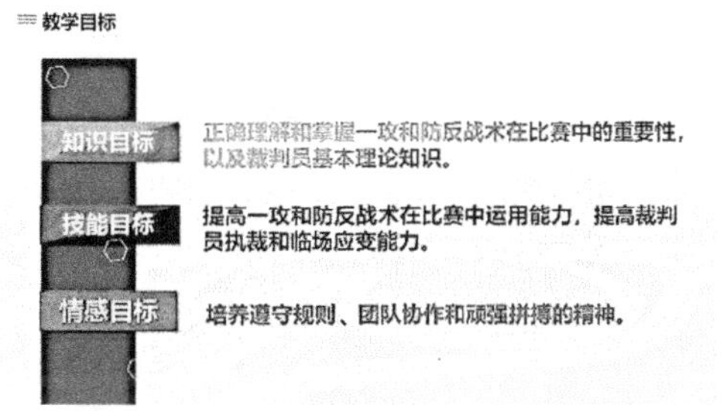

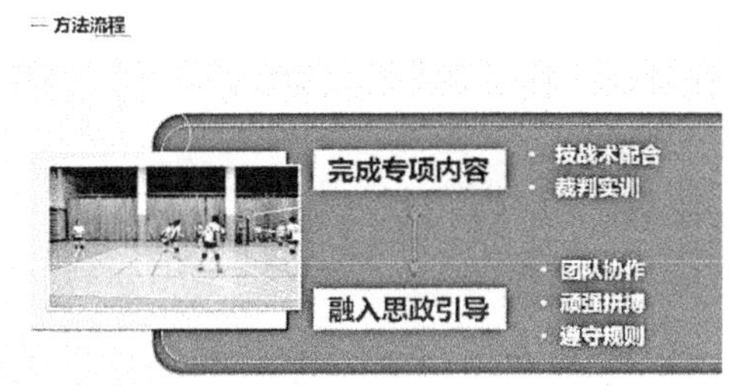

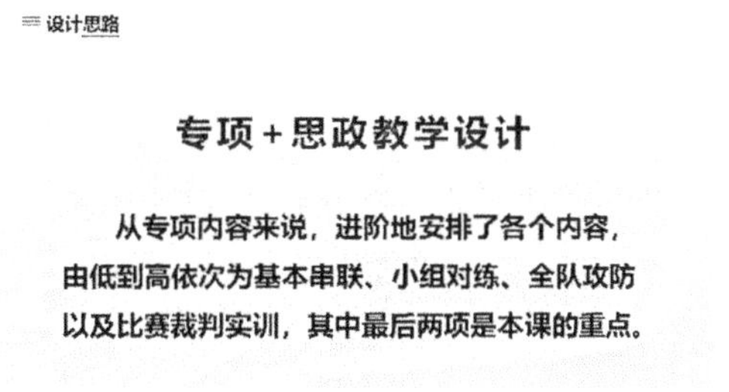

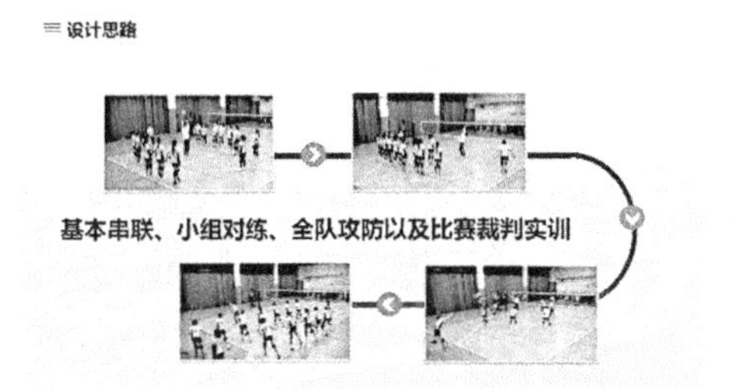

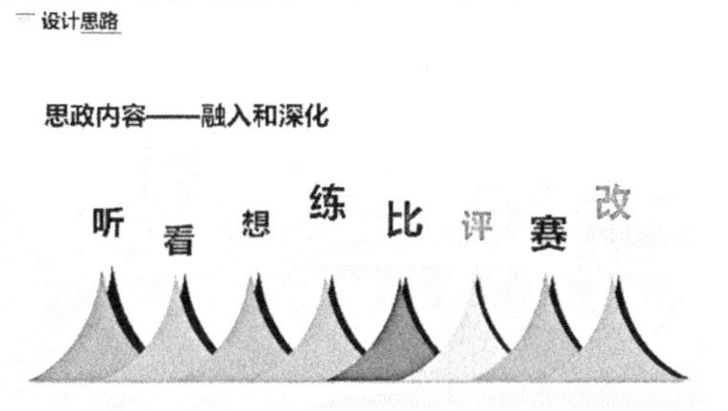

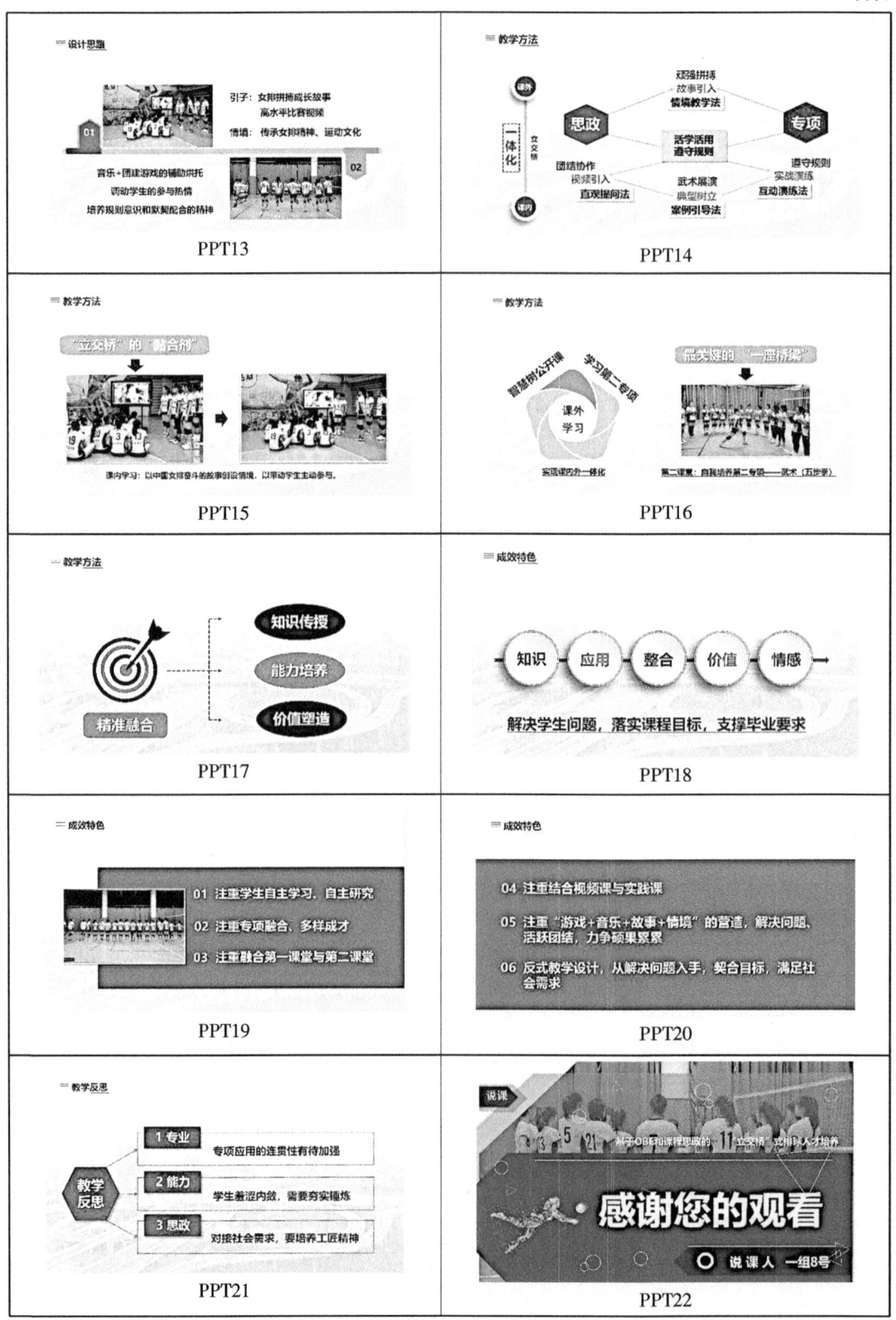

二、有关应聘教师岗位各类考试的指导

(一) 教师招聘考试

1. 基本情况介绍

教师招聘考试是由各省（自治区、直辖市）教育部门或人事部门统一组织的教师竞争上岗考试，是一种公开选拔优秀教师的新型录用制度。自 2003 年教育部推进教师聘任制改革，制定"凡进必考"的教师公开招聘考试制度以来，这类考试日趋正规化、专业化，对应试者的综合素质要求越来越高。

从各地教师招聘考试公告来看，考试科目分为公共科目和专业科目两种。公共科目的考试内容以教育学、心理学、教育心理学、教育法律法规等相关知识为主；专业科目的考试内容为相关学科专业基础知识及学科课程和教学理论。

各省的考试情况包括统考和非统考两类。考试分为笔试和面试两种。

笔试内容有所差异，各省笔试内容主要包括教育基础知识、学科专业知识和教育理论基础知识，其中教育理论基础知识为考试重点。笔试题型包括单选题、多选题、判断题、简答题、论述题和写作题。例如，某地区教师笔试内容涉及人教版高中体育课本，以及《中华人民共和国教师法》《中华人民共和国未成年人保护法》等 4 部法律，还考核体育基本知识。再如，山东教师编制统考考核公共基础知识和教学基础知识两个部分，分别占整个试题分数的 30% 和 70%。其中，公共基础知识包括法律法规、政治经济理论、时政方针、科技知识、市情市况等基础知识；教学基础知识包括教育学、心理学等专业知识。

面试的主要形式有说课、试讲、模拟上课、答辩等，部分地区还涉及课堂教学测试、三笔字、本专业基本功、特长展示等。例如，某地区中学的面试包括模拟讲课，以及测验 100 米、立定跳远和铅球 3 项素质。山东省面试则根据岗位特点，采用专业技能测试、结构化测试、情景模拟、试讲、说课、答辩及实际操作等方式。

2. 教师招聘笔试：体育知识考题举例

教师岗位招聘笔试中关于体育知识，尤其是关于排球项目的内容不多，以下考题举例均来自沈阳体育学院教学实践，答案见附录三。

（1）填空题

1）体育与健康新课程，将根据____和____的特点，将课程学习内容划分为____、____、____、____、____五个学习领域。

2）《学生体质健康标准》规定小学一、二年级的测试项目为____、____、____三项；小学五、六年级和初中以上年级测试项目为____项，其中____、____、____为必测项目，选测项目为____项。

3）《学生体质健康标准》结合课程特点构建了五个领域三个层次的课程目标体系。三个层次的递进关系为____、____、____。

4）根据少年儿童生长发育的基本规律，身体各器官系统的生长发育是____的。其中，____发育最快，____发育最晚。

5）人体能量直接来源于____、____、____。

6）排球竞赛规则规定，如某队被召唤之后拒绝比赛，则宣布该队为弃权，对方以每局____的比分和____的比局获胜。

7）课程改革的核心环节是____，基本途径是____教学。

8）体育与健康课程教学内容时数比例的原则是____、____、____。

9）在新课程标准下，单元教学计划是指____。

10）在双人拦网"心跟进"防守战术中，一般是____跟进。

11）球场尺寸和运动器材：

排球比赛球场是一个____的长方形场地，四周设有相互对称且至少____宽的长方形无障碍区域。场内自地面向上至少____的空间必须无任何障碍。

12）线条及其尺寸：

球场长边的界线叫____，短边的界线叫____。

所有的球场界线皆为____宽，且必须为____色，并与地面及其他线条颜色____。

界线：____由两条边线及两条端线构成。边线与端线均包含在比赛球场范围内。

中线：中线把球场分割成每边____，此线从网下延伸至两条边线为止。

攻击线（进攻线）位于中线的____。

球网高度：球网置于中线上方，成人男子网高____、女子____。

（2）名词解释

1）体育课的结构。

2）专门性准备活动。

（3）简答题

1）球类竞赛规程的制定包括哪些内容？

2）球类运动的竞赛方法有哪些？

（二）国家教师资格证考试

1. 基本情况介绍

教师资格证考试是由国家建立考试标准，省级教育行政部门统一组织的，实行"国标、省考"的标准参照性考试。自教育部 2011 年在浙江、湖北率先开展教师资格"国考"改革试点工作以来，大部分省、自治区、直辖市已加入全国统考。

一般来说，全国教师资格证考试一年举行两次，笔试于每年 3 月和 11 月各举行一次，面试于每年5月和次年1月各举行一次。纵观近几年的情况，考试已趋于标准化和成熟化，大纲无重大调整，考点分布基本一致，试题难度基本持平。

辽宁地区体育专业考试包括中学和小学两个级别，每个级别都包括笔试和面试，其中，中学笔试包括《综合素质》《教育知识与能力》《体育与健康学科知识与教学能力》三科，而小学笔试包括《综合素质》《教育知识与能力》两科。准备考试的考生，可以购买市面常用的资料，认真学习。

2. 体育教师资格证笔试介绍及考题

在辽宁省，中小学体育教师资格证笔试分为中学和小学两类，中学笔试考核三科内容，即《综合素质》《教育知识与能力》《体育与健康学科知识与教学能力》；如果参加小学类考试，则只考《综合素质》《教育知识与能力》两科。以下为与排球项目有关的笔试考题，试题来源于沈阳体育学院教学实践，答案见附录四。

（1）选择题

1）力量训练可增加肌肉的面积，评价肌肉发达程度的参数是（ ）。
   A. 肌肉的横截面　　　　　　B. 肌肉的弹性
   C. 肌肉的初长度　　　　　　D. 肌肉的伸展性

2）运动中踝关节在跖屈位脚跖伸位更容易发生扭伤，其原因是（ ）。
   A. 距骨滑车前宽后窄　　　　B. 跖屈时关节紧张度高
   C. 跟腱粗且韧性大　　　　　D. 内侧韧带弱，外侧韧带强

3）导致运动后过量氧耗的主要因素是（ ）。
   A. 运动终板数量的增多　　　B. 儿茶酚胺浓度的升高
   C. 尿液代谢成分的增多　　　D. 骨骼肌黏滞性的降低

4）在哪种环境下进行大强度训练或比赛容易导致晕厥？（ ）
   A. 寒冷环境　　　　　　　　B. 湿热环境
   C. 水环境　　　　　　　　　D. 喧嚣环境

5）运动时机体会出现肌肉痉挛现象，但下列哪种情况不会发生？（ ）
   A. 寒冷刺激　　　　　　　　B. 电解质失去过多
   C. 睡眠不足　　　　　　　　D. 肌肉发生深度疲劳

6）保持运动员体内水平衡可预防运动性脱水，通常采用的补水方式是（ ）。
   A. 多次大量　　　　　　　　B. 多次少量
   C. 一次大量　　　　　　　　D. 一次少量

7）下列哪一选项容易诱发运动性猝死？（ ）
   A. 胃肠综合征　　　　　　　B. 力量性心脏肥大
   C. 马方（凡）综合征　　　　D. 耐力性心脏肥大

8) 开放性骨折在急救时正确的做法是（   ）。

A. 先止血　　　　　　　　　　　B. 先急送医院

C. 先就地固定　　　　　　　　　D. 先包扎伤口

9) 在排球双人传球练习中，哪种练习方法难度最低？（   ）

A. 一抛一传　　　　　　　　　　B. 一垫一传

C. 自抛后传给对方　　　　　　　D. 相互对传

10) 在排球发球技术中，不同的手法和手型可发出不同的旋转球，若发上旋转球，则要求（   ）。

A. 掌根击球，手腕稍后仰　　　　B. 掌根击球，手腕积极推压

C. 全手掌包球，手腕稍后仰　　　D. 全手掌包球，手腕积极推压

11) 在运动技能形成的分化阶段，教师应该强化正确动作并注重（   ）。

A. 动作主要环节　　　　　　　　B. 动作的示范

C. 纠正错误动作　　　　　　　　D. 动作的讲解

12) 排球比赛中的阵容配备有多种形式，其中"四二"配备的图示是（   ）。

A.
二传	
主攻	副攻
二传	
副攻	主攻

B.
二传	
主攻	副攻
接应二传	
副攻	主攻

C.
二传	
主攻	主攻
主攻	
二传	二传

D.
二传	
主攻	副攻
主攻	
副攻	主攻

13) 排球正面上手发球时手腕做推压动作，球会呈现怎样的飞行效果？（   ）

A. 上旋飞行，突然下沉　　　　　B. 下旋飞行，突然上浮

C. 无旋转飞行，左右漂移　　　　D. 侧向飞行，偏向一侧

14) 发展股四头肌力量常用的方法是（   ）。

A. 俯卧上举腿　　　　　　　　　B. 俯卧腿弯曲

C. 悬垂举腿　　　　　　　　　　D. 负重半蹲起

15) 为改善关节的活动度，提高关节韧带的弹性和韧性，常用的按摩手法是（   ）。

A. 揉法　　　　　　　　　　　　B. 搓法

C. 扣打法　　　　　　　　　　　D. 运拉法

16) 排球竞赛规则中规定，自由人在场上只能运用下列哪种技术？（   ）

A. 发球　　　　　　　　　　　　B. 扣球

C. 拦网　　　　　　　　　　　D. 传球

17) 为了有效提高下肢肌肉力量，在进行跳深练习时，股四头肌的收缩属于（　　）。

A. 离心收缩　　　　　　　　　B. 等长收缩
C. 等张收缩　　　　　　　　　D. 超等长收缩

18) 学生在学习任何技术动作时，都会经历"由不会到会，由不熟练到熟练，由不巩固到巩固"的变化过程，这一过程符合（　　）。

A. 学习集体形成与变化的规律　　B. 体验运动乐趣规律
C. 运动技能形成规律　　　　　　D. 运动负荷变化规律

19) 在排球扣球教学中，教师应强调最佳击球点，在扣球员的什么位置？（　　）

A. 击球员的前上方　　　　　　B. 击球员的正上方
C. 击球员的前方　　　　　　　D. 击球员的外侧

20) 运动实践中肩关节容易发生脱臼，其主要原因是（　　）。

A. 关节囊薄而松弛，相邻两关节面面积差大
B. 关节囊厚而坚韧，相邻两关节面面积差大
C. 关节囊薄而松弛，相邻两关节面面积差小
D. 关节囊厚而坚韧，相邻两关节面面积差小

21) 人体在速度耐力项目运动中会产生大量乳酸，其消除的主要途径是（　　）。

A. 再氧化　　　　　　　　　　B. 糖异生
C. 尿中排出　　　　　　　　　D. 汗中排出

22) 天气寒冷和准备活动不充分容易拉伤肌肉，其主要原因是（　　）。

A. 肌肉兴奋性低　　　　　　　B. 肌肉黏滞性大
C. 肌肉弹性差　　　　　　　　D. 肌肉伸展性小

23) 较长时间剧烈活动结束后，还应继续慢跑而不能立即停止，主要是为了（　　）。

A. 防止低血糖休克　　　　　　B. 增加机体循环血量
C. 防止重力性休克　　　　　　D. 收缩压和舒张压均高

24) 冷敷、加压包扎并抬高伤肢，适用于急性闭合性软组织损伤的哪一时期？（　　）

A. 伤后时刻　　　　　　　　　B. 伤后 24 小时
C. 损伤中期　　　　　　　　　D. 损伤晚期

25) 在体育比赛中，运动员在场上向对方队员实施谩骂、出拳、蹬踹等行为动作，这些行为属于（　　）。

A. 意图性行为　　　　　　　　B. 愤怒性行为
C. 状态性行为　　　　　　　　D. 攻击性行为

26) 排球比赛中二传在进攻体系中主要起什么作用？（　　）

A. 进攻　　　　　　　　　　　B. 组织
C. 拦网　　　　　　　　　　　D. 掩护

27）负重侧上举、持哑铃扩胸、提杠铃耸肩等辅助练习可发展（　　）的力量。
   A. 斜方肌　　　　　　　　　　B. 胸锁乳突肌
   C. 背阔肌　　　　　　　　　　D. 胸肌

28）以下哪项不是排球常用的进攻阵型？（　　）
   A. 2号位队员作为二传，将球传给4、3号位队员或后排队员进攻
   B. 3号位队员作为二传，将球传给4、2号位队员或后排队员进攻
   C. 4号位队员作为二传，将球传给2、3号位队员或后排2名队员进攻
   D. 后排队员插到前排作为二传，将球传给前排3名队员或后排2名队员进攻

29）引体向上由直臂悬垂变为屈臂悬垂时，肱肌、肱二头肌是（　　）。
   A. 原动肌　　　　　　　　　　B. 协同肌
   C. 对抗肌　　　　　　　　　　D. 固定肌

30）在排球比赛中，当一方赢球获得发球权，发球员将球发出后，裁判员吹哨并示意发球队犯规，其原因不会是（　　）。
   A. 发球队发球次序错误　　　　B. 发球8秒犯规
   C. 发球区外发球　　　　　　　D. 跳发球

31）根据学生的身体情况和兴趣爱好，在制订锻炼任务、内容、方法时，必须区别于其他的身体锻炼的基本原则是（　　）。
   A. 持之以恒的原则　　　　　　B. 因人制宜的原则
   C. 全面发展的原则　　　　　　D. 循序渐进的原则

32）在排球双人拦网的防守阵型中，采用"边跟进"的防守战术主要是为了（　　）。
   A. 防吊球　　　　　　　　　　B. 防扣球
   C. 防发球　　　　　　　　　　D. 防发球和扣球

33）在教学活动中，教师不能满足于"授人以鱼"，更要做到"授人以渔"。这说明在教学中更应该重视（　　）。
   A. 传授学生知识　　　　　　　B. 发展学生能力
   C. 培养学生个性　　　　　　　D. 养成学生品德

34）1992年在巴塞罗那奥运会上，我国女排选手巫丹为治病而误服可以通络散结、消肿止痛的中药番木鳖（马钱子），而被查出服用违禁药物士的宁，士的宁属于兴奋剂的什么种类？（　　）
   A. 类固醇　　　　　　　　　　B. 促性腺激素
   C. 红细胞生成素　　　　　　　D. 吲哚生物碱

35）排球正面双手垫球的击球点位置应保持在（　　）。
   A. 颈窝位置　　　　　　　　　B. 胸前高度
   C. 腹前高度　　　　　　　　　D. 膝关节处

36) 集体战术是排球比赛中运动员为突破对方防守或抑制对方进攻,灵活运用的合理攻防战术,按照一定的形式采取有组织、有目的、有针对性的集体配合行动。下列集体战术中不属于进攻战术的是（　　）。

　　A. 中二三　　　　　　　　　　B. 插三二
　　C. 边二三　　　　　　　　　　D. 心跟进

37) 下列属于排球自我掩护扣球的时间差扣球的是（　　）。

　　A. 近体快球，拉三，背快球，短平快球
　　B. 短平快球向3号位错位扣，近体快球，拉四
　　C. 背溜，近体快球，短平快球
　　D. 拉三，拉四，近体快球

38) 下列关于排球专项身体素质训练方法的说法错误的是（　　）。

　　A. 2分钟变向移动跑是发展移动耐力的练习方法
　　B. 连续跳台阶是发展弹跳力的练习方法
　　C. 看手势变向跑是发展反应速度的练习方法
　　D. 徒手扣树叶是发展挥臂速度的练习方法

39) 坚持负重深蹲训练，不能得到充分锻炼的肌肉是（　　）。

　　A. 股四头肌　　　　　　　　　B. 小腿三头肌
　　C. 臀大肌　　　　　　　　　　D. 腹直肌

40) 排球技术移动步法不包括（　　）。

　　A. 滑步、交叉步　　　　　　　B. 并步、后退步
　　C. 交叉步、跨步　　　　　　　D. 攻击步、绕前步

41) 排球比赛中，属于拦网犯规的是（　　）。

　　A. 拦对方发球　　　　　　　　B. 拦对方进攻性击球
　　C. 拦对方吊球　　　　　　　　D. 拦对方扣球

42) 以下关于排球自由防守队员的规定描述错误的是（　　）。

　　A. 场上只能保持1名自由防守队员
　　B. 自由防守队员不得发球、拦网或试图拦网
　　C. 自由人可以轮换至4号位
　　D. 自由防守队员在前场区传球，当所传的球整体高于球网时，其他人不得进行进攻性拦网

43) 体育教学中实施分层教学贯彻的是哪一教学原则？（　　）

　　A. 集体教育原则　　　　　　　B. 因材施教原则
　　C. 运动乐趣原则　　　　　　　D. 技能促进原则

（2）简答题

1) 如何预防运动损伤？

2）运动训练的基本原则有哪些？

3）简述运动训练的特点。

4）简述肌肉痉挛的多发部位、处理方法。

（3）案例分析题

1）郎平带领中国女排在2016年的里约奥运会上再次登上冠军宝座，又一次给国人注射了一支强心剂。但是中国女排取得成绩的背后所付出的艰辛是常人无法想象的，作为女排总教练的郎平对一些问题的看法和做法是中国女排再创辉煌的基础。下面是郎平曾说过的几句话：

"不要一赢球就谈女排精神，也要看我们努力的过程。女排精神一直在，但单靠精神不能赢球，还必须技术过硬。"

——2016年8月21日里约奥运会赛场

"中国地大物博人才济济，而女排还需要我，说明我还有价值。我心里明白，人活着，被人需要是一种幸福，能被国家需要，是更大的幸福。"

——2013年4月25日郎平再次执起处于低谷的中国女排的教鞭

问题：

- 试分析郎平的这些话所表达的内涵。
- 结合实际谈谈"单靠精神不能赢球，还必须技术过硬"这句话对未来工作的启示。

2）张老师给高中某班上排球课，用示范法展示下手发球前，让学生注意观察自己的动作。张老师在发球时接触位置故意上移，以至于球没有飞过球网。学生在看到张老师示范后开始露出失望的表情，但随后张老师就提问："刚才老师的发球为什么没有发过网，原因在哪里？"学生们开始回忆张老师刚才的动作，再结合张老师之前对下手发球重难点的讲解，有的同学就回答出来："是因为发球接触位置过高。"张老师对回答问题的学生给予了肯定和表扬，随后又做了一次正确的示范动作，并再次讲解。同学们因为张老师的表扬和认真示范讲解感到高兴，并对发球产生了兴趣，场面其乐融融。

问题：

- 排球正面下手发球应该注意哪些要点？
- 在体育教学中影响学生运动兴趣水平的因素有哪些？

（4）教学设计题

1）根据下列材料，按表1的格式，设计30分钟的运动技能教学环节。展示教学目标、教学重难点、教学策略和练习次数。

高二（2）班男生有40人，授课内容为排球"中一二"战术，课型为新课。

授课条件：排球场2块，战术板1块，"中一二"战术图（图1）1幅，排球20个，短绳40条。

表1 教学设计格式

教学目标				
教学重点、难点				
教学内容	教学策略		练习次数	
	教师活动	学生活动	次数	时间

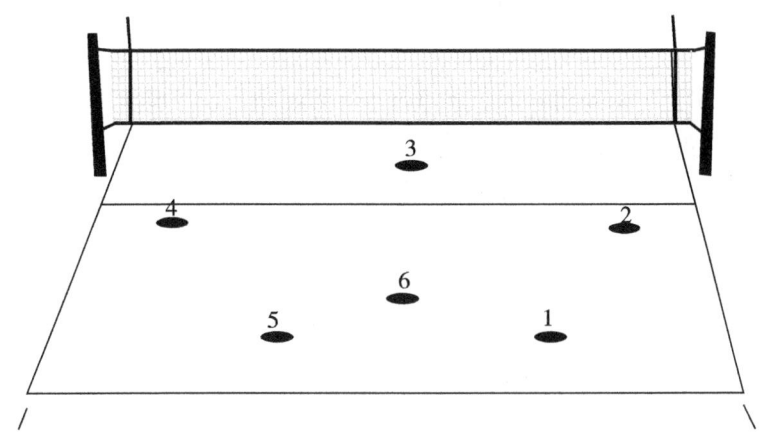

图1 "中一二"战术图

2) 高二年级排球课,学生40人,教学内容为排球正面双手上手传球技术新授课。

教学条件:排球场2块,排球40个。

设计本次课的教学目标、重点、难点,重点内容的学练方案,并从有效性与可行性角度说明学练方案的设计意图。

3) 阅读下列材料,按答题参考格式设计20分钟的运动技能教学环节的教学目标、教学重点、教学方法和组织形式。

高一(2)班学生40人,学习内容是排球正面上手发球。

教学条件:排球场地2块,排球20个。

3. 教师资格证考试中的面试

(1) 面试流程

1) 候考:考生持面试准考证、身份证,按时到达测试地点,进入候考室候考。

2) 抽题:按考点安排,登录"面试测评软件系统",计算机从题库中抽取一组试题,考生任选一道试题,系统打印备课纸及试题清单。

3) 备课:考生持备课纸、试题清单进入备课室,撰写教案(或演示活动方案),时间为20分钟。

4) 回答问题:考官从题库中随机抽取2个规定问题,考生回答,时间为5分钟。

5）试讲演练：考生按照准备的教案（或活动方案）进行试讲（或演讲），时间为 10 分钟。

6）答辩：考官围绕考生试讲或演示的内容和测试项目进行提问，考生答辩，时间为 5 分钟。

（2）试讲技巧

1）试讲开始。当走上讲台时，保持自信大方。开门见山地表明自己教授的科目、内容，针对的是几年级、第几次课，如"新课程标准小学体育第九册第二单元第二课的第一课时"。

2）试讲过程中。一定要用教师职业语言——普通话，咬字要清晰。

音量要大，不要认为自己仅面对几名专家，要把他们想象成一个班级的学生。

语调要抑扬顿挫。要有重音、轻音、拖音，有节奏性，不要有口头禅，如"是吧""对哇""嗯""这个"等。

语速适中，不能太快。避免太紧张，一上台就滔滔不绝，像赶任务，结果 10 分钟下来，自己都不知道在讲些什么，专家们也没有听明白。语速要尽量慢一点，这样也可以缓解紧张的心情。

注意自己的肢体语言，不要抓头发、拽衣角。

在试讲过程中，考生可以自问自答，但要有教学现场感。

仪态方面，要抬头挺胸，目视前方。双手可随意放在身体的两侧，也可以放在讲台上，腿不要乱抖动，目光要时而环视讲台之下，与专家有眼神交流。

板书粉笔字也是教师基本功的体现，字要工整，板书的布局要掌握好，不要全挤在一边，要顾及左右的学生。

要对学生微笑（无学生也要模拟）。必须时不时地接触大范围学生的眼神，要给予肯定、自信、带有鼓励的眼神，让学生"怕"的同时"尊重"教师，"听"的同时"看"教师，这样学生会认为教师正在关注自己，从而跟着教师的思路走。

要巧设问题。问题设计除了要考虑本课知识点外，还要考虑学生的知识水平和阅历。当授课对象是重点中学学生时，切忌问一些不用思考即可回答的问题。否则，会显得自己水平不高。因此，设计的问题在考虑到学生的知识水平的前提下要有一定的思考价值，最好结合学生的实际生活提问，让学生有话可说。

要设计互动环节。互动除了教师提问、学生回答以外，还有很多形式，如小组讨论、课堂表演、案例展示等，形式的选择要根据授课内容及授课对象而定。值得注意的是，互动环节设计的前提是具有操作性和可行性，防止"形式互动"。

（3）如何回答问题

回答问题前必须进行自我介绍，即使面试流程里没有这一项，自己也要主动争取。让考官对自己的优点和性格有初步了解。

自我介绍要紧扣专项内容，突出自我、张扬个性。要充满自信并充分表现对自己所教授科目的热爱之情。

答辩时要语言流利，表现真诚。回答问题时不要不懂装懂，且不要打断专家的提问进行狡辩。

（4）面试（体育）教案万能模版

教师资格证考试中的最后一个环节是面试，可以从不同面试模板中寻找灵感。以下提供沈阳体育学院2份授课示例，仅供参考。

✤ 万能模板示例1：

1. 课题名称

课题名称指所授课名称。

2. 课型、课时

课型指根据教学任务而划分出来的课堂教学的类型。按照不同的标准，分类也是多种多样的。在教案中，常见的有讲授课、练习课、复习课、实验课、示范课、研讨课、汇报课、观摩课、优质课、录像课等。课时主要指授课内容要在几个课时内完成。

3. 教学目标

教学目标是教师根据课程标准的要求和学生的实际情况，针对课题或课时的教学内容而提出的，是学生在课程结束时应达到的具体目标或教师应完成的教学任务。新课程理念倡导的教学目标包括三个部分，即知识与技能、过程与方法、情感态度和价值观，具体是指在教学过程中考虑传授给学生哪些知识，培养学生哪些方面的能力，对学生进行哪些方面的情感态度、价值观教育。教学目标要明确、具体，切合学生学习实际。

4. 教学重难点

教学重点是指在授课时必须着重讲解和分析的内容。教学难点是指学生经过自学还不能理解或理解有较大困难的内容。

在编写教案时，教师既要抓住、抓准教学难点，考虑采用恰当的方法帮助学生突破难点，以扫除学生理解教材的障碍，又要抓住、抓准教学重点，以保证较好地达到教学目的。

5. 教具

教具又称教具准备，是指辅助教学手段使用的工具，如多媒体、模型、标本、实物、音像等。

6. 教学方法

教学方法是指在教学过程中所使用的方法，如课堂的提问、讨论、启发、自学、演示、演讲、辩论等。

7. 教学过程

教学过程是教师为了实现教学目标、完成教学任务而制定的具体的教学步骤和措施。

教学过程是整个教案的核心和主体，编写时要根据教学目标及教材的具体情况，该详则详，该略则略，做到内容充实、重点突出、详略得当、利于教学。教学过程中的各个环节，要环环相扣、步步衔接，把教学活动连成整体，以保证顺利地完成各项预定的教学任务。具体来讲，包括以下几个部分。

（1）导入

导入是引导学生进入学习情境，从而形成适宜的学习心理准备状态的教学行为方式。导入的恰当使用对一堂课有导向和奠基的作用。常用的导入方式包括序言导入、尝试导入、演示导入、故事导入、提问导入、范例导入六种。教师在设计教案时，要尽量使导入新颖活泼、精练概括、吸引学生。

（2）讲授新课

讲授新课是编写教案的主要环节。教师在设计这一部分时，要针对不同教学内容，选择不同的教学方法；设想怎样提出问题，如何逐步启发、诱导学生理解新知识；怎样教会学生掌握重点、难点，以及完成课程内容所需要的时间和具体安排。

（3）巩固练习

必要的练习有利于学生对新知识进行掌握。因此，练习的设计要精巧，有层次、有坡度、有密度。具体还要考虑练习的进行方式，是由教师还是由学生演练。此环节要控制时间。

（4）归纳小结

归纳小结是在授课将要结束时，由教师或学生对本课所学内容要点的回顾。教师在设计时可考虑实际需要，简单明了，适时总结。

（5）作业设计

作业是教师为了促进学生对课堂中的教学内容的掌握，依据学生的年龄特征和现有知识水平有计划、有步骤地部署课外练习或任务的一种方式。作业是课堂教学的延续，是实现教学目标不可缺少的环节。作业设计的形式可以有多种，如书面作业、探究讨论式作业、实践摸索式作业、情境表演式作业、阅读复习等。教师在设计作业时应紧扣教学内容，适当练习旧知识，循序渐进。同时，也要考虑学生的学习差异，给不同程度的学生，设计不同难度的作业，尽力使每个学生都能获得相应的学习成就感。

（6）板书设计

板书是教师为了配合讲授，在黑板上运用文字、图画和表格等视觉符号传递教学信息的教学行为方式。它具有提示、强化、示范、解析、直观、总括的作用。教师在设计板书时要做到目的明确、布局合理、时机合适，要与讲课的内容、进度相结合。

（7）课后反思

课后反思是教案执行情况的经验总结，其目的在于改进和调整教案，为下一轮授课的进行提供更加良好的教学方案。这就要求教师全面审视教学过程，注意对意外发现、点滴收获，以及个别疏漏、补充的方法等内容进行记录并仔细分析。

万能模板示例2：

1. 自我介绍

各位评委老师，上午好，我是____号考生。

2. 说课

今天我说课的题目是《____》。首先我们来进行教材分析。

3. 教材分析

本节课出自高中/初中/小学《____》第____册第____章第____节。

（1）本节课分____个部分内容，分别是：_____。

（2）本节课贯穿了_____以后的整个教学，是学生进一步顺利完成_____的基础，也是形成学生合理知识链的重要环节。（这条基本通用）

（3）本节课练习了_____和_____，在以后学习_____时具有重要意义。

（4）本节课是在学习_____的基础上，进一步学习_____的关键。（以上4条，灵活运用，不必全部说出）

接下来说本节课的教学目标。

4. 教学目标

（1）知识目标：

1）……

2）……

（说明：只要说出本节课要讲的知识点，即重点、难点就可以。）

（2）能力目标：

1）通过讲练结合，培养学生处理_____、解决问题的能力。

2）通过分组学习方式，培养学生与他人沟通交流、分工合作、互相学习的能力。

3）通过设置问题情景，提高学生分析和解决问题的能力。

（说明：根据需要选择能力目标。）

（3）情感目标：

1）培养学生认真、细致的学习态度。

2）通过发现问题、解决问题的过程，培养学生的合作精神，增强学生的求知欲和对学习排球技术的热情。

（说明：因为时间短，不一定要分成这3个目标，只要说出3点就行。）

我们对教材进行了分析并了解了教学目标之后，就不难理解本节课的重点与难点。

5. 重点、难点

重点：____；难点：____。

（说明：对于重点、难点，依然是说出本节课的内容就行，可以参考本节课的题目和各部分的标题。）

那么，究竟应该怎样来完成本节课的任务呢？下面说一下本节课的教法和学法。

6. 教法

（1）通过采用范例、结合引导探索的方法，激发学生的学习兴趣。

（2）教师精讲、学生多练，体现了以学生为主体、教师为主导的教学原则。

（3）采用类比法，引导学生发现问题、自主学习，使其体验到独立获取知识的喜悦感。

（4）通过"教""学""放""收"突破重点和难点。

（说明：根据需要及时间安排，任意选取2～3个教法。）

7. 学法

教学相长，本节课我所采用的学法主要有两个。

（1）主动学习法：举出例子，提出问题，让学生在获得感性认识的同时，教师层层深入，启发学生积极思维、主动探索知识，培养学生思维想象的综合能力。

（2）反馈补救法：在练习中，注意观察学生对学习的反馈情况，以实现"培优扶差，满足不同"。

最后我们说一下本节课的教学过程。

8. 教学过程

本节课在排球场地进行，所需教具为30个排球、摇把及音响系统。

我将本节课分为3个部分：

首先，用5分钟的时间进行导入部分，主要是复习和引入新课。

其次，用20分钟的时间进行主要部分，主要通过讲练结合的方式完成对____、____的学习。

最后，用5分钟的时间进行收尾，主要是放松、收教具、小结、留作业，以及说"说课完毕"。

（说明：以上是按40分钟一节课分配的，具体按实际情况调整；声音要大，语速不能太快。对于教学目标、重点、难点等表示说课流程的词汇要突出；注意要与评委有眼神上的交流。对于试讲，引出这节课，之后顺手把本节课的题目写到黑板上，要用力写清楚；如果觉得讲不完，可以说"我今天主要讲××部分"。因为没有学生，所以讲得不要太散，而要有思路。如果能显出你跟学生交流的过程，就安排一次。试讲完毕，如果答辩形式是评委直接提问，则直接回答即可。如果是以纸条的形式，就要认真读题，思考后再说"首先我来回答第一题"。）

答辩完毕，要说"请老师多多指导"（鞠躬）。

第四章 执教执裁能力的培养

从以往研究生的培养历程来看，每名研究生的执教、执裁能力都是必须提高的重要环节。研究生亟待增强和积累专项训练技巧、赛场指挥和执裁等经验。本章主要介绍比赛周期训练、日常训练、身体训练及技术训练的经验，列举高水平运动队的周训练计划、攻防配合训练方法，并介绍裁判考题及组织一场比赛的裁判工作程序，这些内容有助于帮助研究生较好地胜任专项训练、比赛指导和执裁工作。以下内容均来自沈阳体育学院授课实践、各级裁判培训。

第一节 执教经验

一、关于比赛周期的训练

（一）比赛结束后恢复期的训练

1. 对定点进攻和战术跑动进攻的个人进攻进行完善

这两种进攻球分为到位球和半到位球，到位球一般由副攻进行掩护，难度较低，但是半到位球对脚下移动的要求较高，攻手为保证得分就需要加强脚下的调整能力以适应二传所传出的球。

2. 针对比赛中拦网出现的问题进行单项强化训练

拦网是比赛中非常重要的一个环节。比赛中常出现的问题包括拦网脚下移动不够快、拦网手伸不到位等，出现这些问题就必须进行针对性训练。如果拦网手伸不到位，就要想办法让队员体会伸手提肩的动作要领，强化单项动作。

3. 多进行单人与二传的配合、双人与二传的配合、轮次与二传的配合的模拟训练

为下一个比赛周期做准备，必须多进行单人与二传的配合、双人与二传的配合、轮次与二传的配合的模拟训练，做到超出比赛中可能发生的难度的练习。例如，单人连续扣球练习，教练要模仿比赛抛球，要求队员脚下移动迅速，与二传形成默契配合，达到心领神会的境界。扣球或高球战术，要求攻手与二传之间多沟通，这种默契配合要从单

人与二传的配合练习开始，慢慢深入双人与二传的配合及多人与二传的配合练习。后排进攻也是重要的进攻手段之一，也要与二传进行配合练习。

（二）赛前准备期的训练

进入赛前准备期，要加大训练强度，如打对攻、打小型比赛等，其主要目的是给主力队员制造难度。可以利用多个替补队员对主力队员进行制衡（如4个替补队员进行拦网），使主力队员在平时训练中感受较大的难度和压力，在这种情况下，主力队员的身体和精力消耗较大。训练的宗旨就是训练的难度和强度要远远高于比赛的难度和强度，这样才能使队员更快适应比赛，比赛场上遇到类似情况时也会积极应对。

（三）临近比赛期的训练

临近比赛期的训练量要逐步减少，使队员在比赛中保持巅峰竞技状态。

二、关于日常训练

国内有些运动员个人能力较差，技术不够全面。青少年培养方案要求所有攻手都会打后排进攻，培养青少年各项技术共同发展。在国际比赛中，男排副攻多数采用大力跳发球技术，后排仍可以进攻，这就是在青少年期间所做的铺垫，也是目前国内欠缺的东西。我们现有的训练内容主要是依据运动员的年龄来制定的。

（一）少年期的训练

少年期的运动员主要进行兴趣培养和动作标准化的训练，其中，执教教练员要足够重视动作标准化的训练，可以组织运动员观看国外的标准技术动作的定型视频或较为精彩的比赛，给运动员做示范动作并讲解技术动作的要点。例如，日本、美国等国家的教科书中对技术动作的标准有着明确的阐述。

（二）青年期的训练

青年期的运动员要重视灵敏、速度、爆发、协调性等体能训练，由于在少年期不能进行大强度的体能训练，所以在这个阶段要着重发展运动员的体能。教练员要注意观察运动员的身体发展特征，并因人而异地加强对运动员训练的难度和强度。教练员要根据不同运动员的身体素质发展特点，合理安排不同负荷强度的体能训练，否则将会错过身体素质发展的敏感期甚至造成运动损伤。

（三）成年期的训练

成年期的运动员主要是加强心肺耐力的训练，以此保持竞技状态。成年期的运动员在经验和技术上已经非常成熟，因此技术方面所能提高的空间较小，只需每天保持正常的技术训练即可。但心肺功能、力量会随着年龄的增长而衰减，因此要通过加强对成年期运动员心肺功能与力量等方面的训练来保持其运动能力。

三、关于身体素质的训练

身体素质训练的基础是通过训练大肌肉群（大面积肌肉）使其变得强壮，然后进行有针对性的身体功能性训练，如加强核心力量的训练、关节力量的训练、小肌肉群的训练等。这是因为在进行大肌肉群训练的时候，动作模式不同，一些小肌肉群或者关节并不能得到训练。有些排球运动员的肩部力量、胸部力量都很强，但是相对的，后背力量较为薄弱。身体功能性训练就是要均衡发展身体的每块肌肉，使其强壮起来。例如，跳水、体操、田径等十项全能项目的运动员，他们对身体功能的开发是较为全面的。排球运动员身体功能性训练最理想的程度就是达到上述项目运动员的水平，使每块肌肉都能够得到开发，没有明显短板。

身体素质训练采用一周3次、每次半天的身体训练课，主要训练内容有全身的力量训练（灵敏、速度、爆发、弹跳等）、关节训练、功能性训练及专项素质训练等。身体素质训练是根据比赛周期进行调整的，赛前的准备期分为2个时期，即赛前前期和赛前后期。

赛前前期的训练。赛前前期的训练要有强度、要有量，临近比赛的赛前前期要调整训练的量，但是要保持强度，让运动员的力量保持在巅峰状态。总体计划就是赛前前期训练既要有强度，也要有量。

赛前后期的训练。赛前后期注意调整训练量，同时还要有一定强度（保持每周至少一次大强度训练），根据时间适当减量，让运动员轻松调整状态。

赛前的准备期，教练员要根据运动员的实际情况进行调整，最终使运动员状态在比赛前达到最佳。身体力量训练是为专项运动提供保障的基础，专项素质训练是对技术动作的铺垫和强化，这些训练的成效和技战术打法，若都能在比赛场上充分发挥出来，比赛就会轻松很多。

四、关于技术的训练

（一）训练内容要灵活调整

不同的队伍应根据自身特点，运用多种手段进行练习，以达到练习目标。以垫球动作为例，部分教练员只进行单纯的对墙练习，部分教练员则会细化垫球动作要领，包括腰腹的发力点、如何协调发力等。教练员根据队伍自身特点对训练计划进行制订，但是无论国内还是国外，大都不是采取固定的方法手段，而是借鉴其他队伍有效的、能够达到训练效果的方法手段，结合本队自身特点，对原有计划进行不断调整；教练员不能只依靠吸收、汲取其他队伍的方法手段，而要有所创新、不断钻研，如对垫球时如何加快移动步伐、如何加强球感等问题进行思考，并与队员进行沟通交流，最终才会形成适合本队的训练方法。

相对于固定的动作标准模式,其他训练具有较大的灵活性,队伍训练时应根据不同时长,灵活调整训练课练习的内容比例、训练方法、训练手段、训练强度和训练量。总而言之,每位教练员应根据自己的主观认识和想法,根据不同条件对训练计划进行制订和调整,以达到最好的训练效果。

(二) 防守技术的训练

防守技术是一个自动化的过程,应每日进行训练,并运用多种不同的训练方法。

1. 重扣防守

通过模仿比赛过程中的重扣球,来提高防守重扣球的能力。目前来讲,国内女排的陪练均为男性,平时训练中防守的一般是超出女队员扣球力量的球,如此长时间训练后,女队员便会适应大重量、快速度的扣球。因此,在比赛中防守对手的扣球就相对来说要轻松很多,防守成功率也会提高。

2. 防守意识的培养

培养防守意识非常重要。例如,八字跑动防守是一种非常有效的训练形式。八字跑动防守是在观察到对手要变线,但是还没击球的情况下,有意识地向所判断的方向做出移动,在对方击球的一瞬间,根据之前所预判的方向先做出倒地防守动作并控制好击球方向。再如小球、乱球的防守,在前场区拦网争球,球突然下落时,通常运用身体各个部位进行挡球、转身救球、前扑救球等不同处理方式,进行快速的反应,对小球进行处理,因此模拟比赛场景的训练非常有效。江浙沪一带对小球的防守做得相对较好,在女排比赛中防守反击是赢得比赛的重要基础,需要进行有针对性的训练。

(三) 发球、接发球的训练

1. 发球、接发球可以进行周期训练

每周6次练习或天天训练,也可以根据比赛周期进行调整,周期训练中的3次发球、接发球训练要放在每周下午身体力量训练之前的30~40分钟内进行;如果没有安排身体力量训练,则发球、接发球练习可持续一个下午。

2. 发球和接发球的训练模式和方法手段要多样化且由简到难

训练可以从游戏类的开始。例如,首先是相对简单的、可以使脚下动起来的网上对垫球,其次是增加垫球难度,由教练进行发球,发球的种类也逐渐增加,尽可能练习到每种发球,如高吊球、平冲球、平飘球、旋转球。发球的种类必须全面,在队员的相互配合中完成训练。在队员练习接发球的同时,发球技术也将得到相应的锻炼。

要加大接发球难度,按照比赛轮次进行接发球练习,达到要求后换下一组练习,由其他人进行发球，最初要求 10 个到位球，之后增加难度。当失误或探头时就减一个球，然后继续增加难度。教练员常采用"逢三归零"的方法提高难度，这一方法是指接第三个球的时候必须将球接起，失误或者探头时发球个数归零。通常，为了继续增加难度，常采用出现失误、探头则减一个球与"逢三归零"规则相结合来计算接发球的到位数量，这样对队员的心理也是一种锻炼，可以有效地减少在比赛关键分时的失误。训练难度要随比赛的临近而不断增加。

3. 发球、接发球的训练强度较小，进行长时间、多次数的练习

根据发球和接发球的特点及组织进攻的需要，教练员要安排有层次、有针对性的专项训练。例如，要模拟对手的发球习惯，反复进行接发球的训练；再如，结合实践实战的发球训练，可以有效地提高发球者的心理稳定性。

第二节 训练计划示例

训练计划是教练员必须制订的训练文件之一，下面的训练计划示例仅供参考，示例来源于沈阳体育学院授课实践。

示例 1：

训练时间：8:30—11:45；15:00—18:00。

第一周

星期	一	二	三	四	五	六	日
本周训练重点	① 技术以基本功防守、一传、多人配合轮次进攻为主；② 身体训练以上、下肢力量为主							
运动量			中	中	中	中	小
上午	调整	调整	① 发球、一传；② 力量训练、下肢、上肢、弹跳力	① 防守；② 调整垫球；③ 发球、接发球；④ 腹背肌训练	① 发球、一传；② 下肢训练、脚腕的灵活性训练	① 拦网及小球处理；② 发球、一传；③ 专位训练	① 发球；② 腹背肌；③ 冲刺跑
运动量			中上	中上	中上	中上	中上
下午	调整	调整	① 防守 15 个一组，6 组；② 专位拦网；③ 个人进攻；④ 多人进攻	① 防守（个人），4 组；② 3 人防守，2 组；③ 后攻对抗；④ 轮次配合	① 个人防调，4 组；② 专位防守，2 轮；③ 轮次配合，6 轮；④ 个别训练	① 对抗赛；② 个别训练	① 对抗赛；② 个别训练
周小结	① 以个人的基本功和集体配合为主；② 比赛以磨合阵容为主，找出问题并加以解决；③ 注意防伤防病，加强拉伸；④ 加强业务学习							

第二周

星期	一	二	三	四	五	六	日
本周训练重点	① 防守；② 小球串联；③ 集体配合的默契和质量							
运动量	中上	中上	中	大	中	中	小
上午	① 发球；② 一传；③ 大力量上下肢训练	① 防守；② 1人专位防调；③ 3人防调；④ 小力量；⑤ 腰腹	① 发球；② 一传；③ 大力量上下肢训练；④ 速度	① 发球；② 小球串联；③ 移动；④ 小力量；⑤ 专项二传训练	① 发球；② 一传；③ 大力量速度、上下肢训练；④ 速度	① 发球；② 一传；③ 轮次；④ 小力量；⑤ 腰腹	① 小球串联；② 二传专项；③ 移动；④ 小力量
运动量		中上	中上	大	中上	中上	中上
下午	① 观摩公开课；② 个别训练	① 一传配合；② 攻传配合；③ 轮次配合	教学比赛	① 防守；② 专位配合；③ 双人进攻；④ 战术配合	① 防守小球；② 双人进攻；③ 战术配合	教学比赛	教学比赛
周小结	① 身体训练加量后有较大反应；② 比赛队员配合不够流畅；③ 防守小球及自身失误最多，需要改善；④ 个人能力有所提高，但仍有差距							

第三周

星期	一	二	三	四	五	六	日
本周训练重点	① 全面提高身体素质；② 上下肢爆发力（重点）；③ 技术——解决一传、防守进攻；④ 发球攻击性和稳定性							
运动量	大	大	中	中	中	中上	中上
上午	① 发球对抗；② 小球串联；③ 上下肢大力量训练	① 一传过关；② 发球；③ 腰腹；④ 小力量	① 发球过关；② 防守调整	示范课二	① 发球一传；② 上下肢大力量训练；③ 速度	① 发接轮次；② 腰腹肌；③ 小力量	① 发球配合；② 上肢；③ 脚弓；④ 腰腹肌
运动量	大下	大下	中上	中上	中上	中上	中上
下午	① 防守调整球；② 后攻对抗；③ 轮次对抗——一攻与防守	① 专位防守；② 强攻对抗；③ 多人配合	教学比赛	① 轻技术；② 小球串联；③ 个别对待	① 配合防调；② 战术配合；③ 10轮次进攻	教学比赛	教学比赛
周小结	① 身体训练，个人能力有一点提高；② 技战术配合需要磨合，传调之间；③ 发球一传对抗还有不足；④ 个人防伤病，加强医务监督							

第四周

星期	一	二	三	四	五	六	日
本周训练重点							
运动量	小	中上	中上	中上	中上	中	小
上午	① 基本技术；② 二传专门训练	① 轻技术；② 小球串联；③ 个别训练	发球过关	① 配合防调；② 战术配合	① 发接轮次；② 腰腹肌；③ 小力量	① 拦网及小球处理；② 发球、一传；③ 专位训练	① 小球串联；② 二传专项；③ 移动；④ 小力量
运动量	小	大下	中上	中上	中上	中上	中上
下午	观摩录像	① 一传配合；② 攻传配合；③ 轮次配合	教学比赛	① 轻技术；② 小球串联；③ 个别训练	① 个人防调，4组；② 专位防守，2轮；③ 轮次配合，6轮；④ 个别训练	教学比赛	教学比赛
周小结							

示例2：

训练时间：8:30—11:45；15:00—18:00。

第一周

星期	一	二	三	四	五	六	日
本周训练重点	①技术以扣球和拦网为主，加强攻击性发球训练；②体能以下肢力量和小关节力量为主						
运动量			中上	小	中上	中	小
上午	调整	调整	技术训练：① 防守；② 拦网；③ 6人配合	技术训练：① 二传单独训练；② 防调；③ 发球一传	① 上半时体能训练，灵敏移动；② 下半时技术训练：发球一传	身体训练：① 上下肢体力量；② 核心力量；③ 腹背肌	技术训练：① 基本技术训练；② 小球
运动量			小	中	中上	中上	
下午	调整	技术训练：① 打防调；② 发接	身体训练：① 下肢力量；② 腹背肌	技术训练：① 扣开网球和后排进攻加防守；② 配合	技术训练：① 拦网；② 一攻和防守，以及推球、吊球训练	教学比赛	教学比赛
周小结							

第二周

星期	一	二	三	四	五	六	日
本周训练重点	技术训练：①以扣拦为主的串联配合训练；②身体训练以基础力量为主和小关节的力量训练						
运动量	大		中上	中	大	小	中下
上午	技术训练：①防调；②个人专项技术；③集体配合	①业务学习；②看录像	身体训练：①全面基础力量训练；②小关节力量训练	技术训练：①防守；②发球一传；③个人专项	技术训练：①个人单项防守；②集体配合扣拦；③集体配合一攻、防守	技术训练：①个人基础技术；②发球一传	技术训练：①个人专项技术；②发球一传
运动量		中上	中	大	中上	中	中
下午	①训练片段；②观摩	技术训练：①防守；②扣拦；③集体串联	教学比赛	技术训练：①防守防调；②扣拦；③串联一攻防守反推攻	身体训练：①基础力量；②核心力量；③冲刺跑	教学比赛	教学比赛
周小结							

第三周

星期	一	二	三	四	五	六	日
本周训练重点	技术训练：强化进攻速度，提高攻传默契。身体训练：基础力量、反应速度和移动						
运动量		大	小	中	大	中	
上午	①业务学习；②队会	身体训练：①基础力量；②核心力量速度、移动	技术训练：①个人专项技术，分别对待；②发球一传	①训练片段；②观摩	技术训练：①个人专项技术，分别对待；②发球一传	身体训练：①基础力量；②核心力量；③移动、蛙跳	技术训练：①防守防调训练；②技术，分别训练
运动量	中上	大	中	大	中上	中上	中上
下午	技术训练：①个人专项防守；②后排进攻扣拦	①防守防调；②拦网；③集体配合对攻；④发球	教学比赛	技术训练：①小球防守保护；②专位扣拦；③一攻防反	教学比赛	教学比赛	教学比赛
周小结	①技术训练主要在攻传上强化了配合的默契程度，有些变化，但需要进一步加强；②发球一传有一定进步						

第四周

星期	一	二	三	四	五	六	日
本周训练重点	①小球的熟练程度训练；②集体攻传的默契程度；③拦网的并拦训练						
运动量		大	小	中	中	大	小
上午	①训练片段；②观摩	技术训练：① 防守防调；② 扣拦；③ 强攻对抗	技术训练：① 轻技术移动小球到位；② 发球一传	技术和身体训练参半：① 扣球战术配合；② 小力量	身体素质测验	身体训练：① 基础力量；② 上肢小关节力量；③ 腰腹肌	技术训练：① 个人技术分别训练；② 调整球；③ 发球一传
运动量	大	大	中	小	中	中	中
下午	技术训练：① 防守防调；② 后排进攻；③ 集体串联配合	身体训练：① 基础力量；② 核心力量；③ 移动、反应速度	教学比赛	技术训练：① 个人技术分别训练；② 二传练习传球；③ 发球一传	教学比赛	教学比赛	教学比赛
周小结	①在训练比赛中看到了队伍的进步与成长；②攻传配合逐步提高；③拦网是薄弱环节						

第三节　攻防配合训练方法

初为教练员，往往不清楚如何才能更好地训练一支球队，尤其是在有球训练方面，以下示例有助于提升教练员的训练能力，示例来源于沈阳体育学院授课实践。

① 本方教练员将球发给对方 3 号或 4 号位队员，接球队员将球垫给前排二传，二传传球给垫球队员或非垫球队员进攻，同时本方进行单人拦网，以此反复进行练习（图 4-1）。

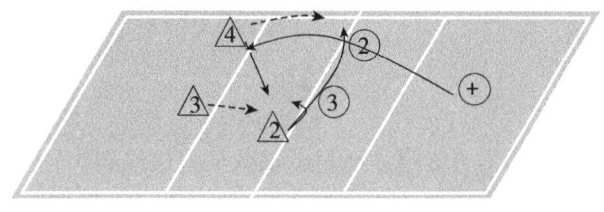

图 4-1

② 本方教练员将球发给对方 3 号或 4 号位队员，接球队员将球垫给前排二传，二传传球给 3 号或 4 号位队员进攻，同时本方 3 号或 2 号位队员进行单人拦网后立即后撤准备接发球；这时对方 1 号位队员将球发给本方 3 号或 4 号位队员，接球队员将球垫给自己方的二传，二传传球给任一攻手进攻，同时对方 3 号或 2 号位队员进行单人拦网，双方交替

进行练习（图4-2）。

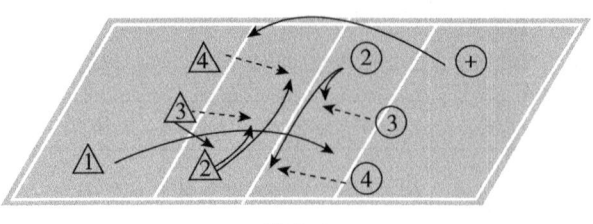

图4-2

③ 本方教练员将球发给本方4号位队员，该队员将球垫到前排（尽量保证"到位"），后排1号位队员"插上"移动上去将球传给副攻手进攻；教练员再将球发给本方3号位队员，该队员将球垫到前排，由下一名二传手"插上"移动上去将球传给本方4号位队员进攻（或是非垫球队员），以此反复进行练习（图4-3）。此练习可结合各种战术进行。

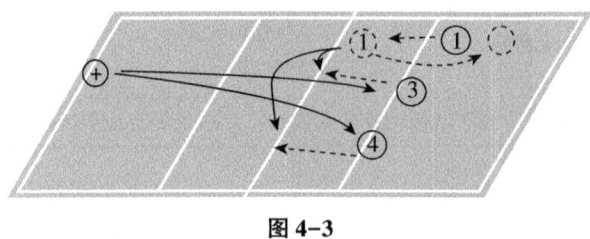

图4-3

④ 在练习③的过程中，扣球队员扣球后可再扣一次由对方1号位队员抛过来的探头球（图4-4）。

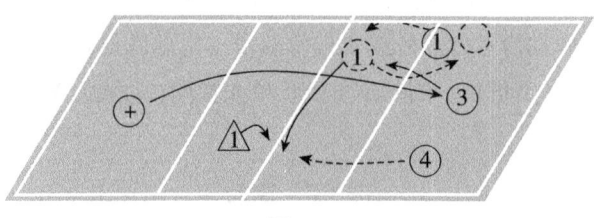

图4-4

⑤ 本方教练员将球发给本方3号位队员，该队员将球垫到2号与3号位队员之间，1号位队员"插上"移动上去将球背传给2号位队员进攻；然后教练员将球发给本方2号位队员，该队员将球垫到2号或3号位队员之间，由下一名二传手"插上"将球传给本方3号位队员进攻，以此反复进行练习（图4-5）。此练习中扣球队员可同上操作再扣一次探头球。

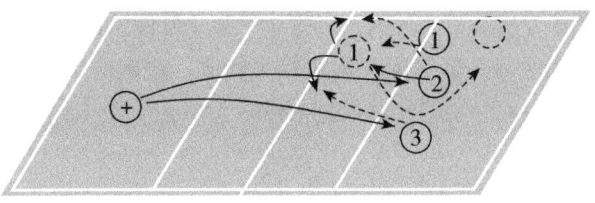

图 4-5

⑥ 本方教练员将球发给本方 5 号位队员，该队员将球垫到二传位置，1 号位队员"插上"将球传给 3 号或 4 号位队员进攻，然后教练员再发球，以此反复进行练习（图 4-6）。二传手交替进行传球。

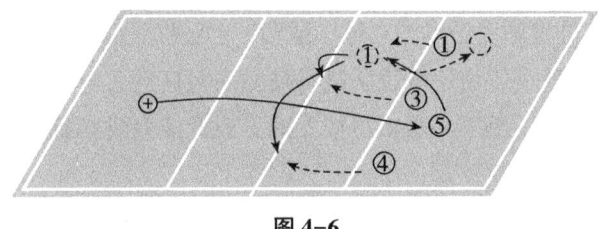

图 4-6

⑦ 在练习⑥的基础上，不扣球队员可扣一次由对方 1 号位队员抛来的探头球（图 4-7）。

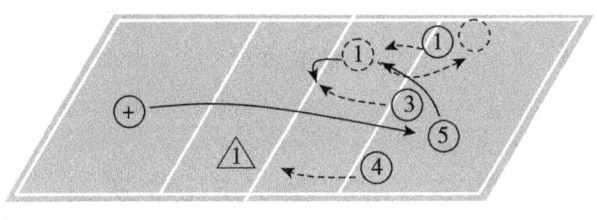

图 4-7

⑧ 本方教练员将球发给本方 3 号位队员，该队员将球垫给 2 号位队员，2 号位队员将球传到 4 号位队员，当 4 号位队员扣球时，3 号位队员前移保护扣球队员，同时本方 3 号位队员向右横移与 2 号位队员配合组成双人拦网，拦网后对方 3 号位队员回到原来位置。本方 4 号位队员扣球后与 3 号位队员交替位置。下一名队员以此进行练习（图 4-8）。

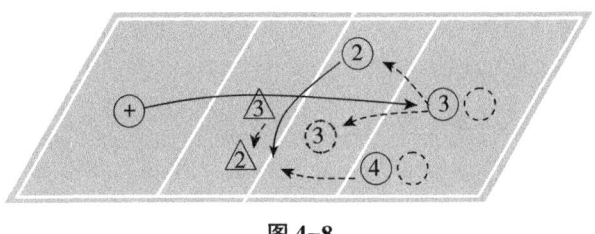

图 4-8

⑨ 本方教练员将球发给对方 4 号位队员，4 号位队员将球垫给 2 号位队员，2 号位队员将

球传到3号位队员,当3号位队员扣球时,对方2号与4号位队员前移保护扣球队员,同时本方2号位队员向左横移与3号位队员配合组成双人拦网,拦网后本方2号位队员回到原来位置。对方3号位队员扣球后与4号位队员交换位置。下一名队员以此进行练习(图4-9)。

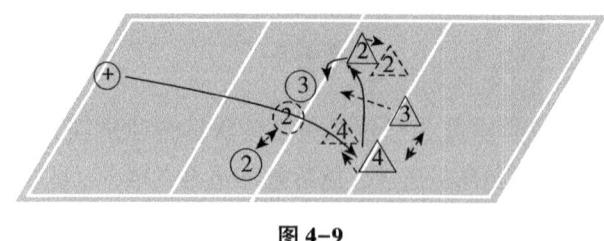

图 4-9

⑩ 对方1号位队员将球发给本方6号位队员,6号位队员将球垫给2号位队员,2号位队员将球传到4号位队员,由4号位队员将球扣入对区后,与6号位队员交换位置。然后对方1号位队员再发球,由下一名队员接发球,以此反复进行练习(图4-10)。

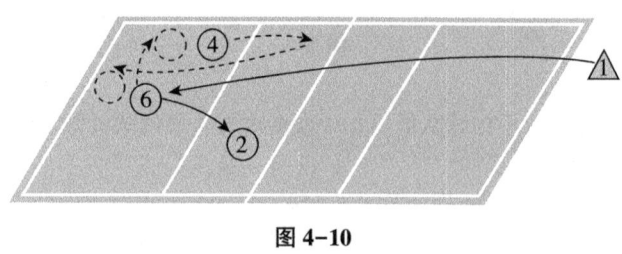

图 4-10

第四节 裁判理论知识的学习

裁判员是排球比赛的组织者,也是执行规则的"法官"。因此,裁判员应具有高尚的职业道德,严肃、认真、公正地执法。裁判员必须认真学习和钻研规则,正确理解规则精神,熟记规则条文,并在比赛中演练,只有这样才能做到准确、公正。与时俱进地把握排球规则——"攻守平衡"的真谛也非常重要。

以下习题能够帮助使用者更好地理解和掌握排球规则,答案见附录五。

一、填空题

1. 比赛场地为对称的长方形,包括____和____。

2. 国际排联、世界和____,比赛场区边线外的无障碍区宽5米,端线外的无障碍区宽6.5米。

3. 场地的地面必须____、____、____。场地的地面不得有任何可能____的隐患。不得在____、____或____的地面上比赛。

第四章 执教执裁能力的培养

4. 所有的线宽____。其颜色应该是与地面及其他画线不同的浅色。

5. 边线和端线都包括在比赛场区的____。

6. 中线中心线与进攻线之间为____。

7. 国际排联、世界和正式比赛的无障碍区外的球队席远端角落，各画有3米×3米的____。

8. 判罚区位于控制区内各端线的延长线后，放有两把椅子，其长、宽各1米，线为____色，宽5厘米。

9. 球网架设在中线上空，高度为男子____米，女子____米。

10. 标志杆是有韧性的两根杆子，长____米，直径10毫米。

11. 标志杆高出球网____厘米。

12. 标志杆被认为是____的一部分，并视为过网的____。

13. 在一次比赛中所用的球，其特征包括____、____、____、____及____等，都必须是统一标准的。

14. 在比赛中只有____才允许坐在球队席上，并参加赛前的准备活动。

15. 队员的装备包括____、____、____（比赛服）和____。

16. 胸前号码至少____厘米高，背后号码至少____厘米高，号码笔画至少____厘米宽。

17. 如果理疗师和医生不属于坐在球队席的5名官员，则必须坐在比赛____，在裁判员示意允许其处理场上运动员突发伤病时才能进入场地。____（即使未坐在球队席）____。

18. 国际排联、世界和正式的成年比赛中，此类护具应____。黑、白或其他中间色调被允许使用。

19. 队长和教练员应对全队成员的____和____负责。

20. 队长在____可请求暂停或换人。

21. 教练员进行指导时，可以____的无障碍区内站立或行走，但不得干扰或延误比赛。

22. ____是指____的比赛____。

23. 位置表____或记录员，除正常换人外____。

24. 区是比赛场地中（比赛场区和无障碍区）的不同部分，在规则中赋予特殊定义（或特殊限制）。区包括____、____、____、____、____和____。

25. 比赛过程中，只有____可以与裁判员进行交涉。

26. 比赛中教练员站立或行走进行场外指导时的限制区：① 距离本方场地区边线____米；② 区域在本方球队席前自____至____之间。

27. 如果自由防守队员在____运用上手传球，则不允许其同伴____。

28. 发球次序错误判罚的工作程序是____、____，如果错误一方已得分，则____。

29. 第二裁判员鸣哨终止比赛后，应立即以法定手势随第一裁判员指出____、____、____。

30. 第一裁判员鸣哨终止比赛后，应立即以法定手势指出____、____、____。

31. 每局比赛中，每队最多可请求____次暂停和____换人。所有被请求的暂停时间限制为____秒。

32. 优秀的排球裁判员必须做到两个公平一致：① ____；② ____。

33. 除____和____外，所有直接向对方的击球都属于进攻性击球。

34. 在第一次击球时允许身体不同部位在一个动作中连续触球。第一次击球的情况为_____。

35. 发球次序错误出现时的处理方法：① ____；② ____；③ ____。

36. 某队进行了不合法的换人并进入比赛，应做如下步骤处理：_____。

37. 每场比赛开始前及进行决胜局比赛前，都应由第一裁判员主持抽签，抽签的获胜方可选择____、____或____。

38. 一场比赛的裁判员由以下人员组成：____、____、____、____。

39. 在一场比赛中，某队请求第三次暂停应给予____。

40. 世界排球大赛包括____、____、____。

41. 中国女排获得"五连冠"是在____年至____年。

42. 国际排球联合会的英文缩写是____。

43. ____和____是对全队延误比赛的处罚。

44. 当某队请求换人时，记录员与裁判员配合的方法是：举一手表示____，然后举双手表示____。

二、判断题

1. 比赛间断时，队长可以和裁判员讲话，请求对规则和规则的执行进行解释。（   ）

2. 暂停时，队员可以在本队比赛场区进行无球的准备活动。（   ）

3. 甲队提出换人请求，乙队也提出换人请求后，甲队又提出换人请求是被允许的。（   ）

4. 某队教练员第三次提出暂停请求，裁判应不予判罚，而是将不符合规定的请求记录在记录表上。（   ）

5. 发球队在发球后球从标志杆外飞出场区的同时，接发球队位置错误，裁判员应判发球失误犯规。（   ）

6. 接发球队员在接球时同一动作中连续击球两次，应不算连击。（   ）

7. 拦网时，多名队员在网上同时触球，应算一次击球。（   ）

8. 在比赛过程中，第二裁判员发现后排队员参与拦网并看准了前排队员触球，应立即鸣哨终止比赛并进行判罚。（   ）

9. 比赛间断过程中，场上队长可以请求裁判员解释规则并核对双方场上队员位置。（   ）

10. 当不清楚本方应几号位发球时，场上队长可以示意第二裁判员，询问本方应几号位发球。（　　）

11. 某队员扣球后身体重心不稳，一只脚踏及对方场区但并没有干扰到对方比赛，应不判网下穿越犯规。（　　）

12. 乙队后排队员在进攻线后起跳，在前排高于球网处将对方发球直接传向对方，不应判犯规。（　　）

13. 第二局比赛中甲队12号位队员因冒犯行为被判罚出场，第三局他仍然可以上场比赛。（　　）

14. 拦网队员在一裁一侧拦网落地并触及球网，因为是在一裁一侧，所以二裁不应鸣哨终止。（　　）

15. 比赛控制区域是指围绕比赛场区和无障碍区的走廊，包括广告牌或挡板以外，替补席后侧的区域。（　　）

16. 某队请求换人时，记录员发现即将上场的队员是第二次要求上场，裁判员应给予拒绝并判延误判罚。（　　）

17. 队员进攻时将球打到标志杆，司线员应立即摇旗示意第一裁判员。（　　）

18. 一局比赛前，教练员发现位置填写错误，5号位队员不应在场上，教练员示意要求换人，应被拒绝。（　　）

19. 由于球被击入球网造成的球网触及队员应不被视为犯规。（　　）

20. 暂停时，裁判员鸣哨恢复比赛后，某队教练员继续与队员商讨战术迟迟不返回场区，第二裁判员催促后仍不予理会，此时应给予延误判罚。（　　）

三、简答题

1. 不良行为的种类与红黄牌的使用方法是什么？
2. 简述规则中有关"网下穿越犯规"的内容。
3. 队员的装备包括哪些？有什么规定？
4. 不符合规定的请求有哪些？
5. "触网"的概念是什么？
6. 拦网犯规的内容是什么？
7. 拦网行为是什么？
8. "持球"和"连击"的定义是什么？
9. 延误比赛的类型有什么？
10. 换人的程序是什么？
11. 击球时的犯规有哪些？
12. 什么是击球性质？
13. 什么是犯规？

14. 第一裁判员对哪些犯规应鸣哨并做出手势？

15. 什么是进攻性击球犯规？

16. 进攻性击球的特性是什么？

17. 什么是比赛过程和完整的比赛过程？

18. 什么是队员在球网附近的犯规？

19. 什么是界外球？

20. 借助击球犯规是什么？

21. 发球掩护是什么？

22. 排球裁判员要具备的素质是什么？

23. 裁判员由哪些成员组成？

24. 第二裁判员可以对哪些犯规做出判断、鸣哨并做出手势？

25. 队长和场上队长的区别是什么？

26. 什么是位置错误？当位置错误出现时应如何处理？

27. 关于服装的更换时机是如何规定的？

28. 在我国的鹰眼挑战规则中，哪些球是可以被挑战的？每个队每局的挑战次数是如何规定的？

29. 发球时的规则有哪些？

30. 发球次序错误的处理程序是什么？

31. 自由防守队员的行为有哪些？

32. 什么是特殊替换？有哪些规定？

33. 延误比赛的处罚是什么？

34. 比赛中运动员受伤时的处理程序是什么？

35. 比赛中出现任何外界干扰或间断怎么处理？

36. 自由防守队员的服装有何规定？

37. 自由防守队员在比赛中有哪些不可以做的行为？

38. 第一裁判员鸣哨中止比赛，裁判员的手势程序是什么？

39. 第二裁判员鸣哨中止比赛，裁判员的手势程序是什么？

40. 记录员的职责是什么？

41. 请标出以下四条对角线的长度。

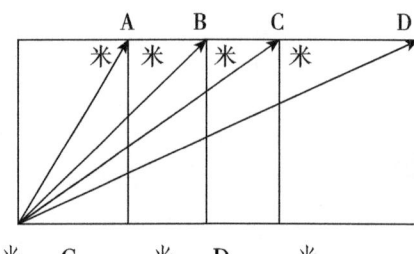

A ＿＿ 米　B ＿＿ 米　C ＿＿ 米　D ＿＿ 米

42. 请说出 10 个排球比赛中需用到的器材。
43. 司线员的职责是什么？
44. 助理记录员的职责是什么？
45. 司线员应处于什么位置？

第五节　组织一场比赛的工作程序

一、比赛前的准备工作

国际正式比赛中要求裁判员提前 45 分钟到达比赛场地；国内正式比赛要求裁判员至少在赛前 30 分钟到达比赛场地。第一裁判员应召集本场比赛的第二裁判员、司线员、记录员、捡球员、擦地板员、广播员及辅助裁判员开准备会议。

赛前 20 分钟，裁判员应做好一切个人准备，穿着整齐的裁判服装进入比赛场地。第二裁判员协助第一裁判员对场地、设备及器材进行检查。一般检查的内容有场地、无障碍区、准备活动区、灯光、球网、标志杆、标志带、比赛用球、裁判台、记录表、示分牌、蜂鸣器、司线旗、换人号码牌、球队席及丈量尺等。记录员将记录表上已经填好的双方队员名单交给教练员和队长核实并签名。

赛前 17 分钟时，裁判员检查球网的高度、松紧度、标志杆和标志带的位置等。

赛前 16 分钟时，由第一裁判员会同第二裁判员和记录员召集双方队长在记录台前抽签。抽签获胜者优先选择发球、接发球或场区。如果甲队选接发球，则乙队可选场区，同时也获得发球权。记录员应将选择结果及时记在记录表上（第五局比赛前，第一、第二裁判员要重新召集双方队长抽签）。

赛前 15 分钟时，第一裁判员鸣哨并做出正式准备活动的手势。正式准备活动可每队练 5 分钟或两队合练 10 分钟。

赛前 12 分钟时，第二裁判员应将有教练员签字的位置表交给记录员，并由记录员在记录表上进行登记。

赛前 5 分钟时，第一裁判员鸣哨终止准备活动后，与第二裁判员一起到仲裁处请示比赛是否开始。

赛前 4 分钟时，在 2 名裁判员带领下，每队 12 名队员入场。2 名裁判员分别站在场地中央球网两侧，队员分别与裁判员成一列横队，面向记录台。广播员宣布比赛名称，奏国歌之后，第一裁判员鸣哨，双方队员在球网两侧握手致意。裁判员回到记录台前。

赛前 2 分钟时，第一、第二裁判员入场，分站球网两侧面向记录台，广播员介绍裁判员后，第一裁判员登上裁判台，第二裁判员回到记录台前。接着介绍比赛队上场队员，被介绍的队员挥动手臂上场，然后介绍教练员和助理教练员。两队上场队员站好位置，第二裁判员按位置表核对双方上场6名队员位置是否与位置表相符。第二裁判员核对完毕并见记录员已举起双手表示核对无误后，也举起双手向第一裁判员报告并把比赛球给发球队员。在规定比赛开始的时间，第一裁判员鸣哨发球。

二、比赛中的工作

第一裁判员鸣哨允许发球为比赛的开始。比赛成死球时，第一裁判员也要鸣哨并做出手势表明死球的原因。

第一裁判员在做出最后判定时，应环视第二裁判员和司线员的手势和旗示，同时他也应该保证第二裁判员和记录员有足够的时间做他们的工作。

第一裁判员或第二裁判员要根据规则和职权对确认的犯规及时鸣哨中止比赛。对同一犯规，第一、第二裁判员应避免重复鸣哨。对不同的犯规，鸣哨在先的则认为是犯规在先，同时鸣哨的则认为同时犯规。

第二裁判员的主要责任之一是掌握暂停和换人。在运动队提出请求时，裁判员要确认其请求是否符合规定，对不符合规定的请求应予以拒绝。当某队请求换人时，第二裁判员应注意记录员是否举起单手表示该队请求的是合法替换，然后允许队员上下场；如果记录员示意不合法，则第二裁判员应予以拒绝，并以手势通知第一裁判员，由第一裁判员给予延误警告。待记录员举起双手表示登记完毕后，第二裁判员也举双手向第一裁判员示意换人完毕，可继续比赛。当某队请求暂停时，第二裁判员同样要注意记录员的手势，同意暂停后应立即计时，到28秒时立即鸣哨恢复比赛。

第二裁判员发现场上队员或替补席上成员的不良行为后，要及时报告第一裁判员，由第一裁判员判罚。

裁判员有责任回应场上队长提出的询问和请求解释的要求，但不允许场上队长对裁判的判定进行讨论和争辩。场上队长如果不满意裁判员的解释，则应保留其在比赛结束后将其意见作为抗议记在记录表上的权利。

记录员在比赛中要登记好比分，检查每轮发球的发球次序是否正确。如果发现发球次序错误，在发球击球后记录员或辅助记录员应立即按响蜂鸣器通知裁判员。第二裁判员对错误核实并处理后，要向第一裁判员报告。

局间的休息时间是3分钟。决胜局当某队比分先达到8分时，要交换场区，并由第二裁判员和记录员核对场上队员的位置是否正确。

三、比赛结束的工作

比赛结束后，第一裁判员鸣哨宣布比赛结束，场上比赛的6名队员回到各自的端线处，第一、第二裁判员在裁判台下的球网两侧站立，第一裁判员示意后，运动员到网前相互致意并离开比赛场区，回到本队的球队席处。

记录员填写比赛结果后，应立即取得双方队长的签字，然后交由第一、第二裁判员核查并签字。如果有一方场上队长曾在比赛中提出过申诉，记录员应允许队长将抗议写在记录表上。

最后，记录员填写本场比赛的成绩报告表，交裁判长签字后，连同记录表交给竞赛部登记保管。

参考文献

[1] 王琛. 中国排球联赛发展进程变化及对策研究 [D]. 北京：北京体育大学，2019.

[2] 虞重干. 排球运动教程 [M]. 北京：人民体育出版社，2009.

[3] 孙剑辉. 优秀裁判员的基本素质和技能 [J]. 中国排球，2002（1）：40-41.

[4] 孙小俐. 排球新规则与裁判 [J]. 成都体育学院学报，1995（3）：35-37.

[5] 中国排球协会. 排球竞赛规则：2005—2008 [M]. 北京：人民体育出版社，2006.

[6] 黄汉升. 球类运动——排球 [M]. 3 版. 北京：高等教育出版社，2015.

[7] 尹沛. 排球运动发展史简介 [J]. 北京林业大学学报，1988（S1）：116-121.

[8] 林逸崎. 排球运动的起源与发展 [J]. 上海体育学院学报，1982（3）：91-92，83.

[9] 刘瑞瑞. 运动疲劳及足部姿势对排球专项男大学生单脚落地生物力学特征的影响 [D]. 太原：太原理工大学，2021.

[10] 高玉花. 我国排球竞赛发展史研究 [J]. 体育文化导刊，2009（6）：117-119.

[11] 周建华. 我国排球运动发展探究 [J]. 体育世界（学术版），2007（9）：44-45.

[12] 褚鹏. 身处阵痛期 中国排球任重而道远 [EB/OL]. （2022-12-29）[2023-05-11]. https://m.gmw.cn/baijia/2022/12/29/1303237866.html.

[13] 董行. 中、意女子职业排球俱乐部运作的比较研究 [J]. 体育成人教育学刊，2013，29（2）：44-47.

[14] 马忠利. 俄罗斯职业体育发展再思考 [J]. 山东体育学院学报，2016，32（6）：17-21.

[15] 周明华. 试析美国职业男子排球联赛的特殊规则 [J]. 洛阳师范学院学报，1999（2）：105-106.

[16] 付群，刘晓阳，余月月，等. 中国职业排球俱乐部发展的现状、问题及对策研究 [J]. 南京体育学院学报（自然科学版），2017，16（6）：41-47.

[17] 杜宁，李毅钧. 我国排球联赛改革研究 [J]. 体育文化导刊，2016（12）：101-105.

[18] 康军，陆阳. 我国排球职业联赛产业发展研究 [J]. 体育文化导刊，2011（6）：65-68.

[19] 古松，钟秉枢. 中国竞技排球发展制约因素的研究 [J]. 北京体育大学学报，2012，35（10）：110-114.

[20] 徐建冲. 新形势下我国排球联赛发展问题探析 [J]. 青少年体育，2017（2）：18-19，11.

[21] 付群，余月月，尹倩，等. 中国职业排球联赛职业化改革的历史回顾与趋势展望 [J]. 哈尔滨体育学院学报，2017，35（6）：14-21.

[22] 李魁. 我国排球职业联赛市场化现状研究 [D]. 北京：北京体育大学，2019.

[23] 李江，刘军占，李国政，等. 现代奥运会种类扩展与项目起源新探 [J]. 北京体育大学学报，2007（S1）：572-573，575.

[24] 刘利鸿，葛春林，孙平，等. 世界男子排球锦标赛发展研究 [J]. 成都体育学院学报，2017，43

（1）：88-93.

[25] 韩奇，叶庭．世界女子排球锦标赛发展研究［J］．体育文化导刊，2017（1）：120-123.

[26] 吴艳．世界竞技排球的竞争格局与展望［D］．苏州：苏州大学，2015.

[27] 国家体委政策研究室．体育运动文件选编（1949—1981年）［M］．北京：人民体育出版社，1982.

[28] 朱征宇，孙贵英．我国排球甲A联赛竞赛制度的研究［J］．广州体育学院学报，2004（4）：63-66.

[29] 李毅钧，柏森康雄，郭荣．中日排球训练竞赛及管理体制的比较研究［J］．体育科学，1998（5）：27-30.

[30] 王萍丽，薛文标，杨曦．美国排球竞赛管理特点及其对我国的启示［J］．武汉体育学院学报，2010，44（3）：96-100.

[31] 白海波．法国排球联盟组织管理运营模式研究［J］．沈阳体育学院学报，2007（4）：30-33.

[32] 唐建军．我国竞赛制度安排中的竞赛设置与竞赛约束［J］．北京体育大学学报，2005（7）：970-974.

[33] 王祥，郎燕，党永明，等．基于CDIO模式下的甘肃省排球竞赛体系构建［J］．中国包装，2017，37（7）：69-73.

[34] 黄汉升，翁飚．美国、日本、中国排球组织机构、竞赛制度和选拔体制的比较研究［J］．中国体育科技，1996（5）：53-57.

[35] 侯金倩．现行世界排球大赛竞赛制度的对比分析［J］．体育风尚，2018（2）：217.

[36] 杜宁．我国排球职业联赛引入外援研究［J］．沈阳体育学院学报，2013，32（5）：131-134.

[37] 常廓．CVA联赛引进外援对我国排球后备人才培养途径的研究［D］．牡丹江：牡丹江师范学院，2018.

[38] 孙宏伟．中国排球联赛竞技体育人才流动现状研究［D］．福州：福建师范大学，2016.

[39] 侯帅．外籍球员的引进对中国排球职业化的影响［D］．苏州：苏州大学，2011.

[40] 徐兰君，李军，宋玉红，等．我国排球转会市场的特征研究［J］．体育科技文献通报，2014，22（1）：25-27，47.

[41] 赵俊．中国排球联赛转会政策的发展及影响研究［D］．福州：福建师范大学，2019.

[42] 路玉明．外籍球员对中国女排联赛的影响探析［J］．文体用品与科技，2020（16）：40-41.

[43] 张潇月．制约中国排球职业联赛发展因素的研究［D］．昆明：云南师范大学，2021.

[44] 杜宁，李毅钧．我国排球联赛鹰眼裁判辅助系统研究［J］．体育文化导刊，2017（10）：91-95.

[45] 单毛天．竞赛规则的演变对排球运动发展的影响研究［D］．天津：天津体育学院，2018.

[46] 王玉闯，胡焱艳．制约我国排球运动发展因素探析［J］．山西师大体育学院学报，2009，24（S2）：92-94.

[47] 蔡雯．新媒体视角下中国大学生排球联赛（CUVA）传播现状分析与对策研究［D］．长沙：湖南师范大学，2021.

[48] 贺英．中国排球联赛俱乐部主场选择研究［D］．北京：首都体育学院，2017.

[49] 孟春雷，吴宁．职业排球的内涵和特征研究［J］．北京体育大学学报，2010，33（1）：118-121，125.

[50] 中国社会科学院语言研究所词典编辑室．现代汉语词典［M］．2版．北京：商务印书馆，1983.

[51] 赵旭. 福建省排球裁判员培养模式SWOT分析[D]. 福州：福建师范大学，2016.

[52] 中国排球协会. 排球竞赛规则：2001—2004[M]. 北京：人民体育出版社，2001.

[53] 刘江. 排球裁判员手册[M]. 北京：北京体育大学出版社，2014.

[54] 艾日红. 湖南省排球裁判员队伍建设现状及对策研究[D]. 长沙：湖南师范大学，2021.

[55] 刘燕侨. 北京市排球一级裁判员执裁能力的研究[D]. 北京：首都体育学院，2018.

[56] 孙敬. 对提高新赛制主客场条件下排球裁判员执哨能力的研究[J]. 哈尔滨体育学院学报，2005（5）：86-89.

[57] 李娟. 影响我国排球国家级及国际级裁判执法能力因素的研究[D]. 北京：北京体育大学，2008.

[58] 杜宁. 影响我国青年排球裁判员执裁效能的因素[J]. 首都体育学院学报，2013，25（1）：56-58.

[59] 钟海珊. 广东省排球裁判员执裁效能的影响因素研究[D]. 广州：广州大学，2018.

[60] 姜元章. 关于排球裁判的几个心理问题[J]. 武汉体育学院学报，1980（3）：50-55.

[61] 殷聪聪. 高校体育专业排球裁判员的培养与研究[J]. 当代体育科技，2020，10（25）：38-39，42.

[62] 赵道卿，王蓉. 探析排球裁判必备的心理素质[J]. 山西师大体育学院学报，1997（1）：72-74.

[63] 张建，魏承中. 排球裁判员心理状态初探[J]. 沈阳体育学院学报，1998（2）：37-38.

[64] 颜秉峰，马健，卢青. 谈排球裁判员的心理素质培养[J]. 山东师范大学学报（自然科学版），2000（3）：352-353.

[65] 王骏. 我国优秀排球裁判员临场焦虑特征及心理调控方法的研究[D]. 苏州：苏州大学，2008.

[66] 辛玲. 我国排球裁判员综合素养及其提升路径研究[D]. 大连：辽宁师范大学，2015.

[67] BILIR P. Sociotropic and autonomic personal traits of volleyball referees：Turkish case[J]. The Journal of American Science，2013，9（12）：86-91.

[68] ARSLANOGLU C，DOGAN E，ACAR K. Investigation of decision making and thinking styles of volleyball referees in terms of some variables[J]. Journal of Education and Training Studies，2018，6（10）：21-28.

[69] SUBARNA S，TANGKUDUNG J，ASMAWI M. The effect of eye-hand coordination on self-confidence levels among indoor volleyball referees[J]. Journal of Education, Health and Sport，2019，9（4）：124-139.

[70] 谢雨森. 排球裁判员的基本条件和特性之研究[J]. 福建体育科技，1993（2）：35-36.

[71] 刘宇光. 河南省高校运动训练专业排球专项学生裁判能力培养研究[D]. 开封：河南大学，2016.

[72] 曾继盛. 关于培养体育院系排球专选班学生裁判能力的探讨[J]. 北京体育学院学报，1990（2）：89-92，98.

[73] 王凯彭. 谈体育专业学生排球裁判能力的培养[J]. 体育与科学，1996（6）：90-100.

[74] 李亚飞. 甘肃省高校体育教育专业学生排球裁判执裁能力培养研究[D]. 兰州：西北师范大学，2011.

[75] 周佳彤. 山东省体育院系排球专选班学生裁判能力培养研究[D]. 曲阜：曲阜师范大学，2013.

[76] 张馨元. 重庆市高校体育教育专业排球裁判员培养现状及对策研究[D]. 大连：辽宁师范大学，2017.

[77] 丁巧凤. 北京体育大学排球裁判员培养模式的研究[D]. 北京：北京体育大学，2018.

[78] 董健. 江苏省体育院校体育教育专业排球裁判员培养现状及对策研究[D]. 苏州：苏州大学，2011.

[79] 董金辉．我国七所体育院校体育教育专业排球专选班等级裁判员培养模式研究［D］．北京：北京体育大学，2009．

[80] 梁盛．我国高等体育院校排球等级裁判员的培养模式与优化策略［D］．武汉：武汉体育学院，2019．

[81] 周屹嵩．河南省排球裁判员现状调查与对策研究［D］．开封：河南大学，2009．

[82] 刘江，李毅钧．排球裁判员理论分级考核基本原则及模式的构建［J］．武汉体育学院学报，2017，51（8）：85-88．

[83] 王梓．高校运动训练专业学生排球裁判能力培养研究［J］．当代体育科技，2018，8（34）：32-33．

[84] 周大尉．排球裁判能力评价指标体系的研究［J］．当代体育科技，2019，9（34）：164，166．

[85] 王恒北，李毅钧．体育学院排球一级裁判员实践考核方法与评分标准的研究［J］．西安体育学院学报，1995（1）：74-78，95-96．

[86] 杨春卉，唐奎．对沈阳体育学院排球二级裁判员理论考核试题库的研究［J］．沈阳体育学院学报，2001（1）：72-74．

[87] 刘江，魏琳洁．高科技的运用对排球比赛裁判员裁判方法的影响［J］．体育学刊，2016，23（5）：136-139．

[88] KUROWSKI P，SZELAG K，ZALUSKI W，et al. Accurate ball tracking in volleyball actions to support referees［J］．Opto-electronics Review，2018，26（4）：296-306．

[89] 郑玉梅，王惠棣，孙洁．基于Director的体育仿真技术在排球裁判训练中的应用及其实现［J］．山东体育学院学报，2014，30（2）：95-97．

[90] 吴英．"鹰眼"技术对排球运动发展的影响［J］．文体用品与科技，2021（11）：35-36．

[91] 林森．排球运动教程［M］．北京：北京体育大学出版社，2011．

[92] 马启伟．六人排球基本练习法［M］．北京：中国青年出版社，1953．

[93] 戈洛玛佐夫．排球练习法［M］．叶长良，译．北京：人民体育出版社，1955．

[94] 孙民治．球类运动——排球［M］．北京：高等教育出版社，1987．

[95] 戈洛玛佐夫．排球［M］．万起，白玉禄，译．北京：人民体育出版社，1955．

[96] 体育院、系教材编审委员会．排球［M］．北京：人民体育出版社，1979．

[97] 萧百新．排球［M］．北京：商务印书馆，1933．

[98] 吴文忠．球类运动教材［M］．北京：商务印书馆，1946．

[99] 巴塔斯尼克．六人排球［M］．方瑛，韩道伦，译．上海：勤奋书局，1952．

[100] 库庆斯基．最新六人排球［M］．周百雄，译．上海：北新书局，1953．

[101] 前田丰．日本的排球技术和战术［M］．金龙哲，周国明，译．北京：人民体育出版社，1964．

[102] 沈阳体育学院．排球讲义［M］．沈阳：沈阳体育学院，1973．

[103] 中国青年排球代表队．怎样提高排球技术［M］．北京：人民体育出版社，1954．

[104] A.H.爱因格尔．500个排球练习［M］．许长流，译．北京：人民体育出版社，1962．

[105] 齐东伟．排球竞赛规则演变与技战术发展的共生关系研究［J］．体育科技文献通报，2009，17（3）：42-43．

[106] 张静，张春雨，刘献国，等．排球运动发展概论［M］．北京：中国原子能出版社，2014．

[107] 张萍．排球［M］．北京：人民体育出版社，1997．

[108] 林国章．排球训练图解［M］．香港：华联国际出版社，1978．

[109] 董智超．当前世界排球发球发展趋势的研究［D］．长沙：湖南师范大学，2012．

[110] 排球运动教程编写组．排球运动教程［M］．北京：北京体育大学出版社，2016．

[111] 杨未然．现代排球实用技战术理论与实践研究［M］．北京：中国原子能出版社，2013．

[112] 崔巍．第29届奥运会女排前四名保攻效果对比研究［D］．西安：西安体育学院，2010．

[113] 赵子健，徐瑞勋．现代排球技术发展特点及趋势［J］．体育学刊，2001（3）：35-36．

[114] 张敏先．今后排球规则修改需要遵循哪些原则［J］．中国排球，1985（3）：24．

[115] 马启伟．排球规则的研究与修改［J］．中国排球，1993（1）：16-17．

[116] 马启伟．规则是怎样试验的［J］．中国排球，1993（2）：23-24．

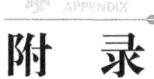

附　录

附录一　视频资源观看地址

序号	视频名称	观看二维码
1	世界排球的发展	
2	中国排球运动的发展	
3	从排球技术演变角度来认识排球运动文化	
4	冉冉升起的东方排球之星——中国女排	
5	排球运动简介	
6	"六人制"排球规则的演变及其影响	
7	允许发球	

续表

序号	视频名称	观看二维码
8	一局比赛结束	
9	发球时球未抛起	
10	发球延误（发球8秒违例）	
11	位置错误和发球次序错误	
12	界内球	
13	界内球（司线员）	
14	界外球	
15	界外球（司线员）	
16	无法判断（司线员）	
17	双方犯规和重新比赛	

续表

序号	视频名称	观看二维码
18	四次击球	
19	持球	
20	连击	
21	队员触网和发球时球未过网	
22	过网犯规	
23	进入对方场区或球从网下通过或发球时脚的犯规	
24	发球队	
25	发球时脚的犯规或球通过球网的犯规、球触及场外物体（司线员）	
26	进攻性击球犯规	
27	拦网犯规和发球掩护	

续表

序号	视频名称	观看二维码
28	触手出界	
29	触手出界（司线员）	
30	暂停	
31	换人	
32	延误警告和延误判罚	
33	交换场区	
34	轻微不良行为的警告和不良行为的判罚	
35	判罚出场	
36	取消比赛资格	
37	说课之学生示导及简评——传球	

续表

序号	视频名称	观看二维码
38	说课之学生示导及简评——垫球	
39	说课之学生示导及简评——扣球	
40	说课之学生示导及简评——发球	
41	说课之教师示导——以任务为导向的传球	
42	说课之教师示导——以思政教育为抓手的垫球	
43	说课之教师示导——以兴趣驱动为特色的扣球	
44	说课之教师示导——以评价为杠杆的发球	
45	模拟课堂之学术示导及简评——传球	
46	模拟课堂之学术示导及简评——垫球	
47	模拟课堂之学术示导及简评——扣球	

续表

序号	视频名称	观看二维码
48	模拟课堂之学术示导及简评——发球	
49	准备姿势与移动	
50	发球	
51	垫球	
52	传球	
53	扣球	
54	拦网	
55	排球技术赏析	
56	排球技术课余练习方法集锦	
57	"W"五人接发球阵形	

续表

序号	视频名称	观看二维码
58	单人拦网时的防守阵形	
59	双人拦网"心跟进"防守阵形	
60	双人拦网"边跟进"防守阵形	
61	常用个人战术和集体战术的应用赏析及练习方法介绍	
62	"中一二"进攻阵型	
63	"边一二"进攻阵型	
64	"插上"进攻阵型	

附录二　讯飞线上考试系统题库答案

（一）选择题

1. C；2. A；3. A；4. C；5. D；6. B；7. A；8. C；9. A；10. D；11. D；12. C；13. C；14. A；15. D；16. D；17. A；18. C；19. D；20. D；21. A；22. C；23. C；24. D；25. A；26. C；27. ABCD；28. AC；29. CD；30. ABC；31. ABCD；32. ABCD；33. AC；34. BC；35. ABCD；36. ABD

(二) 填空题

1. 相等；球网；任何；过网区

2. 技巧性

3. 世界锦标赛；世界杯赛；奥运会排球比赛

4. 1981；5

5. 大松博文；三从一大

6. 沙滩；九人制；气；公园

7. 单人；双人；多人

8. 稍蹲；半蹲；深蹲（低蹲）

9. 额

10. 扣球

11. 旋转；飘晃

12. 中一二；边一二；插上

13. 前排；后排

14. 2.43；2.35；2.24；2.15

15. 18；9；边线；端线

16. 严肃；认真；公正；准确

17. 中一二；边一二

18. 十六；十二；九；六

19. 小；大；慢；快

20. 65～67；260～280；0.30～0.325

21. 讲解；纠正错误动作

22. FIVB

(三) 判断题

1. ×；2. ×；3. √；4. √；5. ×；6. ×；7. ×；8. ×；9. √；10. ×；11. √；12. √；13. ×；14. √；15. ×；16. √；17. √；18. ×；19. √；20. ×；21. √；22. ×；23. ×；24. √；25. ×；26. √；27. √；28. ×；29. √；30. ×；31. √；32. √；33. ×；34. ×；35. √；36. ×；37. √；38. √；39. ×；40. √；41. √；42. ×；43. √；44. √；45. √；46. √；47. √；48. √；49. √；50. √；51. √；52. ×；53. ×；54. √；55. √；56. √；57. √；58. √；59. ×；60. √；61. ×；62. ×；63. ×；64. ×；65. ×；66. √；67. ×；68. √；69. √；70. ×；71. √；72. √；73. √；74. ×；75. ×；76. √；77. ×；78. √；79. √；80. √；81. √；82. ×；83. ×；84. √；85. √；86. √；87. ×；88. ×；89. ×；90. ×；91. ×；92. √；93. √；94. √；95. √；96. √；97. ×；98. √；99. ×；100. ×；101. √；102. √；103. √；104. √；105. √；106. √；107. √；

108. ×；109. √；110. √；111. √；112. √；113. √；114. √；115. ×；116. ×；117. √；118. √；119. √

（四）简答题

1. 答案：叠掌式手型（1分）；以腕关节以上10厘米处的桡骨内侧平面触球（2分）；击球点在腹前约一臂远（1分）；利用蹬腿和抬臂的动作，将球向前上方垫出（1分）。

2. 答案：两手自然张开呈半球形，手腕稍后仰（1分）；用拇指内侧、食指全部、中指的上两个关节触球，用无名指和小拇指辅助控制球的方向（1分）；击球点在额前上方约一球处（1分）；在蹬地的同时伸臂，利用手指、手腕的反弹力以及全身协调用力，将球向前上方传出（2分）。

3. 答案：人与球的时空关系（2分）；弧线鞭打（1分）；击球点（1分）；包击推压（1分）。

4. 答案：语言信号（2.5分）和手势信号（2.5分）。

5. 答案：包括赛前准备工作（2分）、竞赛期间的工作（2分）及赛后结束的工作（1分）。

6. 答案：是各参赛队在整个竞赛中彼此相遇一次的编排方法。(5分)

7. 答案：包括单循环（1分）、双循环（2分）和分组循环（2分）。

8. 答案：教师在发球区示范（2.5分）；学生在教师击球手臂一侧与边线平行站立（2.5分）。

9. 答案：教师在网前2号位与3号位之间站位（2.5分），面向4号位示范（2.5分）。

（五）多选题

1. (1) (2) (3) (4) (5)
2. (1) (2) (3) (4)
3. (1) (2) (3) (4) (5)
4. (1) (2) (3) (4) (5)
5. (1) (2) (3) (4) (5)
6. (1) (2) (3) (4) (5)
7. (1) (2) (3) (4)
8. (1) (2) (3) (4) (5)

附录三　教师招聘笔试：体育知识考题举例答案

（一）填空题

1. 三维健康观；体育自身；运动参与；运动技能；身体健康；心理健康；社会适应
2. 身高；体重；坐位体前屈；六；身高；体重；肺活量；三
3. 课程目标；领域目标；水平目标
4. 不均衡；神经系统；生殖系统
5. 糖；脂肪；蛋白质
6. 25:0；3:0
7. 课程实施；课堂（课程）
8. 实践性；灵活性；综合性
9. 某一技术动作的教学方案
10. 6号位
11. 18米×9米；3米；7米
12. 边线；端线；5厘米；浅；不同；比赛球场；9米×9米；中心点向后3米处；2.43米；2.24米

（二）名词解释

1. 答案：
体育课的结构指组成一堂课的几个部分，以及各部分教材内容和组织工作的安排顺序与时间分配等。按认识规律和生理机能活动能力变化规律，一般由准备、基本和结束三个部分组成。

2. 答案：
专门性准备活动指主要与完成基本部分主教材有关的肌肉、关节、韧带和器官、系统的身体练习。此类活动可提升人体机能的能力，克服生理惰性，预防运动创伤。

（三）简答题

1. 答案：
竞赛规程必须简明扼要，一般包括以下内容：竞赛名称、举行竞赛的地点和时间、参赛运动员资格、参赛办法、竞赛办法和采用规则、确定名次及奖励办法、报名截止日期、其他。

2. 答案：
一般常见的球类运动的竞赛方法有淘汰制、循环制和混合制三种。

淘汰制：失败一次或两次的队伍会被淘汰，获胜者进入下一轮比赛，直到最后决出优胜者为止。失败一次即失去机会的为单淘汰制，失败两次才失去机会的为双淘汰制。

循环制：分单循环、双循环和分组循环三种。基层比赛常采用单循环和分组循环。单循环：参加比赛的各队（人）之间，互相轮流比赛一次，有利于互相学习、共同提高，但比赛场次多、时间长，适用于参加队（人）数不太多的比赛。分组循环：参加比赛的队（人）分为若干组，在小组中进行单循环比赛，一般在参加队（人）数多而时间有限制时采用。

混合制：同时采用淘汰制、循环制而进行的竞赛。一般分为两个阶段进行，前阶段采用淘汰制，后阶段采用循环制（或者相反）。

附录四　体育教师资格证笔试考题答案

（一）选择题

1. A；2. A；3. B；4. B；5. C；6. B；7. C；8. A；9. A；10. D；11. C；12. A；13. A；14. D；15. D；16. D；17. D；18. C；19. A；20. A；21. B；22. B；23. C；24. A；25. D；26. B；27. A；28. C；29. A；30. D；31. B；32. C；33. A；34. D；35. C；36. D；37. C；38. B；39. D；40. D；41. A；42. C；43. B

（二）简答题

1. 答案：

加强思想教育，克服麻痹思想，树立良好的体育作风；遵守教学、训练原则，合理安排运动负荷；加强保健指导，引导运动员充分做好准备活动、加强保护和自我保护、避免伤后的过早训练、加强易伤部位的训练等。

2. 答案：

竞技需要原则；动机激励原则；有效控制原则；系统训练原则；周期安排原则；适宜负荷原则；区别对待原则；直观教练原则；适时恢复原则。

3. 答案：

运动员从事运动项目的专门化，运动训练的内容、手段和采用方法的专门化；要承担较大的运动负荷；训练安排要因人而异，区别对待；长期性与阶段性紧密结合；运动训练的成绩要在比赛中表现出来。

4. 答案：

多发部位：小腿腓肠肌，足底的屈拇肌和屈趾肌。

处理方法：不太严重的肌肉痉挛，只要以相反的方向牵引痉挛的肌肉，一般就可缓解；在痉挛肌肉部位做按摩，手法以揉捏、重力按压为主；常采用热疗、麻醉、针灸。

(三) 案例分析题

1. 答案：

· 材料中郎平教练的话语所表达的内涵，包括两个层面，第一是科学的训练，第二是不服输的精神。

科学的训练包括四个方面。

第一是运动员的体能训练。针对运动员的体能进行力量素质、运动素质和耐力素质专门性的训练和练习。女排队员进行比赛所采用的各种技术都是建立在体能的基础上的。

第二是运动员的技术能力训练。要明确动作技术的构成、动作技术的基本特征及运动技术原理。比赛中各项技术的完善是取得比赛胜利的关键。

第三是运动员战术能力训练。运动员战术能力训练包括战术的构成、战术的分类及战术训练的方法。战术是女排比赛中经常运用的，而战术的合理实施是赢取比赛胜利的核心。

第四是合理的运动管理。运动管理包括思想教育管理、训练竞赛管理、组织人事管理、科技服务管理、运动员业务管理、文化学习管理和财务后勤管理等方面。优秀的女排队管理是女排取得比赛胜利的坚实保障。

不服输的精神：竞技体育作为人类的一种社会活动，具有其自身鲜明的特点，激烈的竞争性是竞技运动区别于其他体育运动的最本质的特点之一，竞技运动的参加者总是力求最大限度地发挥自身的潜能去战胜对手。女排队员在赛场上所表现出来的竞争性，正是人类生存和发展所应具备的重要素质。

· "单靠精神不能赢球，还必须技术过硬"这句话对未来工作的启示包括以下几点。

第一，需要具备先进的现代教育思想和教育理念。教育思想与教育理念是教育行动的先导，先进的现代教育思想和教育理念是当今体育教师完成教育职责的前提和保障。

第二，需要掌握坚实的理论基础知识。教育和社会的快速发展对体育教师提出了更高的文化素质要求，具有完备的学科理论基础知识和教学知识，才能更好地完成教育教学职责。

第三，需要具备全面的教育教学能力。一名合格的体育教师必须具备完成体育教学的运动技术，教学能力，课外体育活动的组织、训练工作和竞赛组织裁判等基本工作能力。

第四，需要具备强健的体魄和良好的心理品质。体育教师必须具备强健的体魄。一方面，强健的体魄是体育教师承担各种教育教学活动的身体素质基础。另一方面，体育教师身体的健康、体格的健美、动作的优美和反应的灵敏本身也是提高教学效果的保障。

第五，需要具备科研与创新能力。现代教育需要体育教师加强对创新能力的培养，创造性地选择教学内容和方法，用于创新和实践，将自身的知识经验通过转化和重新组合等多种方式实现教学效果的最大化和最优化。

第六，需要具备运用现代教育技术的能力。为适应时代的发展，将理论知识更加直观地展现在学生面前，应用现代教育技术是体育教师必须具备的教学能力。

2. 答案：

·排球正面下手发球有准备姿势、抛球引臂、挥臂击球、击球手型及击球点五个要点。

准备姿势：面对球网，两脚前后开立，膝微屈，上体稍向前倾，一手托球于体前腰腹之间，击球臂后摆。

抛球引臂：发球时，持球手臂向击球手臂前约一臂距离将球抛起 20～30 厘米，击球手臂略后引。

挥臂击球：当球下落时，击球臂由后向前直臂前摆，用全掌、虎口或掌根击球的后中下部，用力将球击出，随之重心前移进入场内。

击球手型：掌、半握拳、拳。

击球点：体前腰腹以上、胸以下，击球的后中下部。

·在体育教学中影响学生运动兴趣水平的因素主要有：运动项目的新奇性与适应性、现有的运动技能水平、运动需要的满足、成功体验的获得、融洽的师生关系。

(四) 教学设计题

1. 答案：

教学目标	1. 知识与技能：了解排球"中一二"战术的使用意义，85%以上的学生能够初步掌握排球"中一二"战术和练习方法。其中 15%以上的学生可以保证技术规范、动作流畅 2. 过程与方法：通过教学，发展学生的战术意识及身体协调能力 3. 情感态度与价值观：积极参与，充分展现自我，并在运动中体验成功的喜悦。通过小组合作学习，增强集体荣誉感，建立和谐的人际关系			
教学重点、难点	重点：身体向后引臂，蹬地有力，挥臂快速 难点：上下肢协调用力			
教学内容	教学策略		练习次数	
	教师活动	学生活动	次数	时间
课堂常规	1. 提前到操场准备器材 2. 整队集合，检查人数 3. 听体委报告，向学生问好 4. 宣布本课内容与目标	精力集中，认真听讲，明确目标	1次	2分钟
准备部分	教师示范引导学生做练习： 1. 绕操场慢跑 400 米 2. 徒手操：扩胸振臂运动、肩绕环运动、体测体转运动、体前屈运动、腕踝关节运动	1. 慢跑时四路纵队，秩序井然 2. 徒手操成广播体操队形	1次	5分钟

续表

教学内容	教学策略		练习次数	
	教师活动	学生活动	次数	时间
基本部分	1. 教师结合挂图、战术板讲解排球"中一二"战术：3号位队员做二传，将球传给4、2号位队员进攻的组织形式 2. 教师做3号位队员，给4、2号位队员传球，4、2号位队员进行扣球，组织进攻，给学生进行直观示范 3. 组织学生进行分组战术练习，教师巡场指导 4. 就练习中出现的问题进行说明再组织分组战术练习	1. 注意观察，认真体会动作要领 2. 分组练习中，要集中注意力，积极完成战术配合练习 3. 重视队员之间的配合	4~5次	15分钟
	跳绳游戏：分成4组跳绳接力，看哪组的最终跳绳总数最多	遵守游戏规则，与同伴达到良好的合作效果	1次	5分钟
结束部分	1. 带领学生做整理运动：肌肉拉伸与呼吸吐纳 2. 总结评价 3. 师生道别 4. 归还器材	在教师带领下，认真做好整理活动，值日生做好器材归还工作	1次	3分钟

2. 答案：

教学内容	排球正面双手上手传球
教学目标	知识与技能：能够通过语言描述动作要领，并能够正确演示排球正面双手上手传球技术 过程与方法：通过分组练习，观察模仿的学习，发展身体协调性及时机判断的能力 情感态度与价值观：乐意表现自我能力，能充分展示自我个性，积极探讨，互帮互学，养成团队意识
教学重点	排球传球与垫球的衔接过渡
教学难点	上下肢的协调用力及传球的出手时机
学练方案	设计意图
1. 复习导入，复习学习过的正面垫球的动作，并提问学生怎样将垫过来的球再次直接传给同伴	通过复习垫球相关知识，达到专项热身的效果，通过学生的想象、探讨激发学生的学习热情，同时通过学生的思考，充分地体现学生的主体性
2. 学生发挥想象，罗列各种排球传球的方法，引导模拟，相互评价（各种特点，哪种适合我们学习，便于传球的方式，这种传球方式的优势是什么）	通过演示，引导学生根据自身的学习基础判断最合适的排球传球动作，同时也是对学习新内容的动作要领进行思考的过程

续表

学练方案	设计意图
3. 结合实际情况，因势利导，引出教学内容——排球正面双手上手传球技术	教师讲解排球正面双手上手传球技术，帮助学生更好地理解动作要领
4. 学生成体操队形散开，进行无球的模仿练习，触球动作基本形成后，每人持1球，进行原地自传练习	通过无球练习，形成基本动作；通过原地自传练习，感知有球动作
5. 教师将学生分成2列面对面的横队，相距3米的距离，面对面2人一组，进行抛球传球练习。随着学习的深入，掌握熟练的学生可以加大抛球距离	近距离有球练习，让学生快速掌握传球技术，并且通过适当的分层教学，让学生得到相应的发展
6. 教师集合学生，总结练习的共性问题，并且请优秀学生上前展示	这样的组织能够帮助学生更好地理解该组合技术的关键环节，及时克服常出现的问题
7. 继续分组，设计传垫技术竞赛，看看谁能够连续传接球，谁做得更好，组内监督纠错，教师巡回指导，对优秀学生给予表扬，对表现差的学生给予鼓励并纠错	这种限制性的竞赛能够帮助学生克服问题，加强对组合技术的处理
8. 组织学生进行排球传球和垫球比赛	加强当堂课的技术学习，将该技术更好地应用于实践

3. 答案：

教学内容	排球正面上手发球	场地器材	排球场地2块，排球20个
教学目标	知识与技能：了解发球在比赛中的作用，知道发球技术动作的种类，掌握上手发球的技术要领，并能运用正确的技术进行隔网发球 过程与方法：通过观察模仿练习，能够发展上下肢协调能力及掌握准确击球的时机 情感态度与价值观：养成不怕苦的意志和大胆展示自我的自信，在学习中有积极主动完成学习任务和帮助同伴的行为表现		
教学重点、难点	重点：抛球引臂、蹬地、收胸腹、略转体带动挥臂，以肩为轴伸臂打击球后下部 难点：抛球高度与位置，击球点的掌握		
教学过程	教学方法	学生学法	组织形式
基本部分	介绍正面上手发球技术	认真听讲解，看示范，记住重点、难点	四列横队 体操队形散开
	讲解，示范正面上手发球技术动作，提示重点、难点、击球时机	在教师指挥下做抛球练习	四列横队

续表

教学过程	教学方法	学生学法	组织形式
基本部分	指挥学生练习，动作练习先分解后连贯，速度先慢后快	听口令做徒手动作模仿练习	四列横队
	有球练习，教师先示范，指导学生近距离练习	近距离分组有球练习体会动作	2人一组
	组织学生分组进行散点练习	小组互相合作	4人一组
	教师分别到每个组指导，启发学生用多种形式练习	认真练习，体会连贯动作	4人一组

附录五 裁判理论知识试题答案

一、填空题

1. 比赛场区；无障碍区

2. 正式比赛

3. 平坦；水平；划一；伤害队员；湿；滑；粗糙

4. 5厘米

5. 面积之内

6. 前场区

7. 准备活动区

8. 红

9. 2.43；2.24

10. 1.8

11. 80

12. 球网；边界

13. 圆周；重量；气压；牌号；颜色

14. 球队的成员

15. 袜子；短裤；上衣；运动鞋

16. 15；20；2

17. 控制区内的隔离板附近；理疗师；可以协助球队进行热身活动，直至正式准备活动开始

18. 与比赛服颜色一致

19. 行为；纪律

20. 教练员缺席的情况下

21. 在球队席前自进攻线延长线至准备活动区域之间

22. 比赛过程；从发球击球起至该球成死球止；行为

23. 一经交给第二裁判员；其阵容不得更改

24. 前场区；发球区；换人区；无障碍区；后场区；自由防守队员替换区

25. 场上队长

26. 1.75；进攻线延长线；端线

27. 前场区；完成进攻性击球

28. 失一分；纠正错误；取消该队错误时所有得分

29. 犯规性质；必要时指出发球队员；发球方

30. 发球方；犯规性质；必要时指出犯规队员

31. 2；6 次；30

32. 对所有参赛者的公正一致；被观众认可的公正一致

33. 发球；拦网

34. 接发球；接对方的进攻性击球；接拦回球；接触及本方拦网队员身后的球

35. 判该队失一分；纠正位置；取消错误时所有得分

36. 判该队失一分，对方发球、对不合法换人给予纠正、取消该队错误时所有得分，对方得分保留

37. 发球；接发球；场区

38. 第一裁判员；第二裁判员；4 名或 2 名司线员；记录员

39. 拒绝

40. 奥运会；世锦赛；世界杯

41. 1981；1986

42. FIVB

43. 延误警告；延误判罚

44. 合法；完成

二、判断题

1. √；2 √；3. ×；4. √；5. √；6. √；7. ×；8. √；9. ×；10. ×；11. √；12. ×；13. √；14. √；15. ×；16. √；17. √；18. ×；19. √；20. √

三、简答题

1. 答案：

(1) 警告：不处罚。

——形式1：口头警告。

——形式2：单手出示黄牌。

（2）判罚：单手出示红牌。

（3）判罚出场：单手出示红牌和黄牌。

（4）取消比赛资格：双手分别出示红牌和黄牌。

2. 答案：

（1）在不干扰对方比赛的情况下，允许队员在网下穿越进入对方空间。

（2）穿越中线进入对方场区。

① 队员的单脚（或双脚）越过中线触及对方场区的同时，其余部分接触中线或置于中线上空是允许的。

② 队员脚以上的身体任何部位触及对方场区都是允许的，但不得干扰对方比赛。

（3）比赛成死球后，队员可以进入对方场区。

（4）在不干扰对方比赛的情况下，队员可以穿越进入对方的无障碍区。

3. 答案：

（1）队员的装备包括上衣、短裤、袜子（比赛服）和运动鞋。

（2）全队上衣、短裤、袜子（比赛服）的颜色、式样必须统一（自由防守队员除外），比赛服必须整洁。

（3）运动鞋必须柔软轻便，鞋底为胶底或者合成革。

（4）队员上衣必须有号码，序号为1~20号。

① 号码必须在身前和身后的中间位置，并与上衣的颜色明显不同。

② 胸前号码至少15厘米高，背后号码至少20厘米高，号码笔画至少2厘米宽。

③ 队长上衣胸前号码下，应有一条与上衣颜色不同的长8厘米、宽2厘米的带状标志。

（5）禁止穿着不符合规则规定号码的服装或者与同队其他队员不同颜色的服装（自由防守队员除外）。

4. 答案：

（1）下列情况为不符合规定的比赛间断请求：

① 在比赛进行中或裁判员鸣哨允许发球的同时或之后提出请求。

② 无请求权的队员提出请求。

③ 同一个队在同一比赛间断（即在下一个完整比赛过程结束前）再次请求换人，除非运动员受伤或生病。

④ 超过规定的正常暂停和换人次数的请求。

（2）比赛中第一次没有影响和延误比赛的不符合规定的请求，应给予拒绝而不进行处罚，但必须登记在记录表中。

（3）同一队比赛中再次提出不符合规定的请求都应判延误犯规。

5. 答案：

（1）队员在击球动作过程中触及球网标志杆之间的任何部分时，均视为犯规。击球动作过程包括但不限于：起跳、击球或试图击球和安全落地，并准备下一个击球动作过程。

（2）队员可以触及网柱、网绳或球网本身标志杆以外的部分和物体，但不得干扰比赛。

（3）由球被击入球网而造成的球网触及队员，不为犯规。

6. 答案：

（1）在对方进攻性击球前或击球的同时，在对方空间完成拦网。

（2）后排队员或自由防守队员完成拦网或参加了集体拦网。

（3）拦对方的发球。

（4）拦网出界。

（5）从标志杆以外伸入对方空间拦网。

（6）自由防守队员试图进行个人拦网或参加集体拦网。

7. 答案：

（1）拦网行为是队员靠近球网在高于球网处阻挡对方来球的行动，与触球点是否高于球网无关，只有前排队员可以完成拦网，触球时身体必须有一部分高于球网上沿。

（2）拦网试图是没有触及球的拦网行动。

（3）完成拦网是触及球的拦网行动。

（4）集体拦网是 2 名或 3 名队员彼此靠近进行的拦网行动，其中 1 人触球则为完成拦网。

8. 答案：

（1）持球是指球被接住或被抛出，而不是被弹击出。

（2）连击是指 1 名队员连续击球 2 次，或者球连续触及身体不同部位。

9. 答案：

（1）拖延正常比赛间断。

（2）在裁判员鸣哨恢复比赛后，拖延间断时间。

（3）请求不合法的换人。

（4）再次提出不符合规定的要求。

（5）队伍成员拖延比赛的继续进行。

10. 答案：

（1）换人必须在换人区内进行。

（2）换人持续的时间，仅限于记录员登记和队员进出场必需的时间。

① 场外队员在比赛间断时只要进入换人区，并且做好上场的一切准备，就是提出了换人的请求。此时，除了受伤队员或局前的替换，教练员不必做出换人的手势。

② 对没有做好准备的请求应给予拒绝，并判为延误比赛。

③ 第二裁判员或记录员应以哨声或蜂鸣器认可换人的请求，第二裁判员负责批准换人的请求。

（3）如果某队伍在同一间断中想替换 1 名以上的队员，则所有请求上场的队员都必须进入换人区，替换时队员一对对相继进行。如果其中有不合法的替换，则必须拒绝并给予延误处罚。

11. 答案：

（1）四次击球：一个队伍连续击球 4 次。

（2）借助击球：队员在比赛场地内借助同伴或任何物体的支持进行击球。

（3）持球：球被接住或抛出，而不是被弹击出。

（4）连击：一名队员连续击球 2 次，或者球连续触及身体不同部位。

12. 答案：

（1）球可以触及身体的任何部位。

（2）球不能被接住和/或被抛出，球可以向任何方向弹出。

（3）球可以触及身体的不同部位，但必须是同时。

（4）下列情况除外：

① 拦网时，一名队员或多名队员可以在一个动作中连续触球。

② 在第一次击球时，允许身体不同部位在一个动作中连续击球。

13. 答案：

当队员的比赛行为违背规则（或其他方式的犯规）时，裁判员按以下规则做出判定：

（1）如果 2 个或更多的犯规先后发生，只判第 1 个犯规。

（2）如果双方队员同时犯规，则判为"双方犯规"，该球重新比赛。

14. 答案：

（1）发球犯规和发球队位置错误，包括发球掩护。

（2）比赛中击球的犯规。

（3）高于球网和球网上方的犯规，以及进攻一方的触网犯规。

（4）后排队员或自由防守队员的进攻性击球犯规。

（5）自由防守队员在前场区及延长区进行上手传球后，同伴在球高于球网处完成进攻性击球犯规。

（6）球的整体从网下空间穿越。

（7）后排队员完成拦网，或自由防守队员试图拦网。

（8）球的整体或部分从过网区或者标志杆外飞入对方场区。

（9）发出的球或者某队伍的第三次击球，球从一侧的标志杆上或标志杆外飞入对方场区。

15. 答案：

（1）在对方空间击球。

（2）击球出界。

（3）后排队员在前场区完成进攻性击球，并且击球时球整体高于球网上沿。

（4）自由防守队员对于球网上沿的球完成进攻性击球。

（5）队员在高于球网处，对同队伍自由防守队员在前场区用上手传出的球完成进攻性击球。

（6）在前场区内对高于球网上沿的对方发球完成进攻性击球。

16. 答案：

（1）除发球和拦网外，所有直接向对方的击球都是进攻性击球。

（2）进攻性击球时，吊球是被允许的，但击球必须清晰并不得接住或抛出。

（3）球的整体通过球网垂直平面或触及对方球员，则认为完成进攻性击球。

17. 答案：

比赛过程是指从发球击球起至该球成死球止的比赛行为。完整的比赛过程是造成了得分结果的比赛行为。包括：

（1）判罚得分。

（2）发球超时犯规失掉发球权。

（3）如果发球队获胜，则得 1 分并继续发球。

（4）如果接发球队获胜，则得 1 分并获得发球权。

18. 答案：

（1）对方进攻性击球前或击球时，在对方空间触及球或对方队员。

（2）从网下穿越进入对方空间并干扰对方比赛。

（3）队员的双脚（或单脚）全部越过中线进入对方场区。

（4）队员干扰比赛包含但不限于下列情况：

① 在队员的击球动作过程中触及球网标志杆之间的任何部分或标志杆本身。

② 利用球网标志杆之间的任何部分进行支撑或稳定身体。

③ 造成了对本方有利。

④ 抓网、拉网。

⑤ 妨碍了对方合法的击球试图。

任何靠近正在运动的球并试图击球的队员，即使没有触球，也被视为处于击球动作过程中。

触及标志杆之外的球网部分不被视为犯规。

19. 答案：

（1）球接触地面的所有部分全部在界线以外。

（2）球触及场外物体、天花板或非场上比赛队员。

（3）球触及标志杆、网绳、网柱或球网标志带以外部分。

（4）球的整体或部分从过网区以外过网。

（5）球的整体从网下空间穿过。

20. 答案：

（1）队员不得在场地之内借助同伴或任何物体支持进行击球。

（2）但是队员可以挡住或拉住另一名即将犯规（如触网、网下穿越等）的同队队员。

21. 答案：

（1）发球队的队员不得利用个人或集体掩护阻挡对方观察发球队员和球的飞行路线。

（2）发球时，发球队伍个人或集体挥臂、跳跃或移动，或集体密集站立并在球通过球网垂直平面前做出同时隐蔽发球队员和球的飞行路线的动作，则构成发球掩护。

22. 答案：

（1）判断准确。

（2）了解规则和竞技体育精神。

（3）高效的组织能力。

（4）把握比赛流畅进行。

（5）教育不文明和处罚违背公正的行为。

（6）让观众融入比赛，参与互动，让运动员发挥最好的水平，娱乐大众。

23. 答案：

一场比赛的裁判应由第一裁判员、第二裁判员、记录员、4名（或2名）司线员组成。国际排联世界性比赛另设1名助理记录员。另外，还配有播音员、司分员、6名捡球员和6名擦地员（必要时还需要2名"快擦"）等。

基层比赛可根据条件，由组委会决定每场比赛需要的裁判员人数。但无论裁判员如何精减，都应保证比赛能按照规则规定，公正、顺利地进行。必要的记录是不可缺少的，因为它是比赛情况的唯一依据。

24. 答案：

（1）网下穿越进入对方场区和空间。

（2）接发球队位置错误。

（3）拦网一侧的队员触网犯规或触及第二裁判员一侧的标志杆。

（4）后排队员完成拦网和自由防守队员试图拦网犯规，或后排队员和自由防守队员进攻性击球犯规。

（5）球触及场外物体。

（6）第一裁判员难以观察时，球触及地面。

（7）球的整体或部分从过网区以外过网飞入对方场区，或触及第二裁判员一侧的标志杆。

（8）发出的球或者某队伍的第三次击球，球从第二裁判员一侧的标志杆上面或者标志杆外飞过对方场区。

25. 答案：

（1）比赛前，队长在记录表上签字，并代表本队抽签。

（2）比赛中，队长担任场上队长，当队长不在场上时，教练员或队长应指定另一名队员担任场上队长代其行使职权，直至该队员下场或队长返回场上，或至该局结束。

只有场上队长在死球时可以和裁判员讲话，请求对规则和规则的执行进行解释，转达本队队员提出的问题或请求。如果他对解释不满意，则可以选择抗议并立即向第一裁判员声明，保留其在比赛结束时将正式抗议写在记录表上的权利。

请求允许：更换全部或部分服装；核对双方队员的位置；检查地板、球网和球等。

在教练员缺席的情况下请求暂停或换人。

（3）比赛结束时，队长应感谢裁判员，并在记录表上签字承认比赛结果；如果他向第一裁判员提出过声明，则进一步确认后可将对裁判员的解释或执行规则的正式抗议写在记录表上。

26. 答案：

当发球队员击球时，如果队员不在其正确位置上，则构成位置错误犯规。因非法换人而上场的队员在比赛重新开始后，也被认为构成位置错误犯规。

当发球队员击球时的犯规与对方位置错误同时发生时，认为发球犯规在先。

如果发球队员击球后的犯规与对方位置错误同时发生，则认为对方位置错误在先。

位置错误的处理：该队伍被判罚失分，并由对方发球；队员必须恢复到正确位置。

27. 答案：

第一裁判员可以允许1名或多名运动员：

（1）赤脚比赛。

（2）局间或换人后更换浸湿或损坏的服装，但必须是相同的颜色、式样和号码。

（3）天气较冷穿训练服比赛时，全队服装的颜色、式样必须相同（自由防守队员除外）。

28. 答案：

（1）界内球/界外球——界定边线和端线附近的球。

（2）拦网触手——球通过球网时是否触及拦网队员的手。

（3）触网——队员身体在击球过程中触及标志杆之间的球网。

（4）触及标志杆——击球过程中队员或球触及标志杆。

（5）踏线违例：

① 队员发球时踏及端线。

② 队员后排进攻时踏及进攻线。

③ 队员单脚或双脚完全过中线。

规定：每队每局有2次挑战权，如果挑战成功，则仍有2次挑战权；如果挑战失败，就减少1次挑战权。

29. 答案：

（1）球被抛弃或持球手撤离后，必须在球落地前，用一只手或手臂的任何部分将球击出。

（2）球只能被抛起或持球手撤离 1 次。

（3）发球队员在击球时或发球起跳时，不得踏及场区（包括端线）和发球区以外地面。

（4）击球后可以踏及或落在场区内或发球区以外。

（5）发球队员必须在第一裁判员鸣哨允许发球后 8 秒内将球发出。注意：8 秒违例从第一裁判员开始鸣哨就计时，而不是从队员抛球后开始计时。

（6）裁判员鸣哨允许发球前的发球无效。

（7）发球可能出现的犯规：

① 发球次序错误。

② 没有遵循发球的执行规定。

③ 球被击出后出现以下情况仍为发球犯规（除非位置错误）：

a. 球触及发球队伍队员或球的整体没有从过网区通过球网垂直面；

b. 界外球；

c. 球越过发球掩护。

30. 答案：

（1）记录员按下蜂鸣器停止比赛，对方得分和发球权；如果因为轮转次序错误造成比赛过程中止，则不管当时比赛状况如何，对方都只能从这个比赛过程中得到 1 分。

（2）队员的错误轮转次序必须纠正。

31. 答案：

（1）比赛行为。

① 自由防守队员可以替换后排的任何一名队员。

② 作为受限制的后排队员，他/她不可在任何的位置上（包括场区和无障碍区）完成球整体高于球网上沿的进攻性击球。

③ 他/她不可以发球、拦网或有拦网试图。

④ 如果自由防守队员在前场区进行上手传球，其他队员在球的整体高于球网上沿的情况下不能进行进攻性击球。同样的传球行为在进攻区外无妨。

（2）自由防守队员的替换。

① 自由防守队员的替换不计算在换人次数之内。

自由防守队员替换不受次数限制，但涉及 1 名自由防守队员的 2 次替换之间必须有一个完整的比赛过程（处罚造成自由防守队员轮转到 4 号位或场上自由防守队员受伤造成的不完整过程除外）。

② 场上队员可以被任何自由防守队员替换，场上自由防守队员可以由原场上队员替换，也可以由第二自由防守队员替换。

③ 每局比赛开始时，自由防守队员在第二裁判员核对场上位置后才能进场进行替换。

④ 此后的自由防守队员替换必须在死球之后与裁判员鸣哨发球之前进行。

⑤ 替换在鸣哨之后击球之前进行不被拒绝，但此行为不属于合法程序，在该轮次比赛过程结束时必须提醒场上队长，再次发生则给予延误处罚。

⑥ 导致比赛中断的替换延误将立即受到延误处罚，由延误处罚的程度决定发球权。

⑦ 自由防守队员替换上下场的地点在自由防守队员替换区进行。

⑧ 所有涉及自由防守队员的替换必须在自由防守队员管理表（或电子记录表）上做记录。

32. 答案：

某一队员（自由防守队员除外）受伤或生病不能继续比赛时，必须进行合法的换人。当不能进行合法的换人时，可采取特殊替换。

特殊替换时，场外的任何队员（除自由防守队员和他/她所替换的队员外）都可以替换受伤队员。但受伤队员不可在本场比赛中再次上场比赛。

在任何情况下，特殊替换都不作为换人的次数计算，但应在记录表上纳入局、场换人总数的统计。

33. 答案：

（1）延误警告和延误判罚是对全队延误比赛的处罚。

① 延误比赛的处罚对全场比赛有效。

② 所有延误比赛的处罚都登记在记录表上。

（2）在一场比赛中，对一个队成员的第一次延误比赛，给予延误警告。

（3）在一场比赛中，同一队伍的任何成员造成不论任何类型的第二次，以及其后的延误比赛，都给予延误判罚，对方队伍得1分并发球。

（4）局前和局间的延误比赛处罚记在下一局中。

34. 答案：

（1）比赛中出现严重伤害事故，裁判员应该立即中断比赛，允许医务人员进入场地。该球重新比赛。

（2）如果受伤/生病队员已不能进行合法换人和特殊换人，则给予该队员3分钟的恢复时间。一场比赛同一名队员只能给予1次恢复的时间。

如果该队员不能恢复，则该队被宣布为阵容不完整。

35. 答案：

外因造成的比赛间断：比赛中出现任何外界干扰，都应停止比赛，该球重新比赛。

被拖延的间断：

（1）任何意外情况阻碍比赛继续进行时，第一裁判员、比赛组织者和管委会成员共同研究决定，采取措施恢复比赛。

（2）1次或数次间断时间累计不超过4小时。

① 如果比赛仍在原场地进行，则间断的一局应保持原比分、原队员（判罚出场和取

消比赛资格者除外）和原场上位置，已结束的各局比分保留。

② 如果比赛改在其他场地进行，则间断的一局应取消成绩，但保持该局开始时的队员阵容（判罚出场和取消比赛资格者除外）重新比赛，已登记的所有警告与处罚有效，已结束的各局比分保留。

（3）1次或数次间断时间累计超过4小时，全场比赛重新开始。

36. 答案：

自由防守队员的服装颜色（或为新指定自由防守队员准备的背心）不能与其他队员的服装颜色有任何的相同。自由防守队员要着与其他队员制式一致的号码。

国际排联世界性和正式的比赛，在可能的情况下，新指定的自由防守队员穿着和最初自由防守队员式样和颜色相同的服装，但保持其号码。

37. 答案：

（1）作为受限制的后排队员，他/她不可以在任何位置上（包括比赛场区和无障碍区）完成球整体高于球网上沿的进攻性击球。

（2）他/她不能进行发球、拦网或拦网试图。

（3）如果自由防守队员在前场区进行上手传球，其他队员在球的整体高于球网上沿的情况下不能进行进攻性击球。同样的传球行为在进攻区外无妨。

38. 答案：

如果是第一裁判员鸣哨中止比赛，他应指出：应发球的队；犯规的性质；犯规的队员（必要时）。

39. 答案：

如果是第二裁判员鸣哨中止比赛，他应指出：犯规的性质；犯规的队员（必要时）；跟随第一裁判员指出发球队。

40. 答案：

（1）根据规则填写记录表并与第二裁判员配合。

（2）通过蜂鸣器或其他声响通知裁判员以履行职责。

（3）在比赛前和每局前：

① 按照规定程序登记有关比赛和比赛队的情况，队员（包括自由防守队员）的姓名、号码，并获取双方队长和教练员的签字。

② 根据位置表（或检查电子系统提出的数据）登记各队伍的首发阵容。

③ 如果没有按时接到位置表，则应立即通知第二裁判员。

（4）记录员在比赛中：

① 记录得分。

② 掌握各队的发球次序，发现发球次序错误时应在发球击球后立即通知裁判员。

③ 以蜂鸣器认可换人的请求，掌握并登记暂停和换人的次数，并通知第二裁判员。

④ 对于违背规则的非正常比赛间断请求要通知裁判员。

⑤ 每局结束及决胜局 8 分时，向裁判员宣布。
⑥ 记录警告、处罚的情况和不符合规定的请求。
⑦ 在第二裁判员指导下登记其他事件，如特殊换人、恢复时间、被拖延的间断、外因造成的间断、重新指定自由防守队员等。
⑧ 掌握局间休息。
（5）记录员在比赛结束后：
① 登记最终结果。
② 如果有抗议的情况，则在得到第一裁判员的同意后，记录或允许队长将有关抗议的内容写在记录表上。
③ 自己在记录表上签字后，取得双方队长和裁判员的签字。

41. 答案：
10.81；12.73；15；20.12

42. 答案：
比赛专用球、气压针、摇把、量高尺、蜂鸣器、记分牌、换人号码牌、司线员使用的边线旗、裁判台、标志杆。

43. 答案：
他们用旗（40 厘米×40 厘米）按照旗示执行职责：
（1）当球落在他们所负责的线的附近时，示以"界内"或"界外"。
（2）触及接球队员身体后出界的球，示以"触手出界"。
（3）示意球触及标志杆、发球和第三次击球后球从过网区外过网等。
（4）示意发球击球时队员的脚踏出场区（发球队员除外）。
（5）发球队员脚的犯规。
（6）队员击球时或干扰比赛的情况下，触及他/她一侧标志杆高于球网上沿 80 厘米的部分。
（7）球从标志杆外过网，并进入对方场区，或触及他/她一侧的标志杆。
在第一裁判员询问时，他/她必须重复旗示。

44. 答案：
记录有关自由防守队员的替换；协助记录员工作；记录员不能继续工作时，替代他/她。
比赛和每局开始前，助理记录员：
（1）准备好自由防守队员管理表。
（2）准备好备用记录表。
比赛中，助理记录员：
（1）详细记录自由防守队员正常和特殊的替换。
（2）发现任何有关自由防守队员替换的犯规，用蜂鸣器通知裁判员。

(3) 掌握技术暂停开始和结束的时间。

(4) 操作记录台上的手动记分牌。

(5) 监督记分牌的正确显示。

(6) 必要时填写好备用记录表的有关内容，交给记录员。

比赛结束后，助理记录员：

(1) 在自由防守队员管理表上签字备查。

(2) 在记录表上签字。

45. 答案：

如果有 2 名司线员，他们应该分别站在每位裁判员右手的场区角端，距场角 1~2 米处。他们各自负责自己一侧的端线和边线。

国际排联、世界和正式比赛必须设 4 名司线员。

他们站在无障碍区距场角 1~3 米的位置，各位置一条界线。

附录六　本书图例

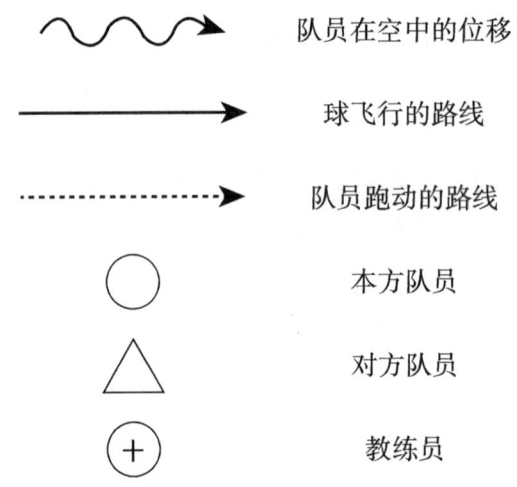